友情のためにすることは体にも心にもいい

FRIEND SHIP《フレンドシップ》

マリサ・G・フランコ
Marisa G. Franco

訳＝松丸さとみ

日経BP

日本版・まえがき

人生が変わる体験が、友達によって起こる

あなたは友達が多い方でしょうか？

それとも少ない方ですか？

友達はいるけれど、本当の友達は実は少ないかもしれない、などと思う人もいるかもしれません。

大人になると、新しい友達、それも仲のいい友達をつくるのは難しいものです。新しく友達をつくることや、友情を維持する方法などは、学校などで教わるものではありません。各自が自己流で行うものだけに、「これが完全に正解だ」と思えるようなことは、けっこう少ないのではないでしょうか。

著者のマリサ・フランコは、心理学者であり、友情の研究者でもあります。

この本は、彼女の研究や実体験、さまざまな人へのインタビュー、あらゆる論文をバックボーンに書かれています。

「『独身おじさん友達いない』問題が意外に深刻」といった記事がSNSをにぎわせたことがありました。友達がいないことは、この問題が示唆する「孤独」や「社会からの疎外」以外にも、実はさまざまな問題をはらんでいます。

たとえば、健康。友情は体にいいという研究結果があります。

友情は死亡リスクを45％も下げ、孤独がもたらす一日15本の喫煙に匹敵する健康リスクを回避させてくれ、最強のうつ予防策になるとさえいわれています。入院をした人も、自分を心から心配してくれる友人がひとりでもいる方が予後がいいともいわれます。

しかし、友情の効果はそれだけではありません。

友達は、あなたが満たされた人生を送るために必要な「人となり」にとっても不可欠な存在です。共感する力を育て、人格をよくするのです。友人のいいところを取り込めるので、さまざまな友人と過ごすと、自分の可能性も広がります。

自分自身を理解することは、その人の深みになるとはよく言われますが、この本の中で、著者のマリサは、自分の「秘密」を受け入れることは人間に大きな成長をもたらすと書いています。秘密とは、絶対に他人に隠しておきたいこと、つまり自分では欠点や恥だと思っていることです。

本書では、子どもの頃から、ある理由のせいで10年以上ウソをつき続けている女性の例が出てきます。彼女は周囲のみんなをだましていることで、ずっと罪悪感を抱えています。彼女は勇気を出して友達にこの秘密を打ち明けるのですが、その結果、何が起こったかはぜひ本文を読んでみてください。人生が変わるような体験が、友達という存在のおかげで起こるということがよくわかります。

「自己肯定感をあげる」「自分を愛そう」などとよく言われますが、これはいくらがんばってもひとりではできません。

困っているときに、誰かに支えてもらえたという経験があってはじめて、自分の価値を知れるようになります。親しい他人がいないとできないのです。

子どものときに育った環境は人格に影響するものです。でももし不幸にも、あなたの育った家庭環境が好ましいものでなかったとしても、心配しないでください。いい影響は友達が与えてくれます。大人になってからでももちろん大丈夫。

本書は、実際に友達をどうつくればいいかも教えてくれます。

ポイントは、「声をかけるのは自分から」。友達は自然にできるものではありません。

たとえば、大人になって友達をつくるには、最初のうちは何度も会う必要があります。一回どこかで会ってすぐに友達になるのは難しいので、何度も会えるクラブやスクールに通ってみましょう。

どんな人と友達になるべきかも書いています。近所に住んでいる人、第一印象がいい人、趣味が合って話が弾みそうな人が、友達として相性がよさそうです。

ひとつ大切なことは、友達づくりや維持できるか否かは、運ではなく、自分自身にかかっていると知ることです。ほかにも、「気前がいい人ほど、友達が多い」「意地悪な人は、ステータスは手に入るかもしれないが友達はできない」など、友情に関する知見がこの本には詰まっています。

また、本書を読めば、自分がどんな性格であり、それによって友達とどういうつきあいをするのかもわかります。「愛着理論」をベースにしたものですが、本文を読むと、ほかの人から見て自分がどんな「友人」なのかも知ることができます。

本書の重要なメッセージは、「よりよい友人を持つ人は、よりよい人である」ということです。すてきな友達がほしいなら、まずは自分が、友達になりたいと思う人物になりましょう。

友情を維持するための行動すべてが、あなたの人生をよくすることにつながります。ぜひ、本書を読んで、豊かな友情を育て、豊かな人生にしましょう！

FRIENDSHIP編集チーム
翻訳・松丸さとみ、編集・中野亜海

contents 目次

Chapter

01

友情で人生が変わる理由

Chapter

02

過去の人間関係が友情にどう影響するか

Chapter

03

友達は自然にできるものではない

Chapter

04

人生のために友達の力を借りよう

Chapter

05

「本当の自分」を見せるのが真の友情？

Chapter

06

友情に関しては、みんな怒りを我慢しがち

Chapter

07

気前のよい人は友達が多い

Chapter

08

親友とは

凡例

・〔　〕は訳注。原注は数字を振り、巻末に記載。
・引用文献で和訳書があるものについては、本書で新たに訳した文を使用した。

著者まえがき

読者のみなさんにこの本を読んでいただけることを、とても嬉しく思います。

本書を書く際に私が受け取ったものと同じような価値を、読者のみなさんにも手にしてもらえるよう願っています。

実は本書を書くにあたり、私には狙いがありました。今よりもやさしく、もっとフレンドリーで、愛情あふれた世界をつくる手助けをすることです。そしてそのための道のりを歩み始めた読者のみなさんを、私は心から誇りに思います。

本書で私がみなさんにお伝えしているアドバイスは、数多くの科学的な研究や、数十人に上る専門家に聞いた話をもとにしています。

本書にまとめた研究には自信を持っていますが、同時に、限界があることも認めざるを得ません。友情に関する研究はほとんどが古く、白人かつ異性愛者の大学生を中心とした少人数を対象に、アメリカで行われたものです。

自分の人生経験が本書には反映されていないように感じる人もいるかもしれず、そうした人たちが本書を批判するのであれば、それも当然だと思います。

読者のみなさんに自信をもって助言できるよう、本書に掲載したアドバイスは、なるべく幅広い文献を読み込み、ひとつではなく複数の研究をもとにしました。とは言え、多様な人生経験をもっと反映し、より強力で、細かいところまで掘り下げた主張を可能にするために、友情に関する研究はもっと多く行われる必要があります。

本書でご紹介する友情の物語は、すべて実話にもとづいています。この研究に命を吹き込むために、自分の経験を聞かせてくれた人たちに心から感謝します。

彼らへの配慮から、名前や個人を特定できるような特徴は変更してあります。また、匿名性を高めるために、複数の人の話をひとつにまとめたケースもあります。

はじめに

友達がいないことは、誰にとっても悲惨な損失

私たちの文化では、友情のように、夫婦や恋人との関係とも違うプラトニックな愛は、愛のヒエラルキーの一番下に位置しています。しかしそのままでは、誰にとっても、悲惨なほど大きな損失であることを私は学びました。

私がこの本を書いた理由は、この文化での友情の地位が、ヒエラルキーのもっと上に行ってほしいと思ったからです。けれども、人は常に友情に価値を置いているわけではないので、友情を育てるだけの知識を持ち合わせていません。

友情が持つ可能性を人生ですべて実現するには、どう友達をつくり、維持するかを知る必要があります。

どうすれば友達をつくれるのかとだれかに相談すると、ミートアップ〔共通の趣味を通じて、リアルで交流するためのアプリ〕のグループに参加する、趣味を見つける、などと言われるケースが多いでしょう。

しかし、このアドバイスはピンとこないのではないでしょうか。

その理由は、人づきあいへの不安と向き合う、拒絶される恐怖に耐える、親密な関係に我慢する、自尊心がズタズタになるリスクを負う、といった部分が無視されているからです。

友達をつくるには、「自分が何者であるか」と「自分が人をどう愛するか」を根本的に理解するために、もっと深い取り組みをする必要があります。

これが、本書で私たちが歩んでいく道のりです。

友情には、それだけの価値があるのです。


カウンセリング心理学の博士号を取得するために大学院にいた頃、大学のカウンセリング・センターで、グループ・セラピーを共同で指揮することになりました。

一緒に組んだセラピストと私は、参加者の顔の表情を別々に見られるよう、そしてグループの人間関係を違うアングルから感じられるよう、部屋の反対側にそれぞれ座りました。

学生たちはたいていいつも緊張していたため、もうひとりのセラピストと私は、長い沈黙の中、ただじっと座っている忍耐力を養う必要がありました。

やがてこの静けさは、沈黙に耐える不安よりも胸の内をさらけ出す不安の方がマシだと思った学生によって、破られたものでした。グループ・セラピーに参加したがる学生は少なく、開催できるだけの人数を集めるのに時間がかかるのが普通でした。無理はありません。「子どもの頃のトラウマを、知らない人の前で話さなければいけないんですか？　そんなに恐ろしいことってある?」と言って、学生は自分の悩みに個別に注意を払ってくれ、（訓練を受けていない人ばかりのグループ・セラピーとは異なり）私見を挟まず中立を保つよう訓練されたカウンセラーに会いたがりました。

学生たちにしてみたら、グループ・セラピーが役立つとは直観的に思えなかったのです。心理学者とのセッションなら1対1で意識を向けてもらえるのに、グループ・セラピーだと、それを7人の参加者で分け合うことになってしまいます。

自分の問題は、人間関係に現れる

セラピストの訓練生である私たちも当初は、グループでの作業にあまり乗り気ではありませんでした。しかし経験を重ねるにつれ、私ともうひとりのセラピストはグループを大切に思うようになり、自分でも参加したいと考えるようになりました。というのも、天井の高いあの部屋では、好奇心をそそられる何かが常に起きていたからでした。

学生たちは、外の世界で抱えていた問題の症状を、グループ内でも見せました。

マーキーという名の、ある男子学生は、支離滅裂で自己破滅的な女性と別れた悩みに取り組んでいました。彼がこの女性と長くつきあっていた理由は、彼女を助けられるのではないかと思ったからでした。

グループでマーキーは、これとまったく同じメサイア・コンプレックス（他者を救済しようとする心理）を見せるようになります。参加者がグループで悩みを打ち明けると、どうしたら人生を立て直せるかのアドバイスを始めるのでした。

マーキーは、自分が必要とされていると感じたい思いが強く、それが自己破滅的な関係ばかりに引きつけられてしまう要因となっていたようでした。**とはいえ、人の世話を焼くマーキーのこの行動は、グループのほかのメンバーをイライラさせました。**

メルビンという学生の母親は薬物依存症でしたが、彼はすべてが順調だ、これ以上ないくらい絶好調、というフリをすることでこの状況に適応していました。

毎週、グループが集まって調子はどうかとお互いに尋ね合うとき、メルビンはすべてが順調だと言いました。「常に大丈夫で悩みなんて何もない、いつだって困難に耐えられる」という人物になることで、自分のトラウマに適応していたのです。たとえその困難が、かなりの惨状できちんと対処する必要があってもでした。

メルビンは悲惨な経験をグループで打ち明けるたびに、まるで「大丈夫だから。問題なんて何もないよ」とでも言っているように、笑顔でオーケーサインを出しました。メルビンは自分の面倒は自分で見られる、と考えていたのですが、**サポートが必要だと認めない人に、ほかのメンバーが手を差し伸べられるわけはありませんでした。**

さらに、自己肯定感が救いようがないほど低い女子学生、ローレンがいました。グループに参加した理由は、友達から無視され、見捨てられたからです。

ローレン抜きでみんなで旅行へ行き、その翌年、ローレン以外の全員でルームシェアを始めたことがとどめとなり、ローレンはグループ・セラピーにやってきました。

ローレンはまるで、友人グループの中に居場所を見出せない幽霊のようでした。セラピーのグループでも同じように、存在感を消していました。

あまりにも控え目すぎて、実は彼女に発言してもらうのはひと苦労でした。**しかも、ローレンの友達同様、私たちも彼女の存在を時として忘れてしまいました。**

安全な場所なら、これまでと違う方法で他者とつながれる

学生たちが、外の世界で抱えていた問題をグループ内で再現してくれたおかげで、私たちの問題は、**他者とのつながり方の欠陥によって増幅されることがわかりました。**

- マーキーは、人間関係において「救世主」（メサイア）の役割を果たそうとして、不安定で非協力的な恋人ばかり引きつけてしまい、そのせいで激しい別れを経験していました。グループのメンバー（や当然ながら彼の人生にいるほかの人たち）からは、恩着せがましいとか腹立たしいと思われてしまいました。
- 常に大丈夫で元気なメルビンは、本当は落ち込んでいました。ほかの人と距離を取り、もろさを絶対に見せなかったのも落ち込みの一因でした。グループは、いつもニコニコしているだけのメルビンに親近感を抱けず、メルビンもまた、誰にも親しみを感じませんでした。
- 自己肯定感の低いローレンは、グループの中であまりにも小さくなっていたため、存

在すら忘れられ、自尊心はさらに下がりました。

数週間すぎていくなか、セラピー・グループという安全な場所で、参加者一人ひとりがこれまでとは違う方法で、他者とつながろうとしていることに私は気づきました。

ローレンが、自己肯定感の低さにもかかわらず、グループの人に反対意見を述べるようになり、メンバーにもっと自分の話をするよう働きかけたり、グループ内で自信をもってふるまったりするようになった姿を見て、私はとても誇りに思いました。

メルビンが最近彼女と別れた話を語りながら目に見えて取り乱したときに、私は心の中で声援を送りました。

そんなメルビンを見てほかのメンバーは、彼は変わった、自分をもっとさらけ出すようになったと指摘し、これまでより親近感を覚えると言いました。

そして、あるメンバーがお金のことで両親とけんかになっていると話したとき、マーキーが（いつものように解決アドバイスを述べるのではなく）その人の痛みについて質問できたとき、私は心の中で拍手しました。

だれかとつながれることの大切さ

ローレン、メルビン、マーキーはそれぞれ大きく前進しました。**それは、３人がほかの人たちとつながれる場所にいたからで、究極的にはそのおかげで成長できたのでした。**

グループが安全だったのは、恥をさらしても変わらずに愛してもらえる場所だったからというだけではありません。成長する手助けとなるべく、正直なフィードバックをみんながそっと提供してくれる場所だったからでもあります。

そして、グループのみんなで築いた強い関係のおかげで、メンバーの人たちは、フィードバックは誹謗《ひぼう》ではなく愛情ゆえの行為だと理解し、感謝して受け取ることができるようになりました。

「自分は愛されている」と感じられるようになることは、自分の力では無理

このグループは、人間はいかに人とのつながりによって変わるかを表す縮図でした。

誰もが、こんな言葉を聞いたことがあるはずです。「人に愛されるには、まず汝を愛せ」

でも、一体どういう意味なのでしょうか？

どうしたら自分を愛せるようになるのでしょうか？

魔法のようなプロセスによって、人は自分を愛せるようになるのでしょうか？

懐中電灯と鏡を持ってどこかの洞窟に閉じこもり、うす暗い灯りに照らされた鏡の中の自分に向かい、「私は大切な存在。私には価値がある。私は愛されている」と気持ちが上がるまで繰り返すとか？

実際は、もっと複雑です。

このグループ・セラピーを通じて、人とのつながりによる影響についてわかったことが、本書の土台になっています。つまり、つながりは人となりに影響し、人となりは人とどうつながるかに影響するということです。

人とのつながりを感じるとき、私たちは成長します。よりオープンになり、共感し、勇敢になります。人とのつながりが途切れたと感じるとき、私たちは活気を失います。自分を守ろうとして、心を閉じ、批判的になり、人と距離をおきます。

ということは、友人としての姿を含めた自分の人柄は、自分の過去によって形成されているということになります——過去に誰かが深く愛してくれたから、自分は愛される価値があると感じます。誰かが十分愛してくれなかったから、怒りっぽくなります。

本書の前半では、このテーマを詳しく見ていきます。これは、友達づくりにおける自分の長所や短所が、どこから来ているのかを理解するのに役立つでしょう。ローレン、メルビン、マーキーのように、つながりの分断でできた心の傷が、人とつながるための能力に問題を起こしているかもしれないし、知らないうちに人を遠ざけてしまっているかもしれません。

そのため、人とのつながり――あるいはその欠如――が、いかに人となりに影響するかを本書で見ていきます。というのも、**豊かで活気ある友情を育てる最初のステップは、何が妨げになる可能性があるのかを理解することだからです。**作家のジェイムズ・ボールドウィンは、こう言いました。

「向き合うまでは何も変わらない」

人は「受け入れられた」と感じると、さらに人とつながれるようになる

もうひとつ、このグループ・セラピーからわかったのは、受け入れられて愛されたと感じると、人はさらに人とうまくつながれるようになるという点です（金持ちほど金持ちになる、と

言われるのと同じです)。

グループ・セラピーの参加者は、こうした面を培《つちか》いました。人に対する共感力が高まりました。メルビンは、誠実で安全なつながりを経験したとき、もろさも見せられるようになりました。ローレンは、自分をもっと表現できるようになり、人間関係で主導権を発揮するようになりました。

学生たちが、他人を恐れたり、自分を守ろうと縮こまったりするようになるきっかけとなった心の傷を乗り越えたとき、そこに残ったのは、自分と他者への愛でした。友情は、その愛によってできているのです。

人間は社会的な生き物である、という言葉は、誰もが聞いたことがあるでしょう。これは本当です。私たちの脳にあるミラーニューロンは、他人の人生をまるで自分のもののように経験させます。赤ちゃんは、ほかの赤ちゃんの泣き声を聞くと、泣き始めます。*001

私に言わせれば、これはつまり、人は友達をつくる才能を生まれつき持っているということになります。

しかし、本当の私たちは愛情豊かで思いやりにあふれているのに、過去の傷に「何よりもまず自分を守って」と懇願されると、本来の姿を見失ってしまいます。

よりよい友人を持つ人は、よりよい人である

この本の後半では、よりよい人間関係を築くために実践できることを、すべて見ていきます。

私たちはこれまで、ランダムに友情を築き上げてきたわけではありません。友情は、私たちのそれぞれの「内部ハードウェア」——友情を育む能力——を反映しています。

それは、あなたが自然と取り入れていたであろう考え方やふるまいのことです。しかし普段は、人とのつながりが分断されて深く傷つき、拒絶を恐れ、人を恐れて疑い、自分の奥深くにある愛に触れられないという状態になっています。

友情のための自然な考えには、イニシアチブ、もろさ、ウソ偽りのなさ、生産的な怒り、気前のよさ、愛情などが含まれます。これらは、友情が生まれてから消えるまでのライフサイクルをずっと守ってくれます。

イニシアチブがまず友情に火をつけ、ウソ偽りのなさ、生産的な怒り、もろさによって、人は本当の自分をさらけ出せるようになり、友情を維持できるようになります。気前のよさと愛情によって、自分がいかに相手を大切に思っているかを伝え、友情が深まります。

これらを実践することで、内なる本当の自分を表現しつつ、本当の相手を受け入れるスペー

スをつくるちょうどいいバランスが取れるようになります。

この特徴を追求していくと、ジャーナリストのデイヴィッド・ブルックスがニューヨーク・タイムズ紙の記事「The Moral Bucket List」（道徳面で死ぬ前に実現したいこと）で描写した善良な人のようになります。

「善良な人たちは、話をきちんと聞いてくれる。自分は面白いとか、価値があると感じさせてくれる。彼らを見かけるときはたいてい誰かの世話をしており、その際に笑う声は美しい旋律を奏で、そのしぐさは感謝にあふれている。（中略）目指すべきは、こういう人だ」。ブルックスはさらに、こうした善良な人たちには、「追悼の場で語られる長所」があると述べます。

「追悼の場で語られる長所とは、葬儀で語られる、この人は親切だったとか、勇敢だった、正直だった、忠実だったなどの長所だ。あなたは、人を深く愛することができただろうか？」。

つまりこうした特徴のおかげで、人は他者と調和し、他者を称賛しながら生きられます。

これが、大人になってからの友達づくりです。

友達をつくるために、私たちは成長し、より勇敢になり、共感し、親切になり、正直になり、表現が豊かになります。マーキー、メルビン、ローレンのように私たちも、自分はなぜ人を寄せつけないのか、不健康な人間関係を維持してしまうのか、自分や他人を傷つけてしまうのか、といった部分に取り組みます。

本書は、よりよい友人となるための本ですが、よりよい人間となるための本でもあるのです。

本書を読んで、友達を実際につくってみましょう

本書では、人とスムーズにつながれる方法をなんとか見つけだそうとしている人たち（あなたや私のような普通の人たち）のエピソードをいたるところで紹介しています。

多くは匿名を希望したため、プライバシー保護の観点から名前や詳細は変更してあり、ときには複数人のエピソードを合わせて話を描いている部分もあります。

専門家の言葉も多く引用しましたが、わかりやすくするために内容は要約してあります。

本書では、友情について多くを学びますが、知識だけでは人生を変えることはできません。この本は、よりよい友情を築くための実践的な重要ポイントも提供しています。友情を改めて理解するだけでなく、友情を経験し実践するために、これまでとは違う行動を人生で起こすよう、あなたを導いてくれるでしょう。友情という名の海を進む際の羅針盤として活用することができます。

また、提示した情報にただ身を浸すのではなく、友情に対してこれまでとは違うアプローチをするために、本書をぜひ活用してほしいとも思います。

なぜなら、「友情を育てるには、自発的に行動することが不可欠」と知ったところで、拒絶されるかもしれない不安を抑えてでも勇気を出して挨拶してみようと思わないのなら、意味はないからです。

友情の生命力は自己開示だと知ったところで、もろさを受け入れるためにこの知識を活用しないのなら、何の役に立つでしょうか？

愛情と思いやりで人と親密になれると知っているのに、いつまでも実行しないのなら、あなた自身が変わろうとしない限り、人生が変わることはないでしょう。

研究でわかった学びが、血となり肉となることが非常に重要であるため、本書は「知ること」と「経験すること」がうまく絡み合うようなつくりになっています。

ここでの私たちの探究は、友情の知識を手に入れるだけでなく、その知識を使って進化することでもあるのです。

Chapter 01

友情で人生が変わる理由

他者とつながることで自分らしくなる

「夫に先立たれた妻の中には、残りの人生を家でテレビを見て過ごす人もいます。生きていても、本当の意味では生きていません」と話すのは、73歳のハリエットです。

ハリエットは、家族と死別した人たちが悲しみを癒す会のメンバーです。彼女がテレビを見て過ごすような妻たちと同じ運命をたどらずにすんだのには、理由がありました――友達がいたからです。

ハリエットは、常に友情を大切にしてきたわけではありません。むしろ、50歳でフェデリコと結婚するまでは、優先になどしていませんでした。

ハリエットは野心的な女性で、1日12時間働き、たくさん旅をしてきました。世界中の国をすべて訪れるという目標を達成したくらいです。キャリアを追求するために、仕事を追いかけてアメリカを横断しました。

でもその道すがら、友情は手放していました。

ハリエットが野心家だからといって、結婚相手を探さないことはありませんでした。

「私が慣れ親しんだ文化では、そう教えられていました。夫を見つけるために生きるものだと」同僚である女性の家に遊びに行ったとき、すべてを手に入れた彼女を羨ましく思ったのを覚えています。すばらしい仕事、夫、かわいらしい双子。40歳で独身だったハリエットは、夫と子どもを持つ夢は叶わないかも、という現実を受け入れられずにいました。

若い頃はそこまで友情に満足していなかった、とハリエットは言います。

彼女は赤貧の農家で育ったため、子ども時代を恥ずかしいと感じていました。夏の間は、学費を稼ぐために近所の農場で働きました。キャリアが成功し、裕福なエリートとの交流が増えましたが、そこが自分の居場所だとは感じられませんでした。

豪邸の不用品セールに参加したり、ディナーに大金を使ったり、隣人の芝生などどうでもいいことを議論したり——ハリエットにとって友情とは、完全に慣れることなどないお金持ち文化を演じながら、二重生活を送る場所だったのです。本当の自分や出生がバレてしまうといけないので、友達のそばでリラックスなど絶対にできませんでした。

ところが、ハリエットの友情の考え方に命を吹き込んでくれた出来事がふたつありました。まず、社交家だったフェデリコと結婚したこと。友達が定期的に自宅に集まるのを、ハリエットはいやいやながら受け入れるようになりました。

「私たちがとても幸せだったので、みんなが一緒にいたがったのです」とハリエットは言います。人と過ごすことは負担ではなく喜びとなりうることを、フェデリコから学びました。

手を貸してくれるよう求めることは、深い親交の入り口になる

とはいえ、友達の価値を本当の意味で理解したのは、フェデリコが亡くなってからでした。

深い悲しみを癒すために、ハリエットは初めてカウンセリングを受け、自分の中のもろさをさらけ出す方法を学びました。ここで学んだスキルを友達に対して使うと、古い友情をまったく新しいものとして経験するようになりました。**人とのつながりが、「自分を偽る場」ではなくなったのです。**

深い悲しみを正直にさらけ出したことで、その重みに耐えきれなくなった友情もありましたが、深さを増した友情もありました。

そして、もろさをさらけ出すことや手を貸してくれるよう求めることは、深い親交の入り口になりうると、ハリエットは理解しました。

歳を重ねた今、ハリエットはこれまで以上に友達を大切にしています。とりわけある友情は、自分にとって人生最長の愛の物語であると気づきました。

シャーリーンとは、フランスのマルセイユにある大学へ留学していたときに出会いました。ハリエットはシャーリーンほど批判をしない人に会ったことがなく、唯一、心を開ける相手でした。大学以降は連絡が途絶えていましたが、14年後、シャーリーンはハリエットを見つけ出し、電話をくれました。

ロンドンに住んでいたのに、2年ほどの間に5回も、ワシントンＤＣまでわざわざハリエットに会いに来てくれました。ハリエットはフェデリコを愛してはいましたが、彼は感情的な話をするような人ではありませんでした。そのためハリエットの人生ではシャーリーンが唯一、心の内を語れる相手だったのです。

「人生は意義深いものだと感じるために、**人は誰かに自分の人生の目撃者となって、その重要性を確認してほしいと願っているものです。私にとっての目撃者はシャーリーンでした**」とハリエットは話します。

5時間の時差にもかかわらず、ふたりは今でも毎週連絡を取り合っています。ハリエットの近くにいられるよう、シャーリーンはワシントンＤＣに引っ越すことまで考えています。

友人は、ときには配偶者よりも大切な存在

今のハリエットにとっては、配偶者がいることよりも友達がいることの方が大切です。ハリエットには一緒に散歩に行く男友達がいますが、その関係がプラトニックなままとなるか、恋愛に発展するかはわかりません。

でも、どちらでもいいとハリエットは思っています。

「人間関係の価値は、一緒にいること、何かをふたりですること、何かをシェアすることをお互いが楽しめるか否かだと思います。彼との関係は、これらの質問への答えすべてがイエスです」

ハリエットは、彼との関係の運命を決めようと焦ってはいません。というのも、「友情もすばらしく、恋愛の代わりに仕方なく選ぶものではありませんから」

現在73歳のハリエットは、友情に価値を見出せるようになったのは「ついに成長した」ことの証しだと言います。

毎晩、友達と一緒にお茶、夕飯、散歩を楽しんでいますが、このように、ゆとりを持ち、人

生を満喫できているのは、友達のおかげです。

「あなたはどうか知りませんけど、私はひとりだと、立ったまま食事してしまうんです」とハリエットは言います。

「友達といるときは、きちんと食事に意識を向けます」

歳を重ねた今、かつてのように思い切り旅行することはできません。でもその代わりに、さまざまな友達とのやり取りという冒険から、ワクワク感を得ています。

ハリエットが人生で後悔していることは、そんなにありません。

19歳年上のフェデリコと結婚し、彼が認知症になった数年間は介護に費やしたものの、それでも彼と結婚したこともちろん後悔していません。

ただ、友情が持つパワーにもっと早く気づいていたかった、とは思います。

それでも、手遅れになる前に友情の価値に気づけてよかったと感謝しています。

「人生の終わりに近づくと、毎日が贈り物であることに気づきます。そして、日々を本当に大切に過ごしたいと思うんです。私にとってそれは、友達と一緒に過ごすことです」

ハリエットの軌跡は、友達の重要性をないがしろにすると何を犠牲にするのか、友達を大切にすると何を得るのかを物語っています。

ハリエットの時代、そして現代でも、友達は家族より価値の低い関係であり、ひとつの家族から離れ、新しい家族をつくるまでの苦しみを和らげる緩衝材だとみなされています。

しかし友情が劣る存在である必要はありません。

ハリエットが学んだように、友情はパワフルで、深遠で、愛情あふれるものになりえます。**ハリエットが経験したように、友情が私たちを救い、変えてくれるかもしれません。**それどころか、もうすでに友達のおかげで救われ、自分を変えている人がいる可能性も高いでしょう。

最強のうつ予防策は友情

友情の影響力は軽視されているものの、実は非常に深遠です。古代ギリシア人は、ユーダイモニア、つまり人類繁栄への鍵だとして、友情を哲学的に考察していました。*002

たとえばアリストテレスは『ニコマコス倫理学』の中で、友情がなければ「誰も生きようとはしないだろう」と主張しました。中世の司祭は、友達との愛情が、神への愛を曇らせるのではないかと恐れ、友情に疑念を抱いていました。その後17世紀になり、友情が神への愛を示す手段だと気づいた司祭たちは、大いに喜びました。*003

現代では一般的に、プラトニックな愛情（つまり友情）は、まるで「セックスと情熱が欠けた恋愛」のように、何かが足りないものとして見られています。しかしこの解釈は、この言葉のもとの意味から逸脱しています。

イタリアの学者マルシリオ・フィチーノが15世紀に「プラトニックな愛」という言葉をつくったとき、それは、**体を超越するほど強力な愛**という、プラトンの愛の考え方を反映していました。

プラトニックな愛とは、恋愛から何かが欠けたものではなかったのです。より純粋な愛の形であり、ある人の魂にとっては、「この体あるいはあの体を求めるのではなく、体の中から輝く聖なる光りを求める」愛である、とフィチーノは記しています。プラトニックな愛は、恋愛を凌ぐものだと考えられていたのです。*004

友情が持つパワーは、単に古代の偉人たちが残した思想というだけではありません。科学によって証明されてもいます。

心理学者は、人間関係が、酸素、食べ物、水と同じように、人が生きていくために欠かせないものだとの理論を立てています。それがはぎ取られてしまったら、人は健康的に生きてはいけません。

だからこそ、友情は心身の健康に多大な影響を与えるのです。

科学者は、うつに影響する106の要素のうち、**最強のうつ予防策となるのは、信頼できる友達を持つことだと発見しました。**[*005]

ある研究によると、**孤独が人の命に与える影響は、1日15本の喫煙に匹敵します。**[*006]

ある研究によると、幸せな人と不幸せな人の最大の違いは、その人がいかに魅力的かとか信心深いかではなく、人生でどれだけいいことが起きたかでもないことが明らかになりました。**人とのつながりの度合いだったのです。**[*007]

友情は死亡リスクを45%低下させる

友情は、人生に降りかかる災難でできてしまったトゲを、やすりをかけるように削り取ってくれます。

ある研究では、「テロリスト」とされた人物の印象について男性に聞いたところ、回答者の男性が友達と一緒にいたときよりもひとりでいたときの方が、「怖い」という感覚を抱きました。[*008]

坂道について尋ねた別の研究では、友達と一緒にいたときの方が、勾配を緩く感じました。[*009]

そういえば、私自身のこんな経験を思い出します。仕事を辞めることになったのですが、上司が最後の給与の支払いを拒否したため、言い争いになりました。このせいで当時の私は常に不安でピリピリしていました。でも友達とティーハウスでチャイを飲みながらうっぷんを吐き出すうちに、気持ちが軽くなりました。数週間ぶりに、心の平穏を取り戻したのです。

友情が持つ癒しの力は、心の健康のみならず体の健康にまで及びます。

サイエンス・ジャーナリストのマルタ・ザラスカは、その著書『*Growing Young: How Friendship, Optimism, and Kindness Can Help You Live to 100*』（『若返り：友情、楽天主義、思いやりで100歳まで生きる』、未邦訳）の中で、長寿の要因としてよくあげられるもの、たとえば食生活やエクササイズなどを査定しています。

そこで、長寿にもっとも強力な要因は、人とのつながりであると結論づけました。

たとえばメタ分析によると、エクササイズは死亡リスクを23〜30%[*010]、食生活は最大24%[*011]とそれぞれ下げますが、**大きな交流ネットワークを持っていると、死亡リスクが45%[*012]も低減することがわかったのです。**私がこの研究結果を同僚に教えたところ、彼女は「社交的なカウチポテト〔ソファーに座ったままだらだらとすごす人〕でもいいってことか」と言っていました。

私たちみんな、それでいいのです。

家族とは種類の違う関係が持てる

人とのつながりから得られる恩恵の多くは、もちろん家族や配偶者など友達以外の親しい関係を通じて経験できるものです。しかし、友情には友情ならではの利点があります。**友達は親と違い、私たちに自分の期待や欲求を叶えてほしいとは思っていません。配偶者と違い、その人のすべてになったり、欠けた部分を補う存在になったりという、ものすごい期待を背負わされることもありません。**

そして子どもと違い、命を守り育てる責任をひとりで負うこともありません。

友情における人間関係という「圧力弁」を開放すると、ほかの人間関係では得られないような喜びで満たされます。退職後の生活を計画する必要もなければ、お互いの性欲を満たす必要も、お風呂掃除を誰がするのかを決める必要もなく、気兼ねなく、友情を喜びを味わうための場にできます。

ある研究では、友達と一緒に過ごす方が、恋愛の相手や自分の子どもと一緒に過ごすよりも大きな幸せにつながることがわかりました。[*013]

理由は、友達と一緒だとボウリングしたり、季節のイベントに出かけたり、ドッグランで他人の子犬をかわいがったりと楽しく過ごせる一方で、配偶者や子どもと一緒にする行動は、食器を洗ったり、請求書を支払ったり、歯磨きをするよう促したりなど、日常的なものになるためです。

友情についての回顧録を一緒に執筆したふたり、アン・フリードマンとアミナトゥ・ソウによると、友情も当然ながら「親密な日常」へと深まることがあります。

友達だって、食料品の買い出し、雑用、退職後に一緒に過ごす生活などが関わってくる関係になるかもしれないのです。現在はひとりの人物にまとめられているセックスの相手、恋愛の相手、人生の伴侶をバラバラに切り離すことで、友達もまた、人生を共に過ごす大切な人になる可能性を秘めています。

アメリカの月刊誌アトランティックは、「The Rise of the 3-Parent Family」（3人親家族の興隆）という記事の中で、アセクシュアル（他人に対して性的欲求を抱かない人たち）のための団体アセクシャル・ビジビリティ・アンド・エデュケーション・ネットワークの創設者である、デヴィッド・ジェイという人物を紹介しています。

彼は、「強烈なエネルギーを感じる」友達と、人生を共にすることについて話し合いました。

この話し合いはうまくいきませんでしたが、結局、別のカップルと一緒に子育てするところに落ち着きました。

友情は柔軟で、ニーズによって変わります。月1回のランチ友達となる可能性もあれば、魂の友達（ソウルメイト）になる可能性もあります。

激しい感情に左右されずに選べる関係は得がたい

友情において主に喜ばしいのは、友達の数には制約がないことです。友達以外の主要な人間関係の場合、養育者はふたり、配偶者はひとり（一夫一婦制の場合）、子どもは2・5人など数に限りがありますが、友達はたくさん持つことができます。

仏教には、「ムディター」（喜）といって、他者の喜びをまるで自分のことのように共感して喜ぶ概念があります。キリスト教の聖書では、使徒パウロがイエスの信徒全員に宛てた手紙の中で、「一部が称賛されれば、全体が喜ぶ」と書き、ムディターを示唆しています。配偶者、子ども、親はみんな、ムディターとして私たちと共鳴して自分のことのように感じてくれますが、祝福する友達がたくさんいれば喜びは無限に広がります。

私たちは応援してくれ、理解してくれ、一緒に喜んでくれる人たちを、友達として自分で選べます。友達を維持するために、誓いの言葉や正式な儀式、遺伝子的な類似性など必要ありません。

友情という関係を通じて私たちは、人生でもっとも肯定的で、安全で、神聖な人間関係を自分で選ぶことができます。社会からプレッシャーがかかるからではなく、自らの選択によってそうするのです。

公務員のクレオは、母親が亡くなったあとの葬儀で、孤独で居心地が悪かった経験を話してくれました。当時家族との関係がぎくしゃくしていたため、その不安から悲しみに暮れることもできませんでした。ところが友達のステファニーが予想外にわざわざミシガンから駆けつけてくれ、クレオはようやく涙を流すことができました。

友情は自分で選択できるものであり、そこには通常、恋愛感情がありません。ということはつまり、純粋に相性をもとに誰と仲よくするかを選べるということです。

イギリスの作家C・S・ルイスはかつて、こう書きました。

「エロス（恋愛的な情熱）では、体が裸になる。友情では、人格が裸になる」

身を焦がすような恋愛感情は時として、そうした感情を相性のよし悪しだと勘違いして、相性の合わない相手へと走らせます。しかし心理学者のハリエット・レーナーはこのように述べています。

「強烈な感情は、それがいかに身を焦がすようなものであれ、永続的な本物の親しさを測るものにはなりません。（中略）強烈さと親密さは同じではないのです」

友達を選ぶ際は、共通の価値観、信頼、互いの人柄への憧れ、一緒にいて楽といった、親密さを測る上で一番正確な尺度を感情に邪魔されずに自由に選べます。もちろん、常に感情に邪魔されないわけではありません。この点については、怒りや衝突の対処法に関する章である6章で詳しく取り上げます。

私たちが生きやすい社会のためにも、多くの友情が必要

友達は、個人的に支えてくれる存在というだけではありません。集団として恩恵を与えてくれる存在でもあります。友情の利点をもっとマクロ的に評価しようと俯瞰すると、友達という人間関係が、いかに社会を向上させているかがわかります。

社会が正義を高め偏見をなくそうとするなか、友情はその手段を提供してくれます。

ある研究では、外集団（自分が属していない集団）に友達がひとりいると、その外集団自体

に対する反応が変わり、さらには、その外集団が恩恵を受けるような政策をさえ支援したくなることがわかりました。[*014] つまり、体系的な変化をもたらすには、友情が（十分でないかもしれませんが）必要である可能性を示唆しています。

別の研究では、友達の友達が外集団の誰かと友達である場合、その外集団への敵意が弱まることが明らかになっており、[*015] 集団を超越した友情は、人間関係のネットワーク全体に波及効果を及ぼす可能性が示されています。

偏見は、相手の存在が抽象的なときに強まるものです。 いったん友達になってしまえば、相手は自分とまったく同じように傷ついたり愛したりする、複雑な存在であることに気づき、相手がどれだけ自分と違うと思ったところで、相手の中に自分の姿を見るようになります。

２０１３年に発表されたメタ分析[*016]によると、友達のネットワークはここ35年で縮小を続けており、この傾向が社会にもたらす影響は深刻です。

また、社会が機能するには信頼が必要です。ある研究によると、友達は他者への信頼感を高めてくれます。[*017]

ドイツ、チェコ、カメルーンからの参加者を対象に行った調査[*018]では、３つの文化すべてにおいて、人とのつながりの断絶を感じている人は、社会的シニシズム[*019]と呼ばれるものを経験することがわかりました。シニシズムとは、「人間性の否定的な見方、ある集団に対するバイアスがかかった見方、社会制度への不信、目標達成における道徳的手段の軽視」です。『孤独なボウリング：米国コミュニティの崩壊と再生』（柏書房）の著者であるロバート・D・パットナムは、誰かと社会的ネットワークを共有するとき、人は（よく知らない人を信頼する）「薄い信頼」をすると指摘しています。とはいえパットナムは、「コミュニティの社会的な構造がより陳腐になっていくにつれ、誠実さ、一般化された互酬性、薄い信頼の規範を補強する力は弱まる」と主張します。

銀行が機能するには、銀行員が私たちの預金を着服してカトマンズでの休暇につぎ込んだりしないものだ、と私たちは信頼する必要があります。食料品店が機能するには、くだものにヒ素が含まれていないものだ、と信頼する必要があります。学校が機能するには、教師が子どもたちにくだものの割引クーポンを切り取る作業を、1日中やらせたりなどしないものだ、と私たちは信頼する必要があります。

人とのつながりが分断されると、社会を維持するのに必要なこれらの「信頼」が揺らいでしまうのです。

恋愛に強さと持続力をもたらしているのも友情

ここまで読んで、まるで私が、社会の崩壊を防ぐには離婚して家庭を捨て、避妊手術を受けて友達を見つける必要がある、と言っているように聞こえてしまうかもしれません。

そうではありません。

何を言わんとしているのかというと、私たちの文化における友情の扱いとは裏腹に、**強力な影響力を持つほかの人間関係と同じくらい友情も重要であるということです。**

もしもあなたが友情を非常に大切にしている人なら、プラトニックな愛は二流だとされた、悲しい経験があるのではないでしょうか。

親しい友達を見ると、「あんたたち、どうなってんの?」と人は言うものです。

プラトニックな愛だけでは、強い絆を説明できない、と決めつけているのです。ふたりの間に恋愛感情がないとき、それは友達ではなく、「単なる友達」と言われます。

恋愛に発展させたいとき、人は「友達以上の関係になろう」と言います。人間関係の中心に友情を据えている人は、孤独で魅力がなくて満たされない、猫に囲まれたオールドミスか大人になれない独身男性だ、と不当に決めつけられてしまいます。**恋愛に強さと持続力をもたらす**

のは友情であり、その逆ではないことが研究により明らかになっているにもかかわらず、です。[*020]

友情は、人間関係として二流だと決めつけられるだけではありません。実際に、二流のように扱われるのです。

家族や恋愛相手と比べて、人は友達にはあまり時間を費やさず、もろさを見せず、そこまでの愛情を分かち合いもしません。

恋愛関係なら、会いに行くためにわざわざ飛行機に乗るし、衝突しても苦労して乗り越えるし、体調を崩したらお互いに看病するのが適切な関係だと考えます。家族なら、一緒にいるために国を横断して引っ越すし、親類のラスおじさんが休暇のたびに酔っ払って問題を起こすけど、それでも献身的に支えるのが適切な関係だと考えます。

友情はどこまでも深くすることができる

エイブという名の男性が、イリノイ州に引っ越してきたとき、まったくの一文なしでした。最後の数ドルで、新しいベッドを買おうと思いました。

店に入り、店主のジョシュにベッドの値段を聞きました。ジョシュが金額を答えると、エイブはその金額は出せないと正直に伝えます。落胆するエイブを見てジョシュは、代わりのアイデアを提案しました。

店の上階に住んでいるジョシュのベッドは、ふたりが寝られるほど大きかったのです。うちに一緒に住んでベッドをシェアするかい？　と聞かれたエイブは感激し、かばんを床に下ろすと、引っ越し完了だと宣言しました。

エイブとジョシュは、いろいろな意味で正反対でした。平均的な身長のジョシュが小さく見えるほどエイブは背が高く、少し猫背で彫りが深く、緑色の目をしていました。ジョシュは顔立ちの美しい詩人のようないでたちで、カールした髪が頭を覆っています。

エイブは教育を受けておらず、貧しい育ちでした。ジョシュは裕福に育ち、一流大学に進学したものの、ドロップアウトしました。しかしふたりはすぐに、思っている以上にお互いが似ていることに気づきます。

ふたりは起きている間、仕事以外の時間はいつも一緒でした。ジョシュがエイブの出張についていくこともあったほどです。

しかしふたりの友情には難局もありました。

エイブはよく悲しみに暮れました。ただの悲しみではありません。ベッドから起き上がれない、刃物を近くに置いてはいけない、といった類の悲しみなのです。

エイブはそれまで、多くの悲劇を経験してきました。もっともつらかったのは9歳のとき、最愛の母親が食中毒で急死した出来事でした。「今の私、そしてなりたい私はすべて母のおかげだ」とエイブはかつて口にしたことがありました。父親は気分屋、いとこたちは変わり者で、いとこのひとりは施設に送られたほどです。エイブは、自分も同じ運命をたどるのではないかと恐れていました。

エイブのうつの主な原因となったもうひとつの出来事は、恋愛がうまくいかなかったことです。エイブとジョシュにはお互い恋人がいましたが、自分を深く愛してくれた女性をそれぞれ遠ざけ、恋愛はすぐに終わりを告げました。

エイブはかつてメアリーという名の女性と婚約しましたが、自ら破談にしてしまいました。恐らく母親の死が原因で、エイブは女性と親密になるのが怖かったのです。ひどい罪悪感にさいなまれ、うつ、幻覚、希死念慮に襲われたり、支離滅裂な発言をしたりするようになり、精神病に陥りました。

エイブが唯一、自分に近づくのを許したのはジョシュだけでした。ジョシュは毎日、エイブの話し相手となり、剃刀《かみそり》を隠してエイブの安全を守りました。

エイブが健康を取り戻しつつあるとき、ジョシュは家族と一緒に暮らすためにケンタッキー州へと移りました。

そこでファニーという名の女性と婚約します。しかし結婚が迫るなか、ジョシュはエイブを悩ませたものと同じ心痛に襲われます。ふたりは手紙を送り合い、エイブは、ジョシュが抱えていた親密な関係への恐怖を抜けられるようアドバイスしました。

手紙につづられたのは、ジョシュの心痛だけではありません。お互いへの親密な感情もしたためられました。

エイブは、ジョシュの心痛がまるで自分のもののように身にこたえ、そしてジョシュの友人でいたいという思いは永遠に消えることはないと書き、「あなたの永遠の友人より」という言葉で手紙を結びました。さらに、手紙を受け取ったらすぐに返事が欲しい、と不安そうに記しました。

同じベッドに寝て、体調が悪いときにはお互いを看病し、愛の手紙を書いていたエイブとジョシュの関係はあまりにも親密で、多くの人が性的な関係なのではないかと疑いました。とはいえふたりは、こうした深い友情が今よりもずっと受け入れられていた時代に生きていたのです。

ジョシュア・スピードの店でふたりが出会った運命の日は、1837年4月15日。

エイブは、私たちがよく知る人物です。

彼のフルネームは、エイブラハム・リンカーンでした。

世界で一番近い存在は友達だと感じた経験は誰にでもあるはず

『*Your Friend Forever, A. Lincoln: The Enduring Friendship of Abraham Lincoln and Joshua Speed*』(『あなたの永遠の友人、A・リンカーン：エイブラハム・リンカーンとジョシュア・スピード、不朽の友情』、未邦訳)の中で著者のチャールズ・ストロジャーは、次のように書いています。

「アメリカ史において、男性同士のセックスが忌まわしいものとされ、知られようものなら厳しく罰せられて社会的に追放されたその一方で、親密さ——一緒に寝ることも含め——や近しさ、親交、愛情表現が強く奨励され、好ましいとさえされた時代に思いを馳せるには、想像力をかなり飛躍させる必要がある」

リンカーンは一度、判事のデイヴィッド・デイヴィスとホテルの同じ部屋に滞在したことがありました。*021 リンカーンの友人であり顧問も務めたレオナルド・スウェットがふたりの部屋を訪れたとき、そこで目にしたのは、ピローファイト(枕たたき)で息を弾ませたふたりの姿でした。

リンカーンは、黄色い長シャツを胸元のボタンひとつでとめただけで、肌をあらわにしていました。スウェットはこのときのことを振り返り、「あのボタンが不幸にも外れてしまったら一体どうなってしまうのか」と考えて身震いした、と述べています。

リンカーンの時代は、同性愛はあまりにも真っ向から禁じられていたため、友人同士が親密だからといって、同性愛だろうという懸念は抱かれませんでした。そのため、唯一の境界線である性器を除けば、人は友達と好きなだけ親密になれました。

元国務長官で連邦議会議員のダニエル・ウェブスターは、友人のジェイムズ・ハーヴェイ・ビンガムに宛てた手紙の中で、「愛しい男」や「心から愛する人」と呼びかけました。

そうした手紙の1通で、ウェブスターは「あなたは唯一の心の友であり、私の喜び、悲しみ、愛情のパートナーであり、私の一番密かな思いに登場するただひとりの人だ」と書きました。

ウェブスターは、もしお互いに結婚できなかったら、「高齢の独身男性の正装である喪服を着て、道楽をすべてやり尽くし、木製ステッキにつば広帽をかぶり、コマドリのように陽気に口笛を吹きながら、人生の最期に向かって行進しよう」としたためました。[*022]

私はなにも、この時代に戻ろうと言いたいわけではありません。

同性同士が性的な関係を結ぶことは今よりもっと非難されていたし、ジョシュア・スピードは人を奴隷にしていました。この時代が、人間同士がつながり合う黄金時代などでなかったことは明白です。

とはいえ、この時代を詳しく見ていくと、友情は本来どこまで深まり得るのかがわかります。**友情をないがしろにすると、ジョシュとエイブと同じくらい、あらゆる面で深くなりえる人間関係の可能性を切り捨てることになります。**

実のところ、年齢に関係なく、世界で一番近い存在は友達だと感じた経験は、誰にでもあるはずです。

それなのに、年齢を重ねていくと、友達が与えてくれた影響を無視するという、集団的記憶喪失に私たちはかかってしまいます。

大人になるとは、古くなった皮膚を脱ぎ捨てるかのように友達を捨て去り、大事な人間関係に集中することだ、と私たちは思い込もうとするのです。つまりそれは、友達とは歳を重ねるほどに、健康と幸せにおける重要性を増す存在だという、ハリエットが出した結論を立証する研究[*023]を遠ざけることになります。

しかし友情は、私たちの人となりをつくったり、将来的にどんな人物になるかが友達から予測できたりするなど、すでに私たちを変化させている可能性もあります。

友情のおかげで完全な自分になれる

セリーナは、親友のジェシーとアパートをシェアしています。自宅に帰るウーバーの中で、家にいるジェシーとテキストメッセージをやり取りしていました。メッセージの中でふたりは、アニメ『ひぐらしのなく頃に』が自分たちの友情に何を教えてくれたかについて語り合っていました。

ジェシーは、「私はずっと、あなたの隣で闘うよ」と、作品のテーマと重なるメッセージを送ってきました。

この前向きな言葉を聞いて、セリーナは誰にも言えなかったことを、ジェシーに打ち明ける勇気が湧いてきました。「内緒の話ししていい？　これまで誰にも言えなくて」とセリーナはジェシーにテキストを送ります。

帰宅したセリーナはジェシーと顔を合わせると、息が浅くなり、つい目をそらしました。もし、打ち明けたい話があるとあらかじめ送っていなかったら、セリーナは話すのをやめていたでしょう。これから打ち明ける話に、ジェシーがどんな反応をするかセリーナは想像しました。「意味わかんない。なんでそんなウソをつくの？」と言われるかもしれません。

セリーナの秘密とは、何だったのでしょうか？

セリーナはこれまで10年間、自分がセリアック病〔グルテンに対し異常な免疫反応が生じ、自分自身の小腸粘膜を誤って攻撃してしまう自己免疫疾患のひとつ〕だと言っていたのですが、実はそうではありませんでした。

これは、ささいなことに思えるかもしれません。しかしセリーナにとっては、このウソは恥にまみれていました。

父親はセリーナが生まれる前、最初の結婚で初めての息子ができましたが、死産でした。そのため父親は、セリーナも息子のように死んでしまうのではないかと、セリーナが生まれて以来ずっと恐れており、異常がないか必死に探すようになりました。そうすれば、治療法を見つけ、セリーナの命を守れるからです。

セリーナは毎週、医者に連れていかれました。どこも悪いところなどないと言われると、次の医者へと向かうのでした。

父親はついに、セリーナがセリアック病かもしれないという可能性を見つけました。医者、検査、さらには小規模ではあるものの手術さえも父親に押しつけられることに疲れ果てていたセリーナは、屈してしまいます。

「そうだね、そうに違いないよ、パパ。私、セリアック病なんだ」――自分がウソをついているのはわかっていました。これが、友達、家族、ありとあらゆる知人に10年間つき続けたウソの始まりでした。

ウソのおかげで、父親が大げさに騒ぎ立てることはなくなりましたが、このプロセスでセリーナは、自己肯定感を犠牲にしました。

「かなりの嫌悪感と罪悪感にさいなまれたし、自分は性格が悪いと思いました。いとこのケイティがセリアック病で、グルテンを食べるとてんかんを起こしていたのを覚えています。ケイティのことを考えると、同じ病気のふりをしているだなんて最悪な気持ちになりました。まるでがんを患っているふりをしているような気分だったんです」

友人が自分の秘密を受け入れ、共感してくれたら、それが自分らしさになる

著名な精神科医であるハリー・スタック・サリヴァンは、セリーナが自分のウソに対して抱いた恥の感情を「非人間的[*024]」という言葉で表現しています。**恥という感情が極めて不快な理由は、恥によって人間性が削がれるためだ、とサリヴァンは言います。**

仕事をクビになったとき、しくじったから嫌な気持ちになるのではなく、しくじっていないほかの人たちから孤立するから嫌な気持ちになるのです。

（離婚は普通のことであるにもかかわらず）離婚時につらさが増すのは、幸せな結婚で「普

通の生活」を送っている人たちとは、自分がまったく別の存在になってしまうからです。自分の体形を恥だと思うのは、（これもまた普通であるにもかかわらず）ほかの人とは比べものにならないほどに自分の肌には張りがない、たるんでいる、ぶよぶよだなどと感じてしまうからです。サリヴァンによると**恥とは、経験そのもののつらさからくるというより、「人間」という存在から切り離されてしまう経験のつらさから来ています。**

どうすれば、そんな人たちが再び自分を人間らしく感じられるようになるでしょうか？

サリヴァンは、友情を通じて感じることができると言います。**恥を打ち明け、友達が私たちを受け入れてくれ、共感さえしてくれるとき、残念な部分のせいで自分が人間でなくなることはないと悟ります。**むしろ、それはかなり人間らしいことです。友達のおかげで、自分の欠点を罪の烙印ではなく、自分らしさとして受け入れられるようになります。

セリーナが経験したことは、まさにサリヴァンが主張する点を描き出しています。

セリーナは、真実をジェシーに打ち明ける前に、自分の罪を毎日のように思い知らされていました。セリアック病だと信じ切っている友人たちは、グルテンフリーの食べ物を料理してくれたり、グルテンフリーのレストランを選んでくれたりしました。セリーナは、自分が食べるベーグルやマフィンをこっそり隠しておくこともありました。

ウソをつきまくる自分は、文字どおり非人間的だと感じました。「グルテンをこっそり食べる自分はまるで、橋の陰から這い出てごみ箱を漁る妖怪のような気がしました」

ジェシーにこの秘密を打ち明けたら、人格を疑われるのではないかとセリーナは恐れていましたが、実際のところそんなことはありませんでした。

ジェシーは理解してくれ、祝ってさえくれたのです。

「まったく躊躇《ちゅうちょ》せずに、すぐに思いやりと支える気持ちを示してくれました。ジェシーは、〝グルテンが入っている食べ物を一緒に食べられて嬉しい。めちゃくちゃ楽しみながら、一緒に取り返そう。ブランチに行って、ミモザを飲みながらグルテンを山ほど食べよう〟って言ってくれたんです」

1週間後、ジェシーとセリーナはブランチに出かけ、ワッフルやフレンチトースト——セリーナに言わせると「グルテンが大盛りのグルテン」を食べました。

ふたりはその夜、細かいブラウニーが入ったクッキードウ・アイスクリーム（たっぷりのグルテン入り）を一緒に食べました。泣いているセリーナにジェシーは、「泣いてすっきりしちゃいなよ、セリーナ。打ち明けてくれて嬉しいよ」と言いました。

ジェシーが受け入れてくれたことでセリーナは、自分の人生にいるすべての人たちに秘密を打ち明ける勇気が持てました。

ジェシーは、「批判されないと思うよ。一緒にドーナツ食べるのが楽しいって思うかも」と言って安心させてくれました。

セリーナはまず兄弟に話し、ほかの友達にも打ち明けました。

セリーナが打ち明けるとすぐにジェシーが「最高じゃん、みんなでランチ食べに行こう」と相槌《あいづち》を入れて支えてくれ、詮索するような質問が出ないよう、話題を逸らしてくれました。

最終的には、打ち明けるのが一番怖かった父親にも話しました。

誰にも言えない自分の「恥」を受け入れることは、成長になる

私たちは、恥を避けようとするあまり、その部分に関係する自分のアイデンティティを詳しく知る機会を逃してしまいます。セリーナの場合は、恥を打ち明けたことで、それまで恥で抑えつけていた自分の一部を理解できるようになりました。

秘密を打ち明ける前、セリーナはセリアック病のフリを続けるために食べ物を制限したり隠

したりしていたせいで、逆にドカ食いをしていました。

「過食症というほどではありませんが、過食症に似た精神状態になりました。自分が食べ物をため込むモンスターのように感じたのです」。告白のあとに、この過食症のような症状が軽くなりました。

人は恥を抱くと、自分が分断されたように感じます。**恥のせいで、自分の一部を無視したり、忘れようとしたり、距離をおこうとしたりするためです。**欠点を隠さなければという強迫観念で頭がいっぱいになり、そこから離れようとするものの、皮肉なことにむしろ飲み込まれてしまいます。

私の隣人にゲイの男性がいるのですが、カミングアウトするまで、本当の自分だと感じられなかったと言います。というのも、**セクシュアリティを隠すことにエネルギーをすべて使い果たし、人となりを消耗してしまっていたからです。**

人は、抑えようとしているものに定義されてしまいます（この点については、もろさに関する章である第4章で後述します）。

あるいは、私の心理学指導教員の言葉を借りれば、「人は、自分が言葉にできないものすべてから影響を受けている」のです。だからこそ、恥を隠しても癒しにはならないのです。

人に話し、友達がそれでも愛し受け入れてくれたとき、恥を隠さなければという労力から私たちは解放されます。欠点とされるものがもたらした恥は、私たちの一部になりますが、私たちそのものというわけではありません。

友達から受け取る共感のおかげで、私たちは本来の自分になれるのです。

セリーナも実際、恥をジェシーに打ち明けたことで、本来の自分に戻れたように感じました。「顔を上げても、橋の妖怪もいなければ、ごみ箱もありません」とセリーナ。

「まるで、ゴツゴツした醜い妖怪の手のつもりで自分の手を見たら、みんなと同じ、普通の手だったことに気づいた感じでした。私は普通なんだって。あの夜、鏡を見てこう思いました。〝なんか自分がきれいに見える〟。**ジェシーのような人が私みたいな人を愛してくれるなら、私は愛されるに値する人間なんです。**愛される価値のある人間に戻れたんです」

友情があると、共感する力をどんどん鍛えられる

当然ながら、誰もが、自分に共感を示してくれる可能性があります。家族、配偶者、上司、インスタグラムのフォロワー、ズンバのインストラクター、キャンドルメーカー、ノリの悪い

ウーバー運転手などなど誰でもです。

しかし、一番共感してほしいときにそこにいてくれるのは、友達です。恥の感覚は、ティーンエイジャーのときに一番強く、その後はずっと低下し、老齢期になって再びティーンエイジャーの頃と同じくらいに強まることが研究でわかっています。[*025]

別の研究によると、ティーンエイジという難しい時期には、人は家族に頼ったり、彼氏に頼ったりはしないそうです。友達を頼ります。[*026] この年頃は、自分が何者であるかを模索している非常に重要かつ激動の時期です。**このときそばにいてくれる友達は、私たちのアイデンティティに永続的な影響を及ぼします。**

友情は共感を誘発します。そのため、自分に共感を向けてくれる候補者として友達はぴったりです。

サリヴァンによると、友情のおかげで、私たちは共感を抱けるようになります。[*027] **チャムシップ（親友関係）に関する理論の中でサリヴァンは、人は8歳から10歳の時期、友情によって他者との関わり方が大きく変わると主張しています。**

この時期の友情は、人が他人の幸せを自分のもののように大切にする、初めての人間関係です。子どもは、相手が親なら頼りにし、教師なら従います。**しかし友達なら、同情するし共感**

するのです。

サリヴァンは、次のように説明しています。

子どもは「他人にとって大切なもののために、感受性を発達させるようになる。それは、〝自分が欲しいものを手に入れるために何をすべきか〟という思いからではなく、〝仲間の幸せに貢献するため、あるいは仲間の威信や自己肯定感を下支えするために、自分に何ができるか〟という思いからだ。（中略）私たちという観点なのだ」。

私がこの理論を友達に話したところ、彼女はうなずきながらこう言いました。

「自分の子どもが友達といるときの姿を知らなかったら、小さな暴君だとしか思えないもの」

これは単なる理論ではありません。共感を育てるのに、友情がいかにたぐいまれな役割を果たすかを示す研究は数多くあります。

思春期の間、家族に対する思いやりは変化がないか低下する一方で、友達に対する思いやりは高まることが研究からわかっており、[*028] 思春期の子たちにとって、友達は共感を実践する場として際立っています。

とはいえ友情は、単に共感を実践するだけの場ではなく、共感を伸ばすための場でもあります。**あるメタ分析から、質の高い友情を持っていることと共感力の高さは、相関することがわ**

かりました。[*029] 言葉の問題を抱えた子どもに関する別の研究では、いい友達がいる子どもは共感力を伸ばし、共感力の高い子は友情の質を高めました。[*030]

共感と友情が脳の中でどう展開するかを調べた研究もあります。

この研究では、友達が仲間外れにされる様子を目にすると、自分自身が仲間外れにされたときに反応するのと同じ脳の部位が活性化することが示されました。[*031]

友情は、共感する能力を育てるだけではなく、人格もよくする

知らない人に対しては、こうはなりません。ということは、共感は友情の一部なのです。そして友情は、友達に共感するようになるだけではありません。**共感する力そのものが全体的に高くなります。**

共感は、友情がつくり出す重要な結果です。これだけでも十分、友達という人間関係は欠かせないものとなります。

しかし友情からのポジティブな影響は、**共感を育てるだけにとどまらず、人格そのものを全体的に改善するところにまで及びます。** たとえば、人格形成期での友達の有無が、どんな大人

になるかに影響するかどうか調べた研究があります。[*032] 友達のいる5年生といない5年生について、どんな大人になったかを複数の点について比較したところ、**友達がいる5年生は、気分の落ち込みが少なく、道徳心が高く、自尊心が高い大人になっていました。**

もしも私たちが、「どうやって共感力が高くなったの？　道徳心が高くなったの？　自己肯定感が高くなったの？」と聞かれたら、ほとんどの人は「友達のおかげ」とは答えないでしょう。教育、内省、セラピー、遺伝、などと答えるかもしれません。

自分がいかに友情から影響されて変わっているか、常に意識していないものですが、それでも、私たちは変わっているのです。そして、友情のおかげでよりいい自分になれるだけでなく、自分が何者かに対する理解も深まります。

友達は自分自身への理解を深めてくれる

2016年の蒸し暑い日、ベトナムのハノイにあるフランス人街で、キャリーはアパートの窓を開けて、下の騒ぎに向かって叫びました。「うるさい！」。叫んだところで騒音にかき消されるだろうけれど、叫ばずにはいられなかったのです。そして、ベッドに戻って倒れ込み、すすり泣きを始めました。

アメリカ人のキャリーにとってベトナムへの移住は、日常から抜け出した大いなる冒険となるはずでした。しかし数カ月たち、充電できるどころかイライラが募っているように感じました。もちろん、英語を教える仕事は楽しかったのですが、小さなアパートを一歩出ると圧倒されてしまい、孤独も感じていました。

鬱々としているキャリーに気づき、同僚のギルダが「私たちと一緒に出かけようよ」と声をかけてくれました。

ギルダは地元のバーで、自分の友達にキャリーを紹介しました。気はいいけれど陰気な人たちばかりのグループです。キャリーがそそくさと席についたときからその夜が終わるまで、グループの人たちはキャリーにほとんど声をかけてきませんでした。

キャリーは、ギルダが招いてくれたことに感謝はしましたが、これまでとは違う種類の孤独を感じていました。まわりに人はいるけれど、自分らしくいられずに居心地が悪く感じるたぐいの孤独です。

キャリーは普段、はじけるように元気です。カールした髪を弾ませ、よく笑い、部屋中に響きわたるほど大きな声で人にハローと声をかけるような人です。

でもギルダや彼女のおとなしい友達と一緒にいるとき、自分の性格を抑えないといけないというプレッシャーを感じました。

キャリーはその後、この人たちに会うことはありませんでしたが、ギルダとは会い続けました。

ふたりはまもなく、ハノイで暮らす外国人のためのカンフー教室に通うようになります。ギルダはほかの生徒について、簡単に説明しつつ一言アドバイスを添えました。

「あの女性はリー。声が大きくて鼻持ちならないオーストラリア女性。距離をおいた方がいいわ」

この一言は、キャリーがギルダとの友情に対して抱いていた疑念をはっきりさせました。**ギルダとの友情は、キャリーが縮こまっていないと続かないのです。**

キャリーはこう話します。

「もしギルダが本当の私を知ったら恐らく、ほかの人にこう言ったと思います。〝あれはキャリー。声が大きくて鼻持ちならないアメリカ人。距離をおいた方がいい〟って」

皮肉なことに、ギルダのその一言で、キャリーはリーと友達になりたいと思いました。

運よくリーはシャイではなく、キャリーに自己紹介してきました。ふたりはすぐに打ち解け、教室の後ろでくすくす笑いをしたり、レッスン中に先生に叱られたりしました。

レッスン後にリーがキャリーをランチに誘い、ふたりの友情は確実なものとなりました。キャリーにとってリーは、思いやりのあるいい人に映りました。

ふたりはまた、キャリーがギルダには感じられなかった居心地のよさを、最初からお互いに感じていました。キャリーといると、大声で笑う元気な自分を出すことができました。バーでギルダと一緒にいた控えめな女性は、キャリーではなかったのです。

リーは喜びに満ちた人であると同時に、度胸が座った人でもありました。

ベトナム国内を原付バイクで走り回っており、目的地への行き方がわからないときはバイクに飛び乗り、通りがかりの人を呼び止めて道を尋ねました。知らない人に近づいてハローと声をかけ、一緒にランチを取ろうと誘うこともありました。リーは勇気がある人でしたが、キャリーはそうではありませんでした。

キャリーはある週末、リーの家を訪ねました。リーの彼氏で、やさしくてかっこよくて、話をよく聞いてくれる、サッカーをたしなむブラジル人男性もそこにいました。

整頓されたリーの家は、ビーチ沿いにありました。キャリーは溜息をつき、自分の人生について思いを馳せます。都会での暮らしや、原付バイクのエンジン音、叫び声、アパートの外でたむろする酔っ払いたちに、うんざりしていたのです。**そしてなぜか、このイライラをリーに**

ぶつけるようになります。

その週末、リーが道を聞くために通りがかりの人を呼び止めると、キャリーは怒ってこう言いました。

「どうして行き先も知らないの？　ここに住んでるんでしょ？」

食事を注文する際にリーがベトナム語を言い間違えると、「そんな言い方しないって！」と口をはさみ、リーが会話の最中に大げさにジェスチャーをすると、からかってそのまねをしました。

気落ちしたリーはとうとうこう言います。

「キャリー！　なんでそんなに意地悪なの？」

友人に意地悪したいときは自分の成長のヒント

なぜそんなに意地悪なのか？

キャリーは真実に直面しなければいけませんでした。

「リーの方がずっと先を生きているから、私は嫉妬していたんです。リーは怖いもの知らずで、気の向くままにどこへでも行き、変化も恐れていません。彼女に刺激をたくさんもらっていたけど、私は自分でそれに気づいていませんでした。なので、彼女の近くにいるのがつらくなってきたんです」と、キャリーは認めます。

キャリーを脅威に感じたのは、自分の人生がいかに空っぽかを、思い知らされたからだったのです。

この事実に気づいてから、**人生をどう変えたいのかを知るヒントとして、キャリーは自分の嫉妬を受け入れるようになりました。**

「リーの人生の道のりは、私とは違うんだってことを思い出す必要がありました。私たちが友達なのは、お互いに刺激し合い、成長するよう助け合えるからでした」とキャリーは話します。

そのため、リーに刺激されるのに任せることにしました。

ベトナムの街を原付バイクで走り回り、知らない人と一緒にベトナム料理のフォーを食べました。ある日、リーとキャリーがジムにいたとき、リーがダンスの振り付けをしようと言い出し、ふたりは踊りました。

そしてキャリーはこのとき以来、踊り続けています。部屋にひとりでいるときにも踊るようになり、やがてズンバのインストラクターになりました。**キャリーは、リーのおかげで自分にもできるかもしれないと気づけた可能性を、すべて実現したのです。**

友人の生き方が、自分の人生にもチャンスをくれる

心理学の有名な研究で、ボボ人形実験[*033]と呼ばれるものがあります。実験では、空気を入れて膨らませた巨大な「ボボ人形」を叩きのめすか、人形を無視しておもちゃで遊ぶかする大人の姿を子どもに見せます。

ボボ人形を拳で殴った大人を見た子どもは、ボボ人形を渡されると、間抜けなにこにこ顔の人形を殴り、左フックをお見舞いしました。

ボボ人形を無視してほかのおもちゃで遊ぶ大人を見た子どもは、人形を放っておきました。

学びは、教師が教室で講義するときだけに起きるわけではないと示した点でこの研究は革新的です。私たちは、自分が経験したことを覚えます。**自分がじかに目撃したものが、学びになるのです。**

リーは、キャリーにとってのボボ人形実験でした。ベトナムでの人生を満喫しろとギルダからどれだけ言われたところで、本気でそうしたいとキャリーを思わせたのは、人生を満喫するリーの姿でした。

ふたりの友情は、友達にはいかに自分を変える力があるかを表しています。

友達は、自分がさまざまな生き方ができることを教えてくれるのです。これまでとは違う自分のあり方に触れさせてくれ、別の人生も可能だと示してくれます。

キューバ系の両親のもとにフランスで生まれた作家アナイス・ニンは、こう書いています。「それぞれの友達は、自分の中にあるそれぞれの世界を表しています。恐らく、その人に出会うまでは存在していなかった世界であり、この出会いによってのみ、新しい世界は生まれるのです」

誰かと親しくなるときには、無意識にその人物を取り込んでいる

心理学的に言えば、キャリーとリーの友情は、自己拡張理論[*034]を体現しています。

自己拡張理論とは、**自分が満たされるには、人はアイデンティティを常に拡張する必要があるというものです。そして、その拡張する手段の基本は、人間関係です。**

人は誰かと親しくなると、自己意識の中にその人物を取り込みます。この現象は「自己への他者の包含」と呼ばれています。

友達がキリマンジャロに登ると、まるで自分が登ったかのように感じ、そのため自分が登る心の準備もできたと感じます。

友達が、水彩画家になる夢を追うために会計の仕事を辞めると、自分もジュエリー・デザイナーになるために仕事を辞めたらどうなるかなと考えます。

友達がフローズン・ヨーグルトにハマると、自分もふと気づくとフローズン・ヨーグルトのお店を覗き込んでいます。

私たちが友達に共感を抱くのはある意味、「自己への他者の包含」のせいでもあります。まるで、自分自身に共感を抱いているように感じるのです。

「自己への他者の包含」の概念を提唱したのは、ニューヨーク州立大学ストーニー・ブルック校の著名な教授、アーサー・アーロンです。アーロン教授は、自己に他者を包含することを示す、自身が行った興味深いテストについて話してくれました。

人はお金を与えられて分配するよう指示された場合、**分ける相手が親友だとかなり平等に分配しようとするのですが、知らない人が相手だと自己中心的になることがわかりました。**[*035]

教授が行った別の実験では、実験参加者に自分と、別の人物（友人や恋人など親しい人と、有名人など親しくない人）の特徴をそれぞれ挙げるよう指示し、その後、どの特徴を誰のものとして挙げたか思い出してもらいました。

すると、自分のものとして挙げた特徴について、有名人のものと間違えるよりも、親しい人のものと間違えることの方が多くありました。[036]
また別の実験では、自分の顔が友達の顔と一緒に提示された場合、有名人の顔と一緒に提示されたときと比べ、自分の顔を認識するのに時間がかかりました。[037]自分自身と親しい他人との違いを評価しようとするとき、親しい人は自分の一部のように感じるため、混乱してしまうのです。

「自己への他者の包含」のおかげで、気分が高揚したり、親密に感じたり、自分が進化したような気分になるかもしれませんが、欠点もあります。

アーロン教授によると、ほかの人との強い関わりのせいで、自分のアイデンティティを失ってしまうと報告する人もごく一部にいるのです。**また、相手が持つ嫌な特徴——甲高い笑い声、くだらない話をするのが好きなところ、朝からウィスキーをがぶ飲みするところ——を自分も取り入れてしまう可能性もあります。**

人が友達からの同調圧力にとりわけ弱い理由も、「自己への他者の包含」で説明がつきます。親は自分の子どもがよくない仲間と関わってしまうと心配するものですが、アーロン教授の研究から判断すると、確かに心配すべきなのです。

とはいえ教授は、ネガティブな点よりもポジティブな点の方が勝ると信じています。

「結局のところ私たちは、ああなりたい、という人とつきあいます。自分の人となりを高める手段なのです」とアーロン教授は言います。

さまざまな友人と過ごすと、自分の可能性は広がる

友情は自己拡張を起こす強力なトリガー（引き金）だ、とアーロン教授は断言します。

教授は研究に没頭するあまり、共同研究者とかなり仲よくなって「個」があいまいになり、どの専門分野が誰のものか忘れてしまうことがたまにあると言います。

私はさらにこれに加え、友情による自己拡張にはほかにはない利点がある、という点を指摘したいと思います。

私が恋人と最高にうまくいっていたときでさえ、友達と会う時間が十分取れないと、自分らしさがぺしゃんこに潰れてしまったように感じたものでした。どれだけすばらしい人であっても、ひとりが引き出せるのは、私の一面にしかすぎません。

さまざまな友達と一緒に過ごすことで、まるでクジャクが羽根を広げるように私の人となりは広がったのでした。

リンカーンとスピードの友情は、自己に他者を包含すると何が起きるかを明らかにしています。単に喜びや悲しみを共有するだけではありません。互いに似てきて、区別がつきにくくなります。

アーロン教授は、論文にこう書いています。

「もし私があなたと親しければ、あなたのおかげで私の人となりは、根本から違うものになる。そしてその違いとは、私の人となりが根本からあなたになっているということだ」*038

アーロン教授はさらに、**自己とは単に、人生を通じて人間関係からかき集めてきたものの反映に過ぎないとさえ主張しています**。*039

ほとんどの人は、自分のアイデンティティがいつか固まり、まるでギプスのように人生の打撃から守ってくれるようになる日が訪れる、と待ち望んでいます。

しかし私たちは歳を重ね、そんな瞬間など絶対に来ないと気づきます。

この不確かさは、ありがたいことでもあります――人格の拡張、進化、成長の機会となるだけでなく、友情が深まる機会にもなるからです。

友情のおかげで他人を信用できるようになる

友情は、私たちの人となりに影響を与えます。その重要性を示すさらなる証拠として、人の生物学的な面にどのような影響があるのか的を絞って見てみましょう。

ある研究の実験に参加するところを想像してください。

あなたは研究者から、スプレー式の点鼻薬を吸入するよう指示されました。スプレーの効果が表れるのを待っていると、研究者から、10ドルあげるから、あなたの知らない人とお金を分けてほしいと言われます。

いくら分けるかは、あなた次第です。あなたなら、知らない人に気前よく分けますか？

また、別のシナリオも想像してください。

今回は、点鼻薬のスプレーを吸入したあと、研究者はいくらかの現金を渡してきて、その一部か全額をあなたの知らない人を指定し、その人に預けてもいい、と言います。そのとき、研究者は、あなたが払った金額にさらに付け足してその人に払ってくれるそうです。

そのためお金を預かった人は、受け取った額にいくらか足してあなたに払い戻しても、まだお金を自分の手元に取っておくことができます。ただし、預かった人はすべてを自分のものにして、あなたに払い戻してくれない可能性もあるとします。あなたなら、まったく知らない人にお金を渡しますか？

ここであなたがどう回答するかは、ふたつの研究によると、点鼻薬に何が入っていたかによって異なります[*040]。

一部の人は、プラセボとして塩水を与えられましたが、残りの人たちは、人をより気前よく、寛容で、あらゆる面でフレンドリーにさせる魔法のホルモンを点鼻されました。

そのホルモンは、オキシトシンです。

オキシトシンを与えられた人は、人を信用しやすくなりました。別の複数の研究によると、オキシトシンは他者に対する共感を誘発したり[*041]、他者に意識を向けさせたりします[*042]。しかし、単にオキシトシンがつながりをもたらすというだけではありません。反対に、つながりも、オキシトシンをもたらすのです。

私たちは人とのつながりを感じると、オキシトシンの量が増加します。

ある研究から、オスのチンパンジーは仲間と連れ立っているとき、オキシトシンが増加することがわかりました[*043]。別の研究では、良好な友情を持っているメスのサルは、歳を経てから分泌するオキシトシン量が比較的多いことが明らかになりました。別の社会性ホルモンであるバソプレシンについても、オスのサルで同じことが言えました。[*044] **人間の場合、オキシトシン量が高い母親を持つ子どもは高いオキシトシン量を示し、友情も良好でした。**[*045]

過去の友情が、現在の友情をつくる

本章を通じて、友情がいかに人を変えるかをお伝えしてきました。具体的にどう変えるかは、オキシトシンが教えてくれます。

現在も証拠は増え続けていますが、複数の研究がすでに、過去に良好な友情を経験していると、オキシトシンがもたらされ、そのおかげで共感力と道徳心が高く、気遣いができる人物になれ、さらに自分自身もいい友達になれることを明らかにしています。

人は過去の友情のおかげで、生涯を通じて人とつながりを持てるようになるということが、証拠で示されています。

チャムシップ（親友関係）の理論を生み出した精神科医サリヴァンによると、**「自分と同じ性別の人たちと人生という仕事を続けるには、前思春期**〔一般的に9～12歳とされる〕**に親友との関係を構築して**

いる必要がある」といいます。

友情が友情をつくります。もしこうした友情の好循環を経験したことがなかったとしても心配は無用です。本書で学ぶことにより、あなたも好循環を経験できるようになるでしょう。

とはいえオキシトシンは、まるで学生ローンを抱えた大学生のように、複数の仕事を掛け持ちしています。

人とのつながりの鍵となるだけではありません。健康の鍵でもあります。

その効果から、**科学者たちはオキシトシンを「不老不死の薬」[*046]と絶賛するほどです。**オキシトシンによる健康促進効果に関する研究の多くは、主に動物を対象としたものですが、結果は大いに期待できます。

オキシトシンは、ストレス反応を落ち着かせ[*047]、炎症を抑えることが研究からわかっています。ラットを使った実験では、ストレス・ホルモンと呼ばれるコルチゾールの値と血圧を下げることが明らかになりました[*048]。

友達がいることで、人はなぜ人とうまくつながれるようになるのか、そして友情はなぜ心身の健康によいのか、これらの答えを見つけ出そうとしても、やはり同じところ――オキシトシン――にたどり着きます。

カップル・セラピストとして有名なエステル・ペレルの言葉を借りると、「人間関係の質によって、人生の質が決定」します。**オキシトシンは、そのどちらにもある共通点です。**（ちなみに、オキシトシンのようによいものでも、過剰だと問題になります。人に愛着を持たせる際に、オキシトシンはマイナス面ももたらします。少なくとも女性に関しては、オキシトシンが、人を失う不安を高めるとする証拠が存在します。男性の場合は、不安を下げるとされています）

ラットを使った別の実験では、自分が受け入れられている場合は、オキシトシンの影響で他者に近づくようになりますが、拒絶されると、オキシトシンのせいで他者を避けるようになる可能性が指摘されています。

友情は人間を成長させる

「友情は、哲学や芸術、宇宙そのものと同様に不要なものだ」——C・S・ルイスは、まったくの逆であることを示すために、皮肉を込めてこう書きました。

セリーナがそうだったように、人生のある時点において、友情が自分の全宇宙の中心だったことが誰にでもあったはずです。**そしてそのとき、もし健全な友情であれば、自分の人となりを高めてくれ、もっと道徳的で共感力のある、より完全な自分になれたでしょう。**

キャリーのエピソードからもわかるように、友情は自己拡張を通じて、自分が何者かを理解させてくれます。私たちは、他人の中に存在する自分を経験し、自分の中にある力に気づくそのときまで自分を完全に理解してはいません。あるいは、ズールー族のことわざにあるように、「人は、ほかの人を通じた人である」のです。

友情は、体を落ち着かせてくれ、健康的にしてくれ、つながりに向けて準備してくれる、愛と共感そしてオキシトシンを使った小さな介入です。書籍『*Friendship: The Evolution, Biology, and Extraordinary Power of Life's Fundamental Bond*』（『友情：人生の根本的な絆の進化、生物学、驚くべき力』、未邦訳）の著者であるリディア・デンワースは、こう述べています。

「人は、競争や適者生存を常に考えていますが、本当のところ、もっともフレンドリーな者が生き残ります。幸せに長生きする鍵は、友情なのです」

友情とは、もっとも自分らしく、思いやりがあり、豊かな自分になるための手段です。人とつながるとはどういうことかを教えてくれる、人間関係に関するリアルなレッスンでもあります。

友情は、あらゆる形で私たちを高めてくれ、そこから友情に向けてさらに私たちを準備してくれます。友達は、より健康的で、豊かで、長持ちするつながりを構築するのに適した人物になるよう、私たちを形づくってくれます。

フランスの哲学者ミシェル・ド・モンテーニュはその著書『友情について』の中で、友情を「スピリチュアル」だと表現し、「実践することで魂がより洗練されたものに成長する」人間関係であるとしています。

どうか私たちが、友達を大切にし、魂の成長する様子を目にできますように。

Chapter

02

過去の人間関係が友情にどう影響するか

あなただったらどう感じますか？

自分が中学生に戻り、学食にいるところを想像してください。生徒みんなが大声で話すため、ちょうど絵の具を全色混ぜると黒になるように、声が混ざり合って雑然としています。

あなたが座っていたテーブルが、ランチを取る列に並ぶ順番になりました。列が進むなか、あなたはテーブルに無造作に置いた自分のバックパックの方を振り返ります。

そこは、あなたが親友のエリックと毎日座っている場所です。自分のバックパックの近くにエリックのかばんもジャケットも見当たらないため、あいつはどこにいるんだろうと考えます。いつもなら一緒に列に並び、午前中の出来事を報告し合います。

列に並ぶほかの子たちが『ザ・シンプソンズ』の新しいエピソード見た？」などとおしゃべりしている様子を見て、あなたはなんとなく孤独を感じ始めました。

列は進み続け、自分が一番前になりました。何を食べようか考えます。白いチーズが乗った大きなピザか、ミックス・サンドイッチか。ジュースがあるときもあるので期待していましたが、今日は牛乳しかありません。牛乳パックを手に取り、席に戻ります。

自分と同じテーブルに友達のアマンダがいるのを見つけ、ホッとします。アマンダは、あなたとエリックと一緒に食事するときもあれば、演劇部の友達と食べるときもあります。彼女が今日は一緒に食べることにしてくれたおかげで、エリックが来ないかと願いながらひとりで食べずに済みました。

「エリック見なかった？」とあなたはアマンダに尋ねます。

「うん。さっき一緒に地球科学の授業にいたよ。授業のあとに先生に話しに行っちゃった。どのくらいかかるかはわからないな」

あなたはバックパックをどけて、時計をちらりと見てから座ります。ランチタイム開始から15分経っています。

エリックがいないかと、ランチの行列を振り返りますが、そこにもいません。あなたはアマンダの方に向き直り、この前あった数学のテストの点数について話し始めました。

テストの点がよかったあなたにおめでとうと言いながら、アマンダはあなたの背後をじっと見ています。彼女の目が急に大きくなったので振り返ろうとすると、肩に液体が流れるのを感じました。

鼻の中は、液体のにおいで満たされます。牛乳です。

牛乳は胸から膝へと滴り、牛乳パックが床で弾みました。近くにいた生徒たちが、まるで『ライオン・キング』のハイエナのような声で笑い出します。

一体何が起きたのかと振り返ると、エリックがいました。トレイには、ピザとつけ合わせのにんじんが乗っていますが、ドリンクを乗せる四角いスペースには何もありません。牛乳がなくなっているのです。

友達をつくることや、維持できるかどうかは運ではなく、自分自身にかかっている

起きたことをどう解釈するかは、あなた次第です。

エリックは、牛乳を飲みたいあまりに、学食のおばさんから受け取ってテーブルに着くまでに飲み始めたのでしょうか？　そしてテーブルの近くに来たところで、あなたと早くおしゃべりしたくて慌て、つまずいてしまったのでしょうか？

それとも、エリックはつまずいてなどいなかったのでしょうか？　意地悪をしようと牛乳パックを開けて、あなたの頭に牛乳の雨を降らせたのでしょうか？

それとも、悪意はなくただのおっちょこちょいなのでしょうか？

友達との間で起きた出来事について、なぜこうもさまざまな解釈があるのでしょうか。

本章では、この質問に答える画期的な枠組みである愛着理論を詳しく取り上げます。

そして次のような、友情に関する疑問も解決していきます。


自分はどんな友達なのでしょうか？

どうしてそうなったのでしょうか？

自分の考え方やふるまいは、友情にどう影響するでしょうか？

もっとも友達をつくり、維持しやすいのは、どのタイプの人でしょうか？

友情を探し求めるにあたり、こうした疑問への答えは非常に大切です。そして本書では、これらの疑問への答えを見つけていきます。


私たちが他者をどう見るか、出来事をどう解釈するか、どう行動するかから、友達をつくり、維持できるか否かが予測可能であることを示す、数多くの研究をここから先、ご紹介します。

こうした研究が声を大にして伝えているのは、友達をつくるということが、すべて単なる運ではないということです。**友達をつくり維持できるか否かは、自分自身にかかっているのです。**

自分でも気づかないほどのささいな物事をどう選ぶかが、友情の運命を決めています。

ではそれは、いったい何でしょうか？

「愛着スタイル」が持つパワー

オムリ・ギラスは、イスラエルで暮らしていた子ども時代に友達をつくるのに苦労し、ほかの子はなぜ苦労しないのだろうと、不思議に思いました。心理学の博士研究員としてアメリカに渡った際も、それまでの友達全員と離れることになり同じことを思いました。

アメリカで新しい友達をつくるのは大変でした。

この国では、友情とは使い捨てるものだと考えられている、とオムリは気づいたのです。引っ越したら友達の存在など忘れてしまうようでした。

その後アメリカに完全に移住し、国内を転々としたため、友達ができる期待は薄いと不安になりました。

とはいえ、オムリは好奇心が強かったことが幸いしました。

50歳になった今でこそ禿《は》げてひげをたくわえたオムリはジークムント・フロイトのようですが、大学生のときにすでに友達にフロイトとあだ名をつけられていました。人の行動の動機に好奇心旺盛だったからです。

大学院生だったオムリはさまざまな指導教員のもとに通い、自殺や人生の意味について研究しましたが、最終的には「愛着理論」を研究することで、自身の好奇心を満たすことができました。のちほど詳しく説明しますが、愛着理論とは、人間関係の結びつきや、人格の土台を形づくるものです。

オムリにとってこの**「愛着理論」は、誰が友達づくりと維持の達人かを見極めるのに役立ちました。**

友達をつくり、維持する達人をオムリは「スーパーフレンド」[*049]と呼びます。研究によると、こうしたスーパーフレンドは新しい友達をつくるのがうまいだけでなく、友情も親密で長続きします[*050]。

彼らは、オムリが言うところの「シャベル友達」（午前2時に家に行き、遺体を埋めるのを手伝ってほしいと言うと、〝シャベルはどこ？〟と言ってくれる友達）をつくるのも得意です。

「スーパーフレンド」は寛容である

こうしたスーパーフレンドは、人間関係に活気があるだけではありません。

人生のあらゆる面が活気にあふれており、つまり他者と関わる能力は、友情を左右するだけでなく、行動すべてに大きく影響することがわかりました。

スーパーフレンドはメンタルヘルスも良好で、自分は大切な存在だと考える傾向にあることが、研究からわかっています。[*051] 新しいアイデアにオープンで、[*052] 偏見も持ちにくく、[*053] 仕事に満足し、[*054] 同僚からも肯定的に見られ、後悔は少なく、[*055] 人生の困難もうまく乗り切れる傾向にあります。数学の試験や人前でのスピーチなど一般的にはストレスがかかるイベントにも、落ち着いて対処します。[*056] 心臓発作や頭痛、胃腸障害、[*057] 炎症といった身体的な不調を抱えることもあまりありません。

現在はカンザス大学の教授、ギラス博士になったオムリに私が話を聞いたとき、新型コロナウイルス感染症の世界的大流行の真っ只中でした。オムリの推測では、スーパーフレンドはこの大混乱にも、人よりうまく対応していたでしょう。

スーパーフレンドは、本章の冒頭で紹介した牛乳事件[*058]にも、独特な反応をしました。複数の研究が、同様のシナリオ（牛乳事件ほどドラマティックではありません。あのエピソードは、興味深くするための許容範囲内での創作ですよ）での友達の行動を解釈するよう、子どもたちに尋ねる調査を行っています。

なかには、エリックが人に恥をかかせるために意地悪でわざわざあんなことをしたのだと考え、牛乳をこぼされたことに腹を立てる子もいました。牛乳をぶちまけてやり返したいという子もいました。

しかしスーパーフレンドは、このエピソードを単なるアクシデントだと受け取りました。**彼らは寛容で、「疑わしきは罰せず」の精神でエリックを受けとめ、何も心配する必要はない、とエリックを安心させるのでした。**

性格の土台は自分と養育者との関係

スーパーフレンドならではの特徴とは何でしょうか？

それは、心の安定です。愛着理論（ギラス博士の人生とキャリアは、この理論によって永遠に変わりました）によると、人間のパターンは3つのスタイルに大まかに分けられます。これらを愛着スタイルと呼びます。

たとえば、スーパーフレンドのような人は「安定型」です。3つのスタイルを見てみましょう。

1. **安定型**：自分は愛される価値があり、他者は自分が愛するだけの信頼に値すると考えています。**この信念は無意識のテンプレートとなり、その人のあらゆる人間関係に適用されます。**

そのため「疑わしきは罰せず」で人を受けとめ、オープンで、必要なものはおくせず人に頼み、他人を支援し、自分は人に好かれていると考え、親密な関係を築くことができます。

2. **不安型**：自分は人に見捨てられると思い込んでいます。**見捨てられないために、しがみつくような行動を取ったり、**過剰に自己犠牲的に人の世話をしたり、すぐに親密な関係になったりします。

3. **回避型**：この愛着スタイルの人も同様に、人から見捨てられることを恐れています。ところが、見捨てられないようしがみつく代わりに、**人と距離をおきます。**親密な関係になると自分が傷つく可能性があるため、人を押しやり、もろさを見せず、早い段階で人間関係を終わらせます。

私たちは、自分と養育者との初期の関係を土台として、愛着スタイルを発達させます（ギラス博士の研究では、遺伝子からの影響があることもわかっています）。[*059]

養育者が温かく、認めてくれるような人であれば、私たちは安定型になります。

そうではなく、対応が消極的で、冷たく、拒絶するような、あるいは必要以上に口出しするような養育者（たとえば、悲しんでいるときに泣くのをやめろと怒鳴ったり、遊びたいときに無視したり、シリアルをこぼしてしまったときに叩いたりするような養育者）であれば、私たちは不安型か回避型の不安定な愛着スタイルを発達させます。

そうして、他人を信じると見捨てられ、裏切られることになると信じ込み、世の中は信用できないと見るようになるのです。こうなるはずだと思うひどい扱いから自分を守るために、不安か回避かの行動を取ります。不安型と回避型のふたつのタイプを極端に行ったり来たりするとされる、無秩序型の愛着スタイルもあります。

とはいえ、愛着はすべて両親の落ち度によるものというわけではありません。

ある研究では、幼児期から大人になるまで同じ愛着スタイルのままでいる人の割合は、72パーセントでした。[*060] ところが別の研究では、この割合は26パーセントという低い結果になっています。[*061] どちらの研究も小規模であり、もっと多く行われる必要があります。

研究のひとつを行った、ニューヨーク州立大学ストーニー・ブルック校のエヴェレット・ウォーターズ教授に話を聞いたところ、一般的に、人が人間関係にどのようなスタイルでいるかが確立されるのは、幼児期に養育者相手に経験した愛着であることに間違いはないけれど、**スタイルはほかの人間関係の中で進化する可能性が高く、親子関係は単に出発点にすぎない、と言っていました。**

「ピアグループ（年齢や経験、地位など自分と似た志向性を持つ人からなる仲間集団）とある程度の経験をしてしまえば、当初抱いていたスタイルは、仲間と実際にした経験でつくられたスタイルに取って代わられます」とウォーターズ教授は説明します。**言い換えれば、新しい人間関係一つひとつが、自分の愛着スタイルを変える可能性を秘めているのです。**

私たちは、自分の人間関係を客観的に見られない

ただ、現在進行形の人間関係によって愛着スタイルが進化することがわかっても、愛着理論から考えると、私たちが人間関係をいかに客観的に見ていないかがわかります。人が人間関係をどう見るかは、自分の過去がどんなだったかや、幼少期には両親が、その後は人生のさまざまな人たちが、どう反応したかに影響されます。でもほとんどの人は、これに気づいていません。**私たちは、自分の愛着スタイルによって自分の感じ方が屈折しているのに、それが現実だと考えるのです。**

私の友達で、別の友達から自分は嫌われているかもしれないと言った人が、これまで複数人いました。**でも実際には、その相手は私の目の前で、こうした友達を絶賛していました。**

私は、友達についての悩みをよく相談されます。

彼らは、「相手から話しかけてこないってことは、こっちから連絡なんてしない方がいいってことだと思う」と言って、前途有望な友情を枯れさせてしまうのです。

こんな決めつけは、いったいどこからやってくるのでしょうか？

「相手がそう思っているから」ではありません。相手の考えや取った行動の意味なんて、確実にはわかりませんから。私たちはただ、世の中を理解しようとして、自分の過去を無意識のうちに引っかき回し、勝手に判断しているだけなのです。

- 誰かが連絡をくれたときに、「ただその人が退屈あるいはさみしいからだ」と何の根拠もなく思い込むのは、愛着が原因です。
- 友達とうまくいっているのに、今に何か悪いことが起きるのではないかとピリピリしてしまうのは、愛着が原因です。
- 距離をおきたいという原因不明の強い衝動を抱くのは、愛着が原因です。
- 「人は期待を裏切るだろう」とか、「こっちが弱っているときに批判してくるだろう」「支えが必要なときに拒絶するだろう」と決めつけるのは、愛着が原因です。
- 「そもそも私は友達に好かれていない」と決めつけるのは、愛着が原因です。

・自分の強い面、明るい面、あるいは皮肉っぽい面しか人に見せないのは、愛着が原因です。
・自分をひどく扱う人との関係を続けてしまうのは、愛着が原因です。

自分の気づいていない思い込みが人間関係をややこしくしている

愛着とは、人間関係のあいまいな部分に向けて自分の内側を映し出すことです。人間関係にはあいまいさがつきものです。**愛着は「本当は何が起きているのか」を推測する際に使う、「直観」とも言えます。**そしてこの直観は、出来事を冷静に評価することによってではなく、時間の経過を無視して、過去に起きたことを現在に重ね合わせることによって突き動かされているのです。

自分の愛着を理解することは、洞察を深める学びとなります。**それは、バイアスがかかった解釈をしてしまう自分を批判するためではなく、自分をもっとよく知り、友情の中で成長できるようになるための学びです。**

あなたがもしこれまで、

「自分のどこがいけないのかわからないけど、どうして友達ができないんだろう？　どうして友達と長続きしないんだろう？」

と思ったことがあるのなら、自分の愛着スタイルがどのように他人との関わりを形づくっているかを知りましょう。それにより、新たな希望を手にして、将来に向けた足固めができるようになります。

自分の愛着スタイルを知ろう

次のページは、友情における行動パターンを愛着スタイル別に示した表です※。自分に当てはまるところすべてに○印を付けましょう。終わったら、各列の○を合計します。もっとも多く○が付いたものが、友情におけるあなたの主な愛着スタイルです。

（※「恐れ型」の愛着スタイルもあり、それを詳しく吟味することも大切ですが、残念ながらこのスタイルに関する研究はあまりありません。そのため本書では安定型、不安型、回避型の愛着スタイルに的を絞っています）

安定型	不安型	回避型
自分から気軽に新しい友達をつくれる	拒絶されるのが怖くて自分から新しい友達をつくれない	新しい友達に興味がない
友達と親密につきあう	友達と親密につきあう	友達と浅くつきあう
友達が目の前にいなくても、そのうちまた連絡が来ると考える	友達が目の前にいないと、嫌われたと不安になったり憤慨したりする	友達が目の前にいないと忘れる
気前がいい。ただし適切な境界線は保つ	自分が枯渇してしまうまでは気前がいい	気前はよくない
何か問題があったら冷静に指摘する	問題があっても無視するが、あるタイミングで爆発する	問題があっても無視する。ほかの人が指摘してきたら矮小化するか話を逸らす
もろさを見せられる	自分をさらけ出しすぎる	もろさは「弱さ」だと感じる。もろさを感じないように回避する
友達にあらゆる自分を見せられる	友達にあらゆる自分を見せられる	自分のポジティブな面あるいは強い面しか友達に見せない
手を貸してほしいとおくせずに言える	手を貸してほしいと言ったら相手の負担になるだろうと不安になる	手を貸してほしいと言ったら弱いやつと思われるだろうと不安になる
気軽に手を貸せる	気軽に手を貸せるが友達の問題に過剰に関わることもある。アドバイスを押しつけたり、感情的になったりする	手を貸してほしいと言われたら負担に感じる
自分のニーズも人のニーズもどちらも優先させる	何かきっかけがあると自分のニーズを優先させるが、それ以外のときは人のニーズを優先させる	人のニーズよりも自分のニーズを優先させる
自分の過ちを認め責任を負うことができる	過ちを認めるときは過剰に自己批判的になる。それ以外のときは過ちや責任を認めない。相手のせいだと考える	過ちや責任を認めない。相手のせいだと考える
ウソ偽りがなく誠実	人に好かれようとして自分を偽る	不快な感情を避けるために自分を偽る。真剣な話題になるとたいていは皮肉やユーモアを言う
友達の成功を心から喜ぶ	友達の成功に嫉妬する。成功に向けた自分の努力に対する侮辱だと解釈する	友達の成功に嫉妬する。自分の方が成功に値するのに、と考える
お互いが主体的でいられる関係を求める	相手に支配させる	相手を支配しようとする
率直なコミュニケーション	受動的攻撃性あるいは敵意のあるコミュニケーション	コミュニケーションをしない。連絡せずに関係を断つか距離をおく
人は自分を愛し大切にしてくれると確信している	本当のところ自分は人から好かれていない、あるいは大切にされていない、と思い込む	人が好意や思いやりを見せると、何か魂胆があるに違いないと思う。人間不信

そのときどきの自分の状況によって、愛着スタイルは変わる

ひとつの愛着スタイルに集中して○印がついた場合、あなたがその愛着スタイルを一番多く人間関係で見せるという意味ですが、その時々に関わる人や出来事によって、別の愛着スタイルが出ることもあります。

人には主となる愛着スタイルがありますが、各スタイルはそれぞれが孤立したカテゴリーというより、グラデーションのように連続でつながっています。

ストレスを感じているときに、不安型のパターンがいつもより強く出ることはよくあります。たとえば私は今回、安定型が一番高かったものの、回避型にいつもより多くの○印がつきました。最近とても忙しく（フルタイムの仕事をしながら本書を書いています）、人を支えるための精神力をあまり発揮できません。

激務のあとは、ドアに鍵をかけてソファに寝転び、くだらないテレビを見ていたい状態です。

さて、あなたが自分の愛着スタイルをよく理解できたところで、友情を舵取りする際にその

愛着スタイルがどう影響するか、深く掘り下げていきましょう。

安定型の人は、思いやりが返ってくる確率が高い人生

「みんなベストを尽くしているんだし、結局はすべてうまくいくよ」

心理学者のフレッド・H・ゴールドナーは、「パラノイア」（妄想症）の肯定的な相方として、「プロノイア」という言葉をつくりました。[*062]

プロノイアの人は、**宇宙も自分の成功を応援しているとか、自分は人から好かれており、信用されており、みんなが自分の幸せを願ってくれている、という妄想をします。**たとえその逆を示す証拠があっても気にしません。

では、妄想しているわけではないプロノイアのことを、何と言うでしょうか？「安定型の人」です。

はっきりと「違う」という証拠がない限り、安定型の人は、他者は信用に値する存在であり、自分を好いてくれ、自分の幸せを願ってくれている、という考えが初期設定になっています。

何の根拠もない楽天家というわけではありません。付加的なデータにもとづいた楽観性なの

です。

とはいえ、この基本的な楽観性、すべては最終的にうまくいくはずだとの信念のおかげで、安定型の人の人生はほかの人と比べて楽なのだ、とギラス博士は説明します。**「人間関係で安定していることで、人生のあらゆる面で安定していられるようになります」**

安定型の人のような考え方をしていたら結局は落胆するだけだ、と決めつけたくなるものです。他人が信用できるだなんて考えて、安定型の人は傷つかないのでしょうか？

それに、自分を傷つけようとしてくる人たちに気づけずに見すごさないのでしょうか？

でも実は、最高なものが手に入って当然だと考えることで、安定型の人は実際に最高なものを手に入れられるようになります。

金融ゲームを使ったある実験[*063]では、実験に参加した学生に対し、別の参加者である「管財人」にお金を投資するよう指示しました。

実験のルールは、投資する側が「もし投資分の利益を生まなければ罰金を科す」と管財人を脅すか、罰金を科さないかを決めるというものです。実験の結果では、管財人が出す利益は、罰金が科されなかったときにもっとも高く、脅されたときにもっとも低くなりました。

実験を行った研究者のひとりであるチューリッヒ大学のエルンスト・フェール教授は、**「人**

を信用することで、相手の信用度は高まる」[*064]**と話します。**

この実験は、「人は自分が扱われたように相手を扱う」とする、互酬性理論と呼ばれる心理学の理論を裏付けています。**思いやりを持ち、オープンで相手を信用すれば、相手も思いやりで応じてくれる可能性が高くなるのです。**

つまり安定型の人は、単に人は信用に値すると決めつけるだけではありません。安定型の信頼のおかげで、相手は実際に信用できる人となるのです。

安定型の人は、実際に被害にあってもショックが少ない

では、もしも信用ならない人が忍び寄ってきて、害を加えてきた場合はどうでしょうか。安定型の人は、不安定な人たち〔不安定型や回避型〕より余計にショックを受けるどころか、むしろそこまで影響されません。

研究によると、その人がどれだけ打たれ強いかやストレスに対処する能力が高いかは、その人の安定度合いからかなり予測できることがわかっています。[*065][*066]

ある実験では、**仲間外れにされた場合でも、その人が安定型に近い状態になっているときは、心拍数のばらつき**[*067]**（心拍のリズムの乱れ）がそれほど激しく変動しませんでした。**

しかし、安定型になっていないときは変動しました。心臓がストレスに反応し、心拍数がばらついたのです。そのため研究の執筆者らは、次のように結論づけました。

「愛着は、社会的排斥という悲惨な経験に対して、適切に対応する力を高めるための重要なメカニズムを提供する可能性がある」

不安定型の人は、相手から不当に扱われることを前提に考えてしまいます。そして、**疑念がつまった鉛のような重荷を、必要でないときまで常に抱えています。**

一方で安定型の人が苦痛を抱くのは、人に対して落胆したときだけです。また、**人を信用しているため、自分が落胆しても誰かしらが手を差し伸べてくれると考えます。**

この打たれ強さと人に対する信用もあり、安定型の人には、友情でリスクを取る余裕があります。

「もし絶対に失敗しないとしたら、あなたなら何をしますか?」——ある日、自然食品のスーパーマーケットに行ったら、こんな言葉が書かれたカードが目に留まったことがありました。スナック菓子を買いに来ただけだったのに、人生とは一体何かという考えに引き込まれてしまいました。

安定型の人たちの生き方は、この問いに対する答えそのものです。

前述の表のとおり安定型の人は、自分から新しい友達をつくったり[*068]、争いごとに建設的に対処したり[*069]、自分の内側を見せたりします[*070]。本章のあとの方で取り上げますが、リスクを取ることした行為は、よい友情をつくるために極めて重要です（しかし、リスクを取る行為にも限界はあります。不安型の愛着スタイルを取り上げる際に見ていきましょう）。

友人同士の多少のいざこざも安定型は何ごともなく乗り越える

安定型の医師であるニックは、ミズーリ州に引っ越した際、共通の友達を通じてローレンスと知り合いになりました。ふたりはすぐに仲よくなりました。

ローレンスは数カ月後にはニューヨークに引っ越す予定でしたが、ニックは「引っ越しても会おうよ、と言いました。友達でい続ける、という強い思いを言葉にしたんです。僕はこういうこと、よくします。最悪の場合でも、ただ何も起こらないってだけですから」。

ニックはローレンスの友達にも会い、彼らのことも気に入ったので、ローレンスにこう言いました。「友達もいいやつらだね。君は引っ越してしまうけど、僕らをつなげてくれたわけだし、みんなでグループチャットでも始めない？」

ニックはローレンスの友達と仲よくなりましたが、彼らがニックの陰口を言っていたとローレンスから聞きました。

ニックは奥さんと離婚することになり傷心していたのですが、ローレンスとの共通の友達に言わせると、まるで壊れたレコードのように、その話ばかりするというのです。

しかしニックは怒るどころか、理解を示しました。

「彼らの気持ちはわかります。友達が何かつらい経験をしているとき、〝こいつ、この話ばっかりだな。イライラする〟って思うときってありますよね。それを誰かにグチっても、だからといってその友達への愛情がなくなったわけではないし、今後もその友達を支え続けるでしょう。だから理解しますよ。それも友情という関係性の一部ですから」

近しい友情にいざこざはつきものですが、そうしたことにも動揺しないほど揺るぎない自己の感覚のおかげで、安定型の人は他者への思いやりを冷静に示せます。

安定型の人は友情を維持するのがうまく[*071]、争いごとになりにくい[*072]ことが、研究で示されていますが、まさにそれが理由です。**そしていざ争いごとが起きると、相手との関係を絶ったり、相手に過剰に従ったりといった有害な策略をあまり取りません。**

不安定な愛着スタイルの人は、人が自分のニーズを満たしてくれるか否かだけを考えますが、安定型の人は「感情の展望台」に登り、自分のニーズだけでなく人のニーズも考慮します。ニックが打ち明けたとおり、安定型の人は批判されたときでさえ、自分を守る、人を無視する、無意識のうちに友情を傷つけるといった、自己防衛モードに入ることはありません。**自分のニーズを率直に表現しますが、それは誰かを責めたり非難したりするためではなく、自分が理解し、相手に理解してもらうためにするのです**（この点は怒りの章である6章で詳しく取り上げます）。

人は脅威を感じていないとき、ポジティブな特徴を多く見せるものです。安定型の人は寛大で、心が広く、ウソ偽りがありません。[*073] 人と親密になることや、距離を縮めるような行動（手の貸し借りや、もろさを人に見せるなど）[*074] を取ることをいといません。

セラピストであり作家でもあるテレンス・リアルが、著書『*How Can I Get Through to You?*』（『どうしたらあなたに通じるの』、未邦訳）の中で、次のように指摘しています。「人との関係を維持するには、自分自身との関係が良好でなければいけません。健全な自己肯定感とは、〝自分は人より優れている〟という尊大さも、〝人より劣っている〟という恥も抱かない、自分には価値があると感じられる内なる感覚なのです」

安定型の友達は、あなたを安心させてくれる

他者のニーズにオープンでいること、そしてそれを自分に対する攻撃として見るのではなく、もっと相手に役立つためのチャンスだと受け取ることで、安定型の人はさらによい友達へと成長を続けます。自己保身がないおかげで、もっと人に関心を向けられるようになります。研究によると、安定型の人は時間と共にさらに安定性が高まります。*075

ワシントンDCに暮らす編集者のジャックは、女友達が悩みごとをチャットで相談してきたときのことを思い出します。ジャックはアドバイスをし続けましたが、「〝大変だね〟とか〝ひどい話だね〟って言ってほしいだけなんだけど」と友達に言われました。

「このあと、この友達とのコミュニケーションがとてもうまくいくようになりました。彼女が悩みを打ち明け、僕がそれに共感を示して、次の話題に移る。アドバイスをする〝僕のやり方〟だったら、友達が関心もない求めてもいないアドバイスをしようとして、同じ話題をいつまでも行ったり来たりしていたところでした」

ジャックは今、友達の感情を前よりもうまく受けとめられるようになりました。

安定型の友達は、あなたを安心させてくれます。

もしあなたの胸の中に、たまにうつを経験すること、大叔母と断絶したこと、目玉焼きにはケチャップをかけること、など怖くて誰にも打ち明けられないことがあっても、安定型の友達は、どんな自分でも愛してくれる、と思わせます。

安定型の人は、他者を受け入れ、人の話をよく聞くことが研究で明らかになっています。[*076] 第1章で、人は恥を経験したとき、友達のおかげで再び人間らしく感じられるようになるという話をしました。**安定型の友達は、これをほかの誰よりもうまくやってのけます。** 彼らは、癒しの友情を提供してくれるのです。

回避型の人は、人間関係を面倒なものと考える

「私は誰も必要としていない。自分さえいればいい」

個人主義のアメリカ社会は、「プロテスタントの労働倫理」によって定義されています。自力で何でもやり遂げるよう駆り立てられ、人生で出会う障害物をひとりで耐え抜く能力が評価され、悲劇にも動じない強さが称賛されるのです。

「泣きなよ。感情を抱くのは健全なことだから」ではなく、「泣くのはやめなさい」と言われ

るのです。

私たちが抱く「冷静なイメージ」とは、不自然な無関心さが特徴です。単に何にも関心を持たないがために冷静な人が、尊いと言われるのです。

「冷静である」という言葉は、皮膚コンダクタンス〔皮膚の電気伝導度〕から来ていると考える科学者もいます。[*077] 物事に動じない人は、プレッシャーをかけられてもあまり汗をかかず、その皮膚は文字どおり冷たく、「面の皮が厚い」のです。

神経が図太く物事を感じない人がヒーローとされ、私たちは余計に、そうふるまう人はどこかおかしい、とはなかなか思わなくなります。

これは、回避型の愛着スタイルの人たちです。

陸軍士官だった50歳のジャレッドは、母親が15歳のときに生まれた子でした。

ジャレッドが覚えている一番古い記憶は、荷物をまとめて出ていく母親の姿です。自分より母と親しくなるのだろうと、母親がつきあっていた男性たちに嫉妬したのを覚えています。

祖父母に育てられたジャレッドは、自立を厳しく教え込まれました。人に頼ってはいけない。頼られてもいけない。人の家で出された紅茶をいただくのは大罪だ、と祖母に言われました。

ジャレッドはほとんどの回避型の人と同じように「人に近づきすぎたり頼ったりすると落胆

することになる」と家族から学んだため、そういったことは一切しませんでした。
親友がひとりいましたが、それ以外はほとんどの人と距離を保っていました。「友達は、人生を豊かにする存在ではなく頭痛の種である」という感覚を、常に家族から感じていました。あるとき、近所の人が大型ハンマーを借りに来たと祖父が文句を言っていたことがありました。祖父はもう10年もその工具に触れていないにもかかわらずです。

回避型の人はジャレッドと同様に、人間関係を喜びや満足感をもたらしてくれるものではなく、プレッシャーや責任と受け取り、人を遠ざけます。

人がつながろうとすると、何か魂胆があるから近づくのだろうと決めてかかり、心を閉ざします。自分のことを多く語らないため、友達からはたいてい「謎めいた人」とか「正体不明」などと言われます。人を寄せつけないようにするため、回避型の人は仕事に没頭し、さらにアメリカの理想像に近づきます。

研究によると、回避型はほかの愛着スタイルと比べて、人間関係よりも仕事の方が自分の幸せに影響すると主張しがちです。[*078]

ある心理学者のカップルセラピーに通っていた回避型の相談者[*079]は、交際相手についてこんなふうに言いました。

「彼女の場合、怒ると仕事が手につかなくなります。僕の場合は、怒ったら仕事せずにはいられません」

かつて回避型で、現在は恋愛コーチをしている長髪の中年男性フィリップ・ルイスは、同じ友達なら、ビジネスパートナーでもある友達の方がいいと思っていました。**純粋なつながり以上の何かを提供してくれるため、その方が価値があると思ったのです。**

とはいえ、回避型の人が人との距離を保つために使う方法は、仕事だけではありません。友達との間に、厳格な境界線をつくります。

違うグループの友達を一緒にすることや、たとえば職場の友達を自宅での食事会に誘うような、つきあいの場を変えることには関心がありません。

ギラス博士はある記事の中で、こんなふうに書いています。

「回避型の人は、それぞれの友達にたったひとつ、あるいはほんのわずかな役割しか与えないことで、それぞれの友達への自分の依存度を下げている。*080 これにより、信用や依存への不安を緩和できるかもしれないからだ」

回避型の人は、よく友情を終わらせる

回避型の人が人を寄せつけないのはある意味、「対象の永続性」という心理学的なコンセプトに関係しているはずです。

対象の永続性がないと、自分の目の前になくて見たり触れたりできないものは、もはや存在していないことになります。

たとえば幼児がおもちゃのガラガラに夢中になっているときに、あなたが目の前でそれをテーブルナプキンの下に隠した場合、その子はキョロキョロして、おもちゃがどこに行ったのだろうかと混乱します。ガラガラという対象の永続性が見えないからです。

幼児は生後7カ月頃にこの成長段階を脱します。しかし、心理学的に言うと、回避型の人はこの段階をきちんと脱していないことになります。

友達が引っ越したり転職したりして視界からいなくなると、回避型の人にとってその友達は、頭から抜け落ちてしまうのです。

ルイスは言います。

「友達が姿を消したら、会いたいとは思いませんでした。電話をしたり手紙を書いたりもしませんでした。相手は怒っていたけど、必要性を感じなかったんです」

回避型の人はまた、たとえ相手がしばらくつきあった友達であれ、友情を終わらせて相手から離れることもします。感情を不快に感じるため、争いごとにうまく対処できません。

研究からも、**回避型の人は友情を終わらせる傾向にあることがわかっています。**[*081]

また、別れは強烈な感情を生む可能性があるため、研究によると回避型の人は、突然音信不通になるような、間接的な手段を使って相手との関係を終わらせたがります。[*082]

ジャレッドは大学生のとき、ルームメイトのリロイが、ほかの人が経験したことを自分の経験談として話していることに気づき、リロイは信用ならない、と思いました。

「それで、彼から電話が来ても無視するようになりました」とジャレッドは振り返ります。軍にいたときの別の友達についても、一緒のグループチャットで無視して関係を切ったこともあります。

回避型の人は、友情とは権力だと思ってしまう

回避型の人は強く見えるかもしれません。自立能力が非常に高く、ほかの人など必要ないように思えます。

でも思い出してください。

人間は、社会的な生き物です。人は生まれながらに人を必要とするようにできており、誰のことも必要ないと主張するときは、何かが間違っているのです。

回避型の人は、争いごとが起きても冷静沈着に見えますが、体の内側はパニックになっており、神経系が興奮して血圧が急上昇していることが研究でわかっています。[*083] 彼らが抑え込んでいる痛みは消えることはありません。内側では、ひどく傷ついているのです（もろさに関する章で詳しく取り上げます）。

もっと正しい言い方をするなら、回避型の人は、私たちと同じように人を必要としているものの、依存してしまうのが怖いと思っています。

距離をおくようなふるまいは、人と親しくなると、あとで拒絶されて落胆させられるという恐れから、逆の行動を過度に取った結果なのです。

コロラド州デンバー在住の起業家で、かつて回避型だったチャーリーは、友情とは権力だと以前は思っていた、と語ります。一番気にしない人が勝ちなのです（回避型は決まってこう言います）。

友達に遊びにおいでと言われると、彼は断っていました。拒否することで、自分には力があり、主導権を握っていると感じられたからです。

彼が大人になったとき、不安な気持ちを隠していた自分に気づきました。

「人から拒絶されるのを、極度に恐れていたんです。恐れから、何も気にしないふりをしたり、誰かと友達になれる機会を軽視したりしていました。そうすれば、もし何かあっても、別にどうでもいいって言えるから」

こうした恐れや他人への不信のせいで、回避型の人は、人に手を借りたり貸したりするのも苦労します。 そのため、助けが必要なときに人に頼る代わりに、心を閉ざして引きこもってしまいます。

回避型の人が他人から距離をとるのは感情的にいっぱいいっぱいだから

第1章で私たちは、人間らしさをとことん感じて恥に抵抗するために、痛みを口にすることがいかに大切かを学びました。

それはつまり、人に頼らない回避型の人は、恥を抱きがちだということです。[*084]

感情を手放したり処理したりするときは通常、ほかの人が手を貸してくれるものですが、回避型の人は、感情が体の中で目詰まりを起こしてしまいます。

たとえば、回避型の愛着スタイルは、免疫機能の低さ、激しい頭痛、慢性的な痛みと関係があることが研究で明らかになっています。[*085]

こうしたあらゆる傷にもよらず、回避型の人は自分が抱えている恥によって、引き続き人と距離をおくことは正しいと考えます。

そして、自分がいなくなっても本当に気にする人など誰もいないと確信しているため、自らこのサイクルを強化してしまうのです。

ジャレッドはこう表現しています。

「母親は、14歳で妊娠しました。父親は、私の存在を絶対に認めませんでした。祖父は、アルコール依存症でした。母は、生活保護で手に入れた10ドル分の食料配給券を毎月くれましたが、私はあまりにも恥ずかしくて使いませんでした」

回避型の人が感情に対処するためにいつも使う対策は、湧いてきた感情を抑えつけることです。不快な感情が湧き上がってきたら、相手と離れるか、話をはぐらかすかします。

こうして距離をつくることをほかの人はたいてい冷淡だと受け止めますが、回避型の人が相手から離れるとき、実際は感情的にいっぱいいっぱいだからなのです。

先ほどご紹介した恋愛コーチのルイスは、安定型になる前の自分が感じていたのは、「感情ではなく刺激」だったと言い、**回避型の人は感情に耐えるだけの「筋肉」をつくり上げていない、と説明します。**

ルイスは今でも回避型になってしまうと、「人の感情がすごくうるさくて、ほかは何も聞こえなくなってしまう」ため、人から離れるしかないと言います。

こうして離れられると、回避型の人と親しい人たちは、なぜそのような行動を取るのかわからずイライラしてしまいます。回避型の行動をあれこれと詮索し、たいていは手厳しい複雑な仮説を考え出し、「あいつはソシオパスなんだよ！」などと言ったりします。

ルイスの場合、自分でも理解できなかったため、こうした辛辣な非難の言葉に反論できないと感じました。

感情をガイド役として使えないために、回避型の人は、自分の中で何が起きているのか、なぜ自分がそんなふるまいをするのか、たいていは自分でも理解できません。

窮地にいるときのルイスは、まるで「口がないのに叫ぼうとしている」ようになります。別の回避型の人は、泣きたい衝動を「蛇口を開けるのに水が出てこない」と表現しました。常に冷静に見られることには、自分自身と距離ができてしまうという深刻な代償が伴うようです。

他人についてイライラすることはすべて、自分の理解につながる

ルイスは自分が悪人に思われるのではないかと不安でしたが、実際、回避型の人の言動の多くは人を傷つけます。タフでいなければ、感情を避けなければ、という脅迫的な思いは、**自分自身が守るルールであると同時に、ほかの人も守るべきだと考えています。**

プロジェクト・マネージャーをしている回避型のリアンは、フェイスブック上で感情をさらけ出して支援を求めていた人のことを、「弱い」し「情けない」と言いました。

とはいえ、スイスの精神科医カール・ユングによると、**「他人についてイライラすることはすべて、自分自身の理解につながる可能性がある」**のです。

人が動揺して安心感を必要としているとき、回避型の人は手を差し伸べることがなかなかできません。友達に、繊細すぎるとか、そんな悩みは忘れた方がいいなどと言ってしまうのです。

そうすることで、自分が回避していることがほかの人に伝わります。

このパターンは、そこまではっきりしたものでないにせよ、回避型の子どもにも見られます。

そして**そうした子どもは、ほかの子をいじめる傾向にあります**[086]。

ミネソタ大学で愛着を研究しているアラン・スルーフ教授は言います。

「教師が子どもの肩を鷲づかみにしてごみ箱に放り投げたそうなくらいに苦労しているのを見ると、その子は回避型の愛着スタイルの経歴があるんだなとわかります[087]」

本章でのちほど取り上げるように、もろさを見せる、支援を求める、衝突に対処する、他者を受け入れる、といった行為は（すべて回避型が避けるものですが）、友情には欠かせません。回避型の友情が温かみに欠け、支えにならず、親近感に欠ける理由はそのためです[088]。

回避型の人は、彼らの友情がなぜ薄弱かを物語る、典型的な行動を取ります。

彼らは、友情に労力を注いだり、熱心に取り組んだりはせず、究極的には満足することもあまりないことが、研究によって示されています。[*089] 別の研究からは、回避型の人は新しい友情をつくったり、すでにある友情を維持したりすることもあまりありません。[*090]

回避型の人なら、牛乳をこぼされたことでエリックを切り捨てるでしょうし、そもそも最初からエリックのことを本気で信用もしていなかったでしょう。

でもそれだと、人生そのものの喜びや目的を放棄することになってしまいます。

回避型の人は、ひとりでもまったく大丈夫だと言い張るかもしれません。でも、つながりを遠ざけることで、回避型の人は喜びや親密さを感じる経験が少ないことが、研究により明らかになっています。[*091]

人との距離を取ることで、回避型は人とのつながりの責任を逃れますが、同時にそこから得られる癒し――つまり、満たされた気分にしてくれ、きちんと自分を見てくれ、支えてくれる力――からも逃れることになります。

回避型の人たちは、人とのつながりによって人生が情熱で満たされ、元気が与えられ、人生の意味がもたらされるのを放棄しているのです。

不安型の愛着スタイルは、与えすぎてしまうこと

「みんな私から離れて行ってしまうのではないかと不安」

キャロリーナは離婚後、毎週日曜日に練習するベリーダンスのクラスに入りました。レッスン後にはみんなでメンバーの家に集まっておしゃべりするため、毎週4時間一緒に過ごします。そうこうするうちに、個性が強いことで知られるダンスのインストラクター、ゾーイと親しくなりました。

毎年恒例のフレンズギビング〔感謝祭にちなみ、友情に感謝するイベント〕でゾーイは「キャロリーナと一緒に過ごすために、このときを364日待っていた」と言ってくれるなどやさしいところもあり、キャロリーナは彼女に惹かれました。また、ゾーイ自身も離婚のいざこざから解放されたこともあり、ふたりがあっという間に親友になれたことにも、キャロリーナは感謝していました。彼女はゾーイにたびたび相談ごとをもちかけられたことで、自分は特別な存在なのだと感じられました。

「誰からも必要とされていないという思いが、私の初期設定になっていました。朝目覚めて、誰かが連絡をくれるまで孤独なんです」とキャロリーナは言います。

とはいえゾーイにはまた、激しいところもありました。彼女がダンススタジオで写真撮影を行ったとき、人の持ち物やコートを脇へ蹴飛ばしたり放り投げたりしていました。

「どうしたの？」とキャロリーナが尋ねると、「なんでもない」と答えました。そして30分後、ゾーイは爆発します。

「大変な思いで離婚したのに、誰も気にかけてくれない。大丈夫かって、あなたはたった1回しか聞いてくれなかった。もう帰るわ！」

ゾーイはまた、ふたりでディナーに行ったときにも爆発したことがありました。元夫のことをグチるゾーイに、キャロリーナが「本当にひどい人だったんだね」と相づちを打ったところ、ゾーイはそれまでずっと元夫を「ゴミ」と呼んでいたのに、キャロリーナが言ったことになぜか傷つき、大声をあげて「そんなのひどい」と言って帰ってしまったのです。

こうした気の変わりやすさに、キャロリーナはどう対応したでしょうか？

ゾーイにしがみつきました。

「見下すような態度を取って悪かった、と謝り、どうか私を見捨てないで、とお願いしたものでした。40歳にもなって。修士号も持っているのに。家もたくさん持っているのに。それでも、小さな子どもみたいに感じたんです」

不安型の人は、自分を犠牲にしがち

不安型の愛着スタイルの人は、親しい相手と同化しようとして、自我がなくなってしまうほど密接な関係を築きます。

このような親密さのおかげで、不安型の人は見捨てられる恐怖が和らぎますが、と同時に、キャロリーナとゾーイのように、友情の不健全な力関係にもさらされます。

不安型の人はその特徴から、受け取る以上に与える、ゆがんだ人間関係に陥りがちです。これは「共依存関係」と呼ばれ、最近では「トラウマティック・ボンディング」(トラウマ性の絆)などとも表現されています。

不安型の人は、拒絶される恐怖を和らげるために、親密な関係を急速につくりたがり、信頼がまだ築かれていない人間関係に飛び込んでいきます。

たとえばこうした人たちはパーティで会い、調子はどうかと尋ねると、子ども時代のトラウマから手術のこと、自殺願望のことまで打ち明けてくれます。もろい自分がアピールになると期待しているのです。

対照的に安定型の人は、人間関係が時間をかけて展開していくのに任せ、信頼を寄せつつも批判的に、**相手からのフィードバックをもとに、当初相手に抱いた楽観視をその場その場で調整していきます。**[＊092]

たとえば、自分についてどれだけ開示するかを調べた調査では、安定型の人は相手が同じように開示するか否かで調整しますが、[＊093]不安型の人は相手の反応に関係なく開示することがわかりました。

不安型の友情がバランスを欠くものとなりがちなもうひとつの理由は、不安型の人が人間関係で自分を犠牲にするためです。

自分のニーズを口にしたら人が離れて行ってしまうと思い込み、自分のニーズを押し殺して人のニーズを優先させます。

とはいえ、不安型の人の「与える」行為は、愛情表現というより愛を得る手段であるため、キャロリーナがゾーイに怒られたあとに謝ったように、自分をひどく扱う相手に対し、適切な距離感を損なうやり方で「与える」行為をします（これに関しては気前のよさの章である第7章で詳しく取り上げます）。

不安型の人が押し殺したニーズは、消えてなくなることはありません。満たされないニーズはグツグツと煮込まれて恨みが募り、[＊094]「心の中では煮えたぎっているけど表には出さない」状態になります。

ある研究によると、不安型の人は自分の感情を受動的攻撃性〔怒りを直接的ではなく間接的に表現して相手を攻撃する〕でそれとなく表現します。[*095]

キャロリーナは、幼なじみのクララが里帰りしたのに故郷のみやげ話をしてくれなかったとき、傷つきました。

そのため、自分が里帰りしたあとにみやげ話を聞こうとクララが連絡してきたとき、「クララが私にもみやげ話をしてくれなかったことに腹を立てていたので、あまり返事をしませんでした。こんな反応するなんて子どもっぽいですが、クララとはつきあうのをやめて拒絶することにしたんです」とキャロリーナは言います。

抑えつけた感情はやがて耐えきれないものとなり、不安型の人は爆発します。

YouTubeのインフルエンサーで、不安型の愛着スタイルを持つレキシー・ダーセルは、こうした症状を「かんしゃく」と表現し、「常に何かしらに気を取られている不安型の私がかんしゃくを起こすと、**まるでかんしゃくという子どもを、相手に押しつけているような感じです**」と言います。

ＩＴ業界で働く不安型のボレイは、こうした感情の爆発を幽体離脱みたいで「おかしくなりそう」だと表現します。そして例として、友達に爆発したときのことを振り返ります。

同僚のシェリーが転職するとき、ボレイはこれまでのお礼を述べ、今後の幸運を祈る心のこもったメールを送りました。ところがシェリーから届いた返事は、「一緒に働けて光栄でした。これからも頑張ってください」という短いものでした。

この言葉がボレイの頭の中で何度も再現され、そのたびに腹立たしさが大きくなっていきました。

心をこめてメッセージを書いたのに、これしか言うことないの？　僕、何かした？　嫌われてたのかな？　ボレイはこのことで頭がいっぱいになりました。

仕事が手につかなくなり、午前3時に目が覚めるようになり、食事も喉を通りません。

不安型の人は、悩みごとで頭がいっぱいになってもがき、自分を責めることが研究によりわかっています[*096]。

先ほど登場したレキシーは、その状態をこう説明します。

「不安な考えは、ひっきりなしに、とめどなく湧いてくるので、かなり消耗します。心にも体にも本当に大きな負担がかかるんです」

ある種の人にとって、拒絶は暴力を振るわれているようなもの

多くの人にとって、ボレイやレキシーのような反応は激しすぎると感じるでしょう。**でも不安型の人にとって、拒絶は心と体に暴力を振るわれたようなものなのです。**

誰かに自分のお昼ごはんを食べられてしまったと想像してください。自宅の冷蔵庫には食べ物がつまっている場合と、食べられたのが唯一の食料だった場合、自分の反応がどう違うか、考えてみてください。

あるいは、誰かに服を盗まれたとして、洋服ダンスから別の服を取り出して着られる場合と、もう着るものがなくて裸で出かけなければならない場合は、どう違うでしょうか。

安定型の人は、あふれんばかりの愛情に触れられた過去があるため、ほかの人とつながっている感覚をいつも持っており、その感覚はたとえ誰かに拒絶されたときでさえも消えません。

不安型の人は、そのようなリソースを持ち合わせていません。ほかの人に拒絶されたり見捨てられたりしたら、孤独感はどこまでもつきまとい、耐えがたくなってしまいます。キャロリーナが言うところの「まるで紙が燃え尽きて灰になったみたい」に、感じるかもしれません。

不安型の人がなぜ人より拒絶に敏感なのか、神経心理学が解明のヒントとなります。ある研究で、拒絶を実験室でシミュレーションしたところ、その人が不安型であればあるほど、苦悩に関連する脳の部分が明るくなりました。[*097]

別の研究でも同様に、威嚇するような表情を浮かべた顔を見たとき、不安型の人は扁桃体（ネガティブな感情やストレスに関係する脳の部位）がほかの人と比べて強く反応しました。[*098]

不安型の人がささいなことになぜそこまでパニックになるのか、不安型でない人は理解できずに困惑します。しかし、それは不安型の人の神経回路が、自分と同じだと思い込んでいるからです。**ところが不安型の人は、同じ出来事でも根本的にほかの人とは異なる経験をしており、もっと痛みを伴っていることが、脳の反応からわかります。**

自分に意識が向きすぎて他人のことを考えもしない状態になる

不安型の人は孤独を感じがちですが、もしあなたも不安型の人のように孤独を感じたら、恐らく気分をよくするためにできることなら何でもするでしょう。

そして不安型の人の場合、それは激怒することなのです。レキシーはこう説明します。「相手が自分のもとを去ると感じ取ると、その人になだめてもらいたくて、ものすごい感情をぶつけたくなります。まるで感情がコントロールできなくなり、自分ではなだめられないから、誰かほかの人になだめてもらわなければいけないみたいな感じです」

ボレイがこの限界点に達したとき、シェリーに向かってぶちまけました。「心を込めて書いたメールだったのに、冷たく機械的な返事だった。明らかに、君は僕が思っていたような人じゃなかったね。僕ならあんな返事、絶対書かないけど。最低の友達だよ」

ボレイの行動は、脆弱性ナルシシズムと呼ばれるものです。

脆弱性ナルシシズムの人は、傷ついているときに、**他人のニーズを無視して自分のニーズを優先させるという、自己中心的な痛みをさらけ出します。**

脆弱性ナルシシストは、「人から褒めてもらえないと自分に自信が持てない」や「自分のニーズが少しでも人に気づかれると、不安や恥を感じる」などと考えます。

自尊心が低く、敵対的ですぐに何かに反応しますが、**誰かに害を与える意図はありません。**[*099]

人のニーズを受け入れず、自分のニーズを満たすことに意識が集中しています。

というのも、研究によると彼らは、自分はないがしろにされていると感じているからです[*100]（たいていこの見解は誤りなのですが）。

脆弱性ナルシシスト、そして不安型の人（や、さらに言うと回避型の人）のある程度は、**人がどれだけ自分を軽視しているかに意識が向きすぎ、自分が人をいかに扱うべきかの判断を曇らせてしまいます。**

愛着理論の専門家である、イスラエルのバル＝イラン大学のマリオ・ミクリンサー教授は、次のように書いています。

「回避型の愛着スタイルは、弱さの否定と自賛のどちらも含む誇大型ナルシシズムあるいは誇大性と関連があるが、不安型の愛着スタイルは、自己注目、他者からの評価に対する過敏性、さらには肥大した権利意識を特徴とする過敏型ナルシシズムと関連がある」[*101]

傷つき、自分だけの現実にあまりにも没頭してしまい他者の現実を考えもしない、というこの動きは、ボレイとシェリーの間でも展開されました。

シェリーはボレイのテキストメッセージを受け取ったとき、驚きました。シェリーの返事が短かったのは、シンガポールでの新しい仕事に向けて、海外への引っ越しの真っ最中だったからなのです。

また、自分の仕事を新しい社員に引き継いだり、ノートパソコンと鍵を返したりと、古い仕事の片付けもしていました。さらに、仕事の最終日に胸にしこりを感じ、乳がんかもしれないと不安になりました。

返信が短かったのは、ボレイとはまったく関係ない理由だった、とシェリーは説明します。

ボレイとシェリーのエピソードはまた、**不安型の人がいかに、なんでもない状況を拒絶だと思い込み、的外れな怒りを抱くかを明らかにしています。**

ある実験では、単語を適当に並べ替えた文字列が、「見捨てられた」や「あざけられた」など拒絶を表す単語であることを、不安型の人はほかの人よりすばやく認識できました。[*102]

こうした文字列が提示される前に、たとえば笑顔のような、承認を意味するシグナルが示されたときでさえもそうでした。不安型の人は拒絶を警戒するあまりに、拒絶になりそうなものは心にとどめる一方で、承認のシグナルは無視してしまいます。

こうしたことは、不安型の友情にとってどんな意味があるのでしょうか?

不安型の人は、親密な関係に居心地のよさを感じるため、安定型の人と同じように親しい絆を築くことができます。**しかしその人間関係は、感情面でより強烈で激しいことが研究からわかっています。**[*103]

キャロリーナがゾーイに対してそうだったように、他者の警戒すべき点に警戒できなかったり、ボレイのように自分の怒りを相手に投影して拒絶されたと決めつけたりと、不安型の友情は壊れやすく混乱した状態になります。研究によると、人間関係の問題がすべて自分に関係していると捉えるため、過ちを深刻に受けとめ、人をあまり許しません。[*104]

そして、相手の動機を考慮することや、相手の行動は自分とは無関係な要因で説明がつくことを、うまく理解できません。

不安型の人は、エリックが自分を嫌いだから牛乳をこぼしたに違いないと思い込み、他者のネガティブな意図のせいで、絆や平穏が損なわれると決めつけます。

自分を守るためにしたことが、有害な結果を生む

そもそも、不安定な愛着（回避型・不安型）とは、人とつながるときに「牛乳をこぼされること」から自分を守るためにとる方法でした。しかし、このシステムはまったくうまく機能しません。

回避型の人は、自分を守るために人と距離を取りますが、これは自分にとって有害でもあります。また、自分を守るために、相手に拒絶されるより先に自分から拒絶しますが、これも自分にとっても有害です。不安型の人は、自分を守るために人にすがりますが、これもまた、自分にとって有害なのです。

こうした自己防衛はすべて、ある時点でその人にとって害になります。

ロバート・カレンはその著書『*Becoming Attached: Unfolding the Mystery of the Infant-Mother Bond and Its Impact on Later Life*』（『愛着を抱く：幼児と母親の絆と後年への影響の謎を紐解く』、未邦訳）の中で、こう書いています。

「不安定な愛着スタイルを持つ子どもの行動（攻撃かへつらいか、自信過剰か気弱かによらず）

は、仲間や大人の忍耐力を試すものであることが多い。子どものゆがんだ世界観——人々は私を愛してなどくれない、私を腫れ物に触るように扱う、私を信用してくれない、など——を繰り返し再確認するような反応を引き出すのだ」

ミネソタ大学のアラン・スルーフ教授も同じように、こう述べています。

「この障害は、障害を助長するような状況につながる」[*105]

私たちは、自分が一番恐れているものを現実にしてしまう「自己成就予言」（何かを予測すると、それに沿った行動を取り、結果として予測どおりの現実を引き起こすこと）の行動を取ってしまうのです。

「私は大丈夫」——本章を書くためにインタビューをしたり、過去の研究を詳しく調べたりする前、私はそう思っていました。

恋愛関係ではときどき不安型になるものの、友情は私にとって、安全に過ごせる安らぎの場でした。恋愛の激しい痛みやおつきあいに至るまでのあいまいさがないため、友達と一緒にいるときが一番、自分のよい面が出ました。そう思っていたのです。

でも、不安定な愛着スタイルの人たちの話を聞くうちに、彼らに共感できる部分が多くて、自分でも驚きました。友情における愛着は、わからないほど微妙な現れ方をする場合もあるのだと気づきました。

高校のとき、複数の友達から遊びに誘われて断ったものの、自分がなぜ断ったのか理解できずに混乱したことを思い出しました。ショッピングモールに行こうと誘われ、私は考えもせずにノーと言ってしまったのです。

「あの子は私たちと一緒にいたくないんだ」とその子たちは言っていました。けれど、私は一緒にいたかったのです。でもそれを認めると、もろさをさらけ出すような気がしました。これは、私の回避型の部分でした。

一方、不安型の人たちの話を聞いたとき、悟りました。私には広いネットワークではなく親しい友達とだけ仲よくしたい、限られた友達とだけ群れたいという傾向があることに。もっとゆるいつながりの人たちと一緒にいるときは安全ではないという不安感や拒絶への恐れがあり、それを隠していたのです。

複数の人たちと初めて会うときの私は、気の許せる数人を見つけて、あとの人たちはどうでもよくなってしまうことがよくあります。

私が関係を維持する友達は、健全で、頼もしくて、心の知能指数が高く、人を中心に据える（自分のことばかり話すのではなく、ほかの人のことも知りたがる）人たちです。この人たちと一緒にいると安心できます。

こうした特徴は、誰もが友達にあったらいいなと思うものですが、**不安定な人たちは、こう**

した特徴をさらに重要視するのかもしれません。

私は友情において安定型である面もたくさんあります。いいなと思う人と出会うと臆せずに誘うし、しばらく返事がないときはフォローアップだってしてします。友達からしばらく連絡がないからといって原因が自分にあるとは受け取らないし、時間をおいてから改めて連絡してみます。

私と同じように、ほとんどの人は、単にひとつのタイプ、というわけではありません。あるときは不安定型に、またあるときは安定型になるのです。

成長とは、完全な安定を手に入れられなくても、なるべく安定できるよう努力することです。ルイスは、人がその努力をする際に手助けできるよう、オンラインコミュニティをつくりました。ルイスは愛着を「漸近線《ぜんきんせん》」、つまり安定というX軸に限りなく近づくものの決して触れることのない線だと考えています。非常にストレスを受けているとき以外は安定型になったチャーリーは、「自分が底辺まで落ち込んでいるときは、気をつけなきゃいけない。また回避型になってしまうから」と話します。

このあとから始まる章では、6つの実践法を詳しく見ていきます。大人になってからも友達がつくれ、維持できる効果が実証されたものです。安定に向かって一緒に努力しましょう。

この実践法では、イニシアチブ、もろさ、ウソ偽りのなさ、怒り、気前のよさ、愛情などを扱います。これらをうまくこなすためには、そして、単に口の立つおべっか使いではなく、今よりもよい友達になるには、もっと安定した自分になる必要があります。

自分の内面に取り組み、自分自身と向き合えば、その場に合った言葉を言って友達がうまくつくれるようになるだけでなく、心の奥深くでもしっくりくる感覚を抱けるようになるはずです。

私たちは心の奥底では、愛情にあふれ、勇敢で、共感力や思いやりを持っています。悲劇が、この核の部分から私たちを切り離すのです。

不安定なとき、核の部分は存在しているものの、隠れています。安定を見つけるとは、自分の核の部分を見つけるということです。

本書の冒頭で書いたとおり、大切なのは自分が変わることではありません。掘り起こすことです。自らが掘った墓場の下にいる自分が何者かを見つけ出し、守るために埋めておいた自分の一部を見つけ出すという、掘り起こしの作業です。

安定型への旅は、過酷な道のりです。

というのも、詩人のW・H・オーデンが言うように、私たちは「変えられるくらいなら壊された方がまし」だと考えるからです。

でももしあなたが、孤独を感じる、人を遠ざけてしまう、不快感をユーモアで隠してしまう、常に強がる、自分はみんなに拒絶されていると思う、自分を愛してくれる人をいつも傷つけてしまう、嫉妬で打ちひしがれている、自分の存在に気づいてもらえていないように感じる、力不足な気がする……などと思うなら、愛着スタイルを変えない「停滞」が、苦悶の原因です。

Chapter 03

友達は自然にできるものではない

見知らぬ人を友達にする方法

ニューヨーク大学（NYU）への入学初日、私は密かな望みを抱き、登校しました。その望みとは、「友達をつくること」。

高校の友達数人が同じ大学に進学したはずですが、私は小さな人脈を飛び出し、新しい出会いを求めていました。大学生活は人生で最高の4年間になるはずだし、生涯の親友となる人たちに会えるはずだ、と、これから自分の部屋となる寮にかばんを引きずり入れながら考えていました。

大学では、「ウェルカム・ウィーク」という長期のオリエンテーションがあり、さまざまな催し物が行われます。しかし、人と出会う機会がたくさんあったのに、私はウェルカム・ウィーク中ずっと、高校時代からの友達であるクリシャとバイロンとばかり一緒にいました。みんな勝手に私のところにやって来て、自己紹介してくれるものだと思っていたのです。でもなぜか、そんな人はいませんでした。

とはいえ幸運なことに、バイロンがすてきな人を紹介してくれました。ローリです。彼女は喜びと思いやりにあふれ、ジョークがすべってても同情して笑ってくれるような人でした。

私はローリのポジティブなノリや姿勢そのものが（そして私のどうしようもないジョークをすべて笑ってくれたところも）、大好きでした。

でも、ローリに会うのは、バイロンが一緒に遊ぼうと声をかけてくれたときだけ。ローリのことを好きだったけれど、友達になるには、どちらかが自分から行動しなければならないとは考えもしませんでした。**心のどこかで、この友情は勝手にできるものだと思っていたのです。**

ローリをこちらから誘うと、「友情とは自然に生まれるべきである」と書かれた暗黙のルールのようなものを破ってしまう気がしました。友達とは、運命が引き合わせてくれるものじゃないの？

また、このような友情での「魔法」を信じれば、思い切ってローリを誘おう、と考えたときに湧き上がってくる、もろく傷つきやすい感情から自分を守ることもできました。**私が人を好きな世界よりも、人が私を好いてくれる世界を歩く方がずっと楽だったのです。**

ある夜、バイロンが寮の自室でパーティを開きました。安いお酒がひとりあたり1本という割合の小さな集まりです。私の横で一緒に床に座っていたローリは、「マリサ、あなたってすごくステキだと思うし、もっと一緒に過ごしたいな」と言いました。

ほらね――私がローリに抱いていた親近感を彼女も感じてくれていたんだ、と心から嬉しくなりました。ローリを好きだと確信したとたん、ローリにどう思われるかが重要になり、つまりは彼女からの承認も重要になりました。

ローリは、大学1年目の孤独から私を救ってくれました。ローリとは毎日のように一緒に過ごしました。学食で食べまくり、「いかにも大学生らしい」としか言えないような夜遊びで何度もお互いを助け合い、一緒にテレビを見ながら寝落ちしました。ローリがいなかったら、大学1年目はきっと虚しいものだったでしょう。

私から見たら、ローリと私には友情の「魔法」がかけられ、神がかったエネルギーに包まれて、お互いへと引き寄せ合ったかのように思えました。

でも本当のところは、ローリが意図的にふたりの関係を進めてくれていたのです。

ローリが私の親友のひとりとなった今、彼女がいかに人生のあらゆる面で意図をもって行動する人かがわかるし、ローリのそんなところを私は深く尊敬しています。

ローリが聞かせてくれた、中国のことわざについての彼女の母親との会話を、私は今でも覚えています。

物事が起きるまで待つ人もいれば、ものすごい努力をして自分の居場所をつくる人もいる。ローリの母親も私も、ローリが努力の人だという点で同意見であり、私はローリのそんなところに感謝しています。

ローリとの関係を自分から働きかけたがらなかったのは、友情は「自然と」始まるべきだと思い込んでいたからでした（それはつまり、ローリが私に向かって働きかけるということでしたが）。**このように思った理由は、自分から働きかけなければ、嫌われたり、拒絶されたりする恐れに向き合う必要がなかったからです。**

でも、始めに働きかけなければ友情は始まりません。

つまり、自分にとって一番の恐れに向き合う必要があるということです。

友達をつくるのが難しい時代

大人になると、友達づくりはどうしてこんなに難しくなるのでしょうか？　以前のように自然と生まれるようには思えません。高校や大学でも十分難しいものですが、多くの人にとって、その後はさらに飛躍的に難しくなります。

そもそも、一体どこに出会いがあるのでしょうか？

知らない土地で暮らし始める場合、みんなすでに顔ぶれが定着した人たちと仲よくしており、さらに難しそうです。どうやって割って入っていけばいいのでしょう？

友達がいない自分を責める前に、友達づくりがいかに大変かをここで見てみましょう――これは、現代という時代に悪化した問題なのです。

私たちは孤独を、人間の必然的なあり方として語る傾向にありますが、そんなことはありません。1800年代以前、人々は農業をしながら家族と共に暮らし、今よりも変化の少ない、地域に根づいた生活をしていました。親類や友達によってできた地域社会があり、村での生活や信仰の場に関わりながら生きていたのです。

コミュニティは求めるものではなく、自分たちでつくるものでした。

1800年以前は、今の私たちが知る「孤独」という状態を意味する言葉さえも存在しませんでした。「lonely」〔孤独な〕という言葉は、「単独でいる」という状態を描写するものであり、激しいほどのその痛みを指すものではなかったのです。[*106]

産業化の波や、工場で働くために親が家を離れたことにより、地域社会の絆は次第に薄くなり、核家族が人々の暮らしの中心となりました。人は仕事のために引っ越すようになりますが、**住宅の可動性が高まったことで、友情が使い捨てにされるようになったとする研究もあります。**[*107]

そして、家族を置いて仕事へ向かうようになったことで、人は初めてひとりで暮らすようになり、これが孤独を拡大しました。

愛着理論の生みの親のひとりであるジョン・ボウルビィは、こう述べています。

「知っている人と長期的な人間関係を持つのであれば、助け合いは理にかなっている。なぜなら、今日助けるから5年後に助けてくれ、となるからだ。しかしもし5年後にあなたはここにおらず、地域社会も変化し続けるなら、当然ながら助け合いはできない」[*108]

エコノミスト誌が孤独を「21世紀の慢性感染症」と呼んだ理由は、仕事の負担や、住宅の可動性、単身者住宅がそれぞれ増加したためであると説明できます。

孤独の高まりには、住宅の問題のほかに、テクノロジーもある程度の役割を果たしています。ロバート・D・パットナムは著書『孤独なボウリング』の中で、私たちがなぜ市民生活から離れるようになってきたのか、その原因を徹底的に検証しています。

もっとも罪深いもののひとつとしてパットナムは、テレビをあげています。近所の人がどうしているかとドアをノックする以外にすることを与えたのみならず、パットナムによると、「無気力や消極性を促しているように思える」のです。

私は友達のミケランと共にこの現象を、「ドスン効果」と呼んでいます。カウチソファに「ドスン」と腰を降ろしたら、二度と立ち上がらないからです。

仕事より友達を優先させることはできない社会

パットナムの本は、ソーシャルメディア（SNS）の誕生前に書かれましたが、その後の研究によって、SNSが孤独に与える影響はもっとずっと複雑であることが明らかになっています。ある大規模な調査では、SNSのヘビーユーザーは、SNSを人と直接会うために使うか、対面でのやりとりの代わりとして使うかによって、孤独とは無縁かもっとも孤独かのどちらかになることがわかりました。[*109]

こうした事実が混ざり合い、私たちはここ数世紀の間に、仕事や便利さのために、ますます地域社会を犠牲にするようになりました。**仕事のせいで友達との予定をキャンセルするのは許されるものの、その逆は許されない、私たちはそんな社会に生きています。**

愛する人のために時間をつくるべく昇進を諦めるのは、可能性を無駄にしているとされる社会。アメリカ人の61%は、実はこっそりと孤独を認めているにもかかわらず、[*110]孤独だと口にするのは今でもタブーな社会。豊かさを高めるとはつまり、より大きな家、より広い土地、さらなる孤立への片道切符を意味する社会。食料品店の店員とのおしゃべりが、ドアベルが鳴って届けられる宅配用ダンボール箱に取って代わった社会。空港へ迎えに来てくれる友達が、ウーバーの運転手に取って代わった社会です。

人とのつながりは、人類にとっての基本的な価値であるにもかかわらず、社会においてはそうなっていません。

私たちは、社会学者のエミール・デュルケームが「アノミー」と呼ぶ状態に生きています。つまり、人が繁栄のために必要とするものと、社会的規範とされるものとの間にある隔たりです。

人類学者のセバスチャン・ユンガーは、著書『*Tribe: On Homecoming and Belonging*』（『種族：帰郷と帰属』、未邦訳）の中で、次のように結論づけています。

「私たちの社会は、反人間的だ。（中略）この社会はよそよそしく、厳密で、冷淡で、不可解だ。人間として私たちが基本的に抱く欲求は、他者のそばにいることだが、社会はそれを許さない」

その結果どうなったでしょうか？　2013年に行われた、合計17万7653人を対象にした研究277件のメタ分析から、**友人のネットワークはここ35年間で、縮小の一途をたどっていることがわかりました。**　2000年代を生きた人は、1980年代前半を生きた人と比べて、友達の数が平均で4人少ないのです。[*111]

別の分析では、友達がいない人の数は、1990年と比べて2021年は4倍になりました。[*112]

男性にとって状況はより深刻で、友達がいない人の数は、1990年と比べて2021年は5倍に達しています。[*113]

恐らくは自分が成長してきた過去の記憶から、友情は自然発生的に生まれるものだと私たちは思い込んでいます。かつては実際にそうだったからです。

でも、もうそうはいきません。友達をつくり、維持したければ、何世紀にもわたって私たちの生活を少しずつ汚染してきた「つながりの分断」という潮流に逆らって泳ぐ必要があります。こんなに大変だなんて、まったくもって不公平です。

でも、人類史上もっとも友達づくりが難しい時代にありながら、うまく友達をつくるためのツールをあなたが身につけられるよう、私がお手伝いします。

友達は自然にできるものではない

シンプルですが、驚きでもある事実はこうです。

大人になってから友達をつくるには、自分から働きかける必要があります。自ら行動を起こして、トライしなければいけません。

一言で言えば、何度も繰り返し手を差し伸べるというプロセスです。いいなと思った人に出会ったら、電話番号を聞いてきてくれないかなと願いながらそのままにしてしまう代わりに、チャンスをとらえて相手の電話番号を聞く、ということです。

キャット・ヴェロスは著書『*We Should Get Together: The Secret to Cultivating Better Friendships*』（『仲よくしませんか：良好な友情を育む秘訣』、未邦訳）の中で、常に自分から働きかけることで、いかにして友情の方向性を変えたかを説明しています。

「人間関係を育む基本でありながら非常に重要な点は、**相手にフォローアップの連絡をすることと、元気かと連絡を取ること**。私は旧友と新しい友達のどちらに対しても連絡をするよう、スマートフォンにリマインダーを設定しています」

友情は自然と湧いてくる――宇宙のエネルギーがあなたに友達を授けてくれる――ものだと思い込むのは、友達づくりの妨げとなります。そう思っていると、意図的に友達をつくろうとしなくなってしまうからです。

カナダのブランドン大学で心理学を教えるナンシー・E・ニューオール准教授は同僚らとともに、友達は努力でつくるものか、運でできるものか、どちらを信じているかによってどのような違いがあるのかを知るべく、高齢者を対象に調査を行いました。

友達づくりは運によると考えていた人は5年後、前より孤独になっていた一方で、友達づくりには努力が必要だと考えていた人は、そこまで孤独ではありませんでした。[*114]

理由は何だったのでしょうか？　努力が必要だと考える人は、友達や家族に会いに行ったり教会に行ったりなど社会的な活動を多くする傾向にありました。

そしてこうした社会的な活動に関わることで、友達ができたのです。

友達をつくるには、自分から働きかけなければいけません。とはいえ嬉しいのは、どのように働きかけるかは、自分で選べるということです。

もしかしたら、都市型農業従事者の交流イベントや、サイクリング・クラブで8キロ自転車に乗るイベントは、あなたのスタイルではないかもしれません。

単に人の集まりや交流イベントに参加するだけが、自分から働きかけることではありません。

内向的な人に向いている戦略に、旧友に連絡してみる方法があります。

また、もっと仲よくなりたいなとずっと思っていた知り合いに連絡してみるのもいいでしょう。

このふたつは、特に私のお気に入りです。

というのも、どんな人か精査が済んでいる相手であるうえ、知り合いならすでにしっかりとしたつながりがあるからです。

タラとミカは、職場で知り合った友達でした。出会ってからすぐにミカは仕事を辞めてしまったのですが、その後、インスタグラムでフォローし合いました。

お互いのストーリーズにコメントし、ラポールを築いていたそんなとき、一緒にランチでもしようよ、とタラがミカを誘いました。**テクノロジーという緩衝材のおかげで、以前よりずっと楽に働きかけられるようになっています。**

同僚をコーヒーに誘うのも、自分から働きかけることになります。一緒にいて楽しいけれど、職場以外では会ったことがない相手です。

ほかにも、草の根スポーツに参加する、習いごとを始める、自分が情熱を注げる何かしらの組織に関わる、などで友情を育める環境に常に自分の身を置く方法もあります。

ほとんどの人は、友達づくりには受け身のアプローチを取りがちですが、ニューオール准教授の研究によると、それを変えなければいけません。

私が「堂々とした働きかけ」と呼ぶ姿勢でアプローチすることが必要になります。

「人生は自分でコントロールできる」気持ちを持てば、一歩を踏み出しやすい

受け身の姿勢や無力感を払拭するには、「内的な統制の所在」と呼ばれるものを育てることが大切です。

「内的な統制の所在」とは研究者が使う専門用語です。これは、簡単にいうと「目標を達成するための責任は自分にあると思う」ことを意味します。こういう人は、内的統制型と呼ばれます。

反対のタイプが外的統制型です。外的統制型の人は、自分の人生は自分ではコントロールできない力によって決められると考えており、そのため目標の達成に向かって働きかけることがなかなかできません。

あなたは、自分という飛行機のパイロットは、誰だと思いますか？

内的統制型の人は自分だと言いますが、外的統制型の人は、星回り、上司、配偶者、あるいは逆行中の水星、などと自分以外をあげます。

内的統制型の人が友達をつくりたいときは、ハイキングのグループに加わり、参加者に自己

紹介するかもしれません。一方で外的統制型の人は、楽しそうなハイキングのテレビ番組をソファに座ったまま見ているでしょう。

私はいつも人に「自分から働きかける」とアドバイスするのですが、昔つきあっていた恋人が、このアドバイスを私自身にしてくれたことがありました。

当時私が住んでいたマンションのエントランスをふたりで歩いていたときのことです。マンションの住人が数人、立ち話をしていました。私は近所の人と友達になりたいと思っていたのですが、話している彼らを見て、怖気づいて挨拶できませんでした。

自室に入ると、近所の人と友達になりたいと思っていたことを知っていた彼氏がこう聞いてきました。「自分自身にどんなアドバイスする？」

「自分から働きかけなさい、自己紹介しなさいって」と、もごもごと答えました。

「そのとおりだね」と言いながら、彼は私をエントランスへと押し戻しました。気まずさを感じつつも、あいさつをする責任、つまり内的な統制の所在は自分の手の中にある、と私はわかっていました。

「こんにちは。最近引っ越してきました。ごあいさつだけしたくて」

隣人はオープンでフレンドリーな人たちでした。連絡先を交換して別れ、その後はメッセージ・アプリのグループチャットでおしゃべりするようになりました。そのグループの人たちで、ピクニックを毎週するようになりました。

あいさつなどのちょっとした行動は、人生にそこまで大きく影響しないと人は思うものです。でも、実際はするのです。**たった1回のあいさつが、孤独でいるか、親友を見つけるかの違いをつくる可能性もあります。**

内的統制型でい続けることは、友情の始まりの段階だけにとどまらず、全段階でプラスとなります。

「友達とは、自ら動いたときにできるものだ」と考えれば、内的な統制の所在を発達させることができます。**もっと距離を縮めようとすれば近づける、と信じるようにもなります。**友情は何も努力せずに育つはずだとか、相手が自分を選んでくれるまで待たなければ友達はできない、という決めつけを手放せるようにもなります。

自分が選ぶのです。自分が働きかけるのです。自分がフォローアップするのです。会いたいと自分が思ったときに誘うのです。このプロセスの責任を自分が持つのです。

しかしそれにはまず、こうしたことを邪魔する可能性のある根本的な決めつけを探り、解決に向けて取り組む必要があります。

愛こそすべてではありません

ロブの人生は、ほぼ順調でした。大手法律事務所でのパラリーガルというきちんとした仕事を見つけ、シカゴに越してきたばかりです。彼はシカゴのあらゆるところに簡単に行ける便利な場所に、手頃な家賃ですてきなマンションを見つけました。

ロブはレイラという名の彼女と一緒に住んでおり、ふたりの関係も順調でした。レイラは託児所で働いており、帰宅するとその日、子どもたちにあった出来事を話しました。

「今日はお友達がランチにフルーツを持ってきたのに、自分のママはフルーツを入れてくれなかった、と大泣きした子がいたの、かわいそうに」という具合です。ふたりは、大学を卒業してすぐに出会いました。全体的に「違い」は多いものの、気が合うふたりでした。

ふたりの違いの多くは、コミュニケーションの取り方にありました。

ロブは外向的な気質で、まぎれもなく元気にあふれていました。その快活さは、レイラの抑えた物腰とは対照的です。

ロブはおしゃべりをしたり人と一緒に過ごしたりするのが好きでしたが、レイラは自室にこもって読書をするのが好きでした。ビデオゲームやカンフー、マリファナを吸うことなど、ロブが興味を持つことにレイラはまったく関心を示しません。

新しい人との出会いでこうした興味は満たされるでしょうが、ロブは複雑な思いを抱いていました。人と交流したいというニーズを満たすのにレイラばかりに頼るのはよくないと、自覚していたのです。

求職活動で知り合いに連絡したり、まめに両親に電話をしてよい息子ぶりを発揮したりと、人生のほぼすべての面で行動を起こしてきたロブでしたが、友達づくりに関しては、自分から何かをしたことはありませんでした。これまで、そんな必要がなかったのです。

友情に必要なのは、定期的に会えること、もろさをお互いに見せ合えること

これまでは、友情は自然と芽生えていました。

クラスや新しい寮にいると、お互いに引き寄せられるように人が集まったものでした。

社会学者が「人とのつながりにおいて不可欠」[*115]だと考える要素を、学校という環境が自然と提供してくれていたのです。**その要素とはつまり、自然に発生する継続的なやり取りと、もろさを互いに見せ合えることです。**

友達をつくることに努力は必要ない、とロブは決めつけていました。これまでずっとそうだったように、友達はそのうち徐々にできるものだろうと思っていたのです。でも新しい日が来るたびに、ロブは落胆していました。

とはいえ、ここ2年ほどの間にいくつか例外もありました。

バスケットボールのピックアップ・ゲーム〔コートに集まった人たちが即席でチームをつくり対戦するゲーム〕で、マイクという男性と出会いました。マイクがもっと仲よくなりたいと意思表示してくれたとき、ロブは嬉しくなりました。

ふたりは何度か会い、ロブはマイクと一緒にいて楽しいと感じました。ただそれも、鶏の骨もあっという間にスライスできるという切れ味抜群のナイフの話を、マイクが持ち出すときまで。マイクは、友達を呼んでナイフ・パーティをやらないか、と聞いてきました。ロブはそのとき、マイクがマルチ商法に関わっており、この友情には別の意図があったことを悟ったのでした。

また同僚にもひとり、仲よくなれるかもしれないとロブがかなり期待していた男性がいました。一緒に出かけたり、テニスをしたりしました。楽しくはあったのですが、また連絡したいと思うほどではありませんでした。

テニスのあとはどちらからも連絡せず、友情は途絶え、ふたりはただの同僚に戻りました。

こういった、友情関係での長い日照りのせいで、ロブの人との関わり方に影響が出るようになりました。そこまで親しくない人とのやり取りに、不安を感じるようになったのです。新しい人と知り合っても、「どうせこの人も僕に関心を持たないよ」「自分はたいした意味のある話はできない」「拒絶されるってわかっててリスクを取る必要なんかないよね？」といったおしゃべりが、頭の中で聞こえました。

頭の中で展開する人づきあいの物語は現実よりもずっと殺伐としていましたが、ロブはその恐ろしい物語を信じてしまいました。

孤独のせいで、ロブの現実を見る目は歪み始めていたのです。

ロブは友達をつくりたかったのに、どうすればいいかわかりませんでした。誰かともっと深くつながりたいと願っていたのに、つまずきながらもつながりをつくるというプロセスに耐える辛抱強さは、持ち合わせていなかったのです。人に対して不安な気持ちや恐怖さえ抱くことがありつつ、好かれたいとも思っていました。

自分の人生を改善できる点があるなら友達関係だと確信していたにもかかわらず、友達づくりに対して受け身のアプローチを取っていました。

パートナーがいれば友人は必要ないという文化の中に私たちはいる

悲しいことに、ロブとレイラの関係も続きませんでした。

つらい別れでしたが、ロブの心は回復するでしょう。とはいえ本当にロブが打ちのめされたのは、レイラとの別れによって、孤独の深い闇へと真っ逆さまに落ちていったことでした。

この打撃を乗り越えるために手を貸してくれたであろう友達がいなかったことで、ロブの回復はますます難しくなりました。

ロブは当時を振り返り、レイラと別れる前にコミュニティを築いておけばよかったと感じています。

当時は抜け殻になってしまい、あまりの絶望感で、自分から人との交流を求めるなんて考えただけで怖気づいてしまいました。でも、レイラと復縁するつもりがなかったロブにとって、残された選択肢はふたつしかありませんでした。**孤独に苦悶するか、友達をつくるか。**

ロブは、カンフーのスクールに申し込み、大学時代の友達に連絡を取り、自分のコミュニティをゆっくりとつくり始めました。

新しくできた友達にレイラとの交際について打ち明け、すぐにほかの誰かとつきあう気にはなれないこと、早く父親になりたいこと、さらには父親になるチャンスが自分から奪われてしまったように感じることなどを話すと、彼らは親身になって聞いてくれました。

友達の共感が心の傷を治すわけではありませんでしたが、癒しの助けにはなりました。

ロブの状況は、第1章で触れた友情を築く上での障害を明らかにしています。

つまり、恋愛相手さえいればいい、という考え方です。

この凝り固まった考え方のせいで、恋愛相手ともっと時間を過ごすために、友情をないがしろにしたり、むしろ避けたりするようになります。

恋人がいないシングルの人でさえも、同じ考え方をします。

愛を見つけるためには、親指がヒリヒリするくらいアプリでスワイプしまくるのに、友情を見つけるためには指一本動かしません。

つきあいたい相手から急に誘われた場合に備え、友達と夜の予定を週に何日も入れることもありません。こうした行為は私自身も同罪で、批判というより、そういう事実があるという意味で書いています。

友情よりも恋愛関係の方が称賛される理由は、メインカルチャーからの副産物による影響と言えます。友情を優先させるには、文化が発するこうしたメッセージをアンラーン、つまり忘れ去る必要があります。

恋人というたったひとりの存在が、あなたを満たすことはない

友達と恋愛に関する科学にもとづいた重要な真実は、改めて学び直せます。**それは、親しい友達がいると恋愛関係もよくなるという真実です。**[*116]

ある研究によると、家庭外に良質な友達がいない場合に限り、人は配偶者との衝突によって、ストレスホルモンを不健康なパターーンで分泌するようになります。[*117]

また別の研究から、恋愛のソウルメイトを見つけたと思っている人（男性を含む）の場合でも、良好な友情が良好な自己肯定感に結びつくことが明らかになっています。[*118] さらには恋愛関係でネガティブな出来事があった場合、友達がいると立ち直りが早い（男性より友情が強い傾向にある女性は特に）[*119] とする別の研究があります。

健全な恋愛とは、相手がすべてになってしまうという重荷につぶされないことですが、これ

らの研究が示唆しているのは、**健全な恋愛の一因には、恋人がいる間も友情を維持することにある、ということです。**

このような研究は、恋愛関係がうまくいくには友達づくりが役に立つこと、そして友達が不要になったり、友達から得るものがなくなったりするくらいに、恋人というたったひとりの存在がすべてを満たすことなど決してない、ということを証明しています。

もしあなたが今誰かとおつきあいしているのなら、友達のための時間も必ずつくるようにしましょう。恋人が関心を示さないあなたの趣味と同じ趣味を持つ友達を見つけましょう。**その人と情報交換するための時間を、毎週つくりましょう。**

恋人にも友達と過ごすように働きかけます。

恋人がおらず健全な恋愛関係を探している人は、まずはしっかりした友情を築いて基礎固めをしましょう。

覚えておいてください。

友達は、恋愛の邪魔になるどころか、うまくいくようにしてくれる存在なのです。

友人をつくる秘訣「人に好かれていると思い込む」

自分の愛着スタイル――安定型か不安定型か――が、人とどんなつながりをつくるかに影響するのは、もう知っていますよね。

安定型であればあるほど、友達に対して自ら働きかけられるという点も学びました。

不安定型の人も、安心できているときなら、もっとうまく働きかけることができます。

ある研究では、不安定型の人が、自分にとって優しくて心地よくて支えになってくれる人について書くことで安定型に傾いた状態になったとき、自分からうまく友達に働きかけられるようになりました。[*120] **フロイトはかつて、「自分が愛されていると確信すると、人は強くなれる」と言ったものでした。**

恋人や夫婦を対象にした調査では、自分をポジティブに感じられれば感じられるほど、自分は人から好かれていると考える傾向が高まることが示唆されました。[*121] そして、自分には価値がないと感じれば感じるほど、人から好かれている度合いを低く見積もりがちになります。

この調査で明らかになったのは、恋人や配偶者から自分がどう見られていると思うかは、**相**

手が実際にどう見ているかというより、自分が自分をどう見ているかを反映しているということです。この調査から、「人からこう思われているだろう」という想像は、事実ではないことがわかります。

プラトニックな人間関係にも同じことが言えます。

人間は、人の心を読むのがとても下手です。新しい人と出会うと、証拠もなしに「相手は私と仲よくなりたいだなんて思わないだろうな」と考えます。

こんな決めつけをするのは、相手にどう思われているかを感じ取るテレパシーがあるからではなく、自分は退屈な人間だと思っているからです。**自分を愛していれば、この世の人づきあいは自分の思いどおりになると感じ、愛していなければ、この世は残酷で非情だと感じます。**

心の中の世界観によって、そこでの経験が異なるのです。これは非常に危険です。

というのも、自分はダメだと一番感じている人こそが、誰よりも友達を必要としているはずですが、その人たちが一番、どうせダメだと最初から諦めがちだからです。

拒絶過敏性（相手の意図がはっきりとわからないあいまいな状況を拒絶だと解釈する傾向）は、不安型の愛着スタイルの特徴ですが、これが不安型の人を傷つけ、人間関係を損ねてしまいます。

拒絶に過敏な人は、落ち込んだり、不安になったり、孤独を感じたり、人間関係に不満を抱いたりしがちであることが、研究からわかっています。[*122]
ある研究で行われた調査では、恋人本人はそんなつもりがないにもかかわらず、拒絶に過敏な人は、相手は自分と別れたいと思っているはずだと報告しています。[*123]
また、人づきあいにおいて相手の意図がはっきりとわからないあいまいな状況（たとえば、人との会話で相手がいつもより静かだったなど）に対し、距離をおいたり、冷たく接したりといった反応をしがちです。[*124]
恋愛関係において、傷つけられたのは自分だと考えるため、（男性の場合は）嫉妬したり、（女性の場合は）敵対心をあらわにしたり相手に寄り添わなかったりしがちになり、そのため恋人は最終的に不満を抱くようになります。[*125]
この研究が示唆しているのは、自分は拒絶されるだろうと決めつけるとき、それが「自己成就予言」になるということです。**自分自身が相手を拒絶する人となり（敵対的になる、距離を取る、嫉妬する）、そのせいで、恐れていたとおり拒絶される状況をつくるのです。**
一方、安定型の人が自分は好かれていると想定するときの自己成就予言は、「受容予言」と呼ばれています。

カナダのウォータールー大学の心理学教授であるダヌ・アントニー・スティンソンは、次のような仮説を同僚とともに立てました。

「人は自分が受容されると予測すれば行動が温かくなり、その結果、人に受け入れられるようになる。拒絶されると予測すれば行動が冷たくなり、その結果、受け入れられなくなる」[*126]

スティンソン教授はこれを検証するため、実験参加者に対し、フォーカス・グループ〔複数人を集めてひとつのことを議論させる定性調査〕に参加してもらうと伝え、自分がほかの参加者にどのくらい好かれると思うか尋ね、グループのみんなに向けた自己紹介の動画を撮影してもらいました。研究者はその後、動画の中で実験参加者が示した好感度を評価します。

自分は好かれると予測した参加者は、動画の中でも好感度が高めだと評価されました。

この実験は、１９８０年代に行われた類似の研究をベースにつくり直されたものです。

当時の研究では、実験参加者はふたり組になってやり取りをしたのですが、事前に相手が自分に好意を持っていると思い込まされた人の場合、自分について多く開示し、反対意見をあまり言わず、ポジティブな態度を見せ、[*127]究極的には、予言が現実になりました。

「ほかの人にどう思われているか」は、自分の感情が決めている

友情は、ほとんどにおいてあいまいなものです。

相手がこちらを好きか否か率直に言ってくることなどほとんどありません。そのため、ほかの人からどう思われているかを理解する際に、**実際にその人たちがどう思っているかよりも、自分の感情の投影の方がより大きな役割を果たしてしまいます。**

あいまいさをどう受けとめるかは、自分の愛着スタイルによって変わります。情報をすべて持っているわけではないとき、自分の中にある安定や不安定さをもとに、情報の穴を埋めていくのです。

この研究は概して、友達に対して自ら働きかけることについて、もっとも大切な秘密を教えてくれています。「自分は人から好かれている」と想定するといいということです。

コーヒーでも飲みに行こうと友達を誘いたいなら、一緒に行きたいと思ってくれると想定しましょう。

ジム友達に、飲み友達にならないかと声をかけたいなら、なりたいだろうと想定しましょう。

残念ながら連絡が途絶えてしまった友達と改めて仲よくしたいなら、相手も同じだと想定しましょう。

このように想定すると、自分から働きかけることが怖くなくなります。

そしてこれらのおかげで、自分から働きかけられるようになるばかりか、友達づくりのプロセス、そして人生そのものを、これまでよりも心穏やかに、気楽に、喜びをもって前進できるようになるでしょう。

自分は人から好かれていると想定すると、受け入れてもらえるような行動を取るようになるだけでなく、**現実をより正確に予測できるようにもなります。**

2018年、当時コーネル大学で博士研究員をしていたエリカ・J・ブースビー博士は、ある調査を行いました。大学寮、研究室、職業能力開発ワークショップなどさまざまな状況で、ふたり組をつくってやり取りしてもらい、その後、相手をどれだけ好きか、自分はどれだけ好かれていると思うかを各自に尋ねました。

どの状況においても、「好意ギャップ」がはっきりと示されました。[*128]

やり取りした相手にどれだけ好かれているかについて、揃いも揃って全員が実際より低く見積もったのです。

ここでもし、自分は人から好かれていると想定することができれば、人からの好意を低く見積もるバイアスは修正できるはずです。

他人は、思っているよりあなたが好き

しかし、あなたはこう思うかもしれません。

「ほとんどの人にとってはそうかもしれないけど、私は違う。私は正真正銘の変人だもの」と。

でも、自分には人から好かれる要素がないと決めつけるときでさえも、そしてその結果、自ら距離をおいて人に冷たく接するとしても、**人はそれでも、こちらが思う以上に好意を持ってくれるものです。**

ブースビーの調査では、自分をもっともネガティブに見ていた人は、自分がどう見られているかについてもっとも不正確だったことがわかりました。

ブースビーは参加者に対し、知らない人とやり取りした際に一番強く抱いた考えは何か、そしてその考えがどの程度ネガティブあるいはポジティブだったか尋ねました。

自分は社交の名手で魅力ある関係を構築していると思ったかもしれないし（ポジティブ）、自分の社交スキルが乏しいので相手は辟易《へきえき》していると思ったかもしれません（ネガティブ）。

ネガティブであればネガティブである人ほど、人からの好意を低く見積もっていました。言い換えれば、**自己批判的な考えのせいで真実が歪められていたのに、参加者は自己批判的な考えが真実だと信じ切っていたのです。**

この調査でわかるのは、多くの人は不安を抱えており、自分は不十分だという感覚を人に察知されてしまうと思い込んでいるということです。

おしゃれなホームパーティで豪華なカーペットにワインをこぼしてしまった場合（私は実際にこれをやってしまったことがありました。しかもパーティの主催者は博士課程の指導教員カレンでした）、恐らくあなたは、人があなたを責める以上に自分を責めるでしょう（私がこぼしたワインについても、私以上に私を責めた人はいなかったと思います。怒らないでいてくれてありがとう、カレン）。

きっとあなたは、人から批判されていると考えるでしょうし、人間の心理としては、人に批判されていると考えたときには、実際に人から批判されているのと同じ影響があなたに及びます。

自分の思考は、いじめっ子よりもずっと自分自身を傷つけます。

実際のところ、あなたが社交下手か否かなんて、あなた以上に気にする人などいません。みんな自分のことを心配するので手一杯なのです。

人とのやり取りがうまくいかないと思うとき、そう感じさせるのは自分の考えか、相手の行動か自問してみましょう。

自分はよく思われていないと思ったのは、相手のどんな行動からですか？

もし具体的にはっきりとあげられないのなら、相手の考えに過剰に悲観的になっているのは、不安な考えのせいかもしれません。

行動を起こしたのに新しい友達ができなかった、ということが1度ならず何度もあったとしても、だからといって友達づくりが下手というわけではありません。

心理学者として私はクライエントに対し、結果よりもプロセスに対して、自分をほめてあげるようすすめています。**もしあなたが自分から働きかけられるのならば、実際に友達ができるか否かによらず、すばらしいことだと私は思います。**

いずれにせよあなたは今、新しいスキルをまだ構築している段階にいます。

そこに取り組んでいるということは、あなたは自分が求める結果を出すべく、態勢を整えているということです。

その努力は必ず報われます。

友達は、まずあいさつから

30代半ばのビジネス・アナリスト、黒人男性のクライブは、新しい友達をつくろうと、リンクトイン主催の交流イベントに参加しました。クライブは、印象づけようとおしゃれをして会場に到着しました。食事が終わると、勇気ある数人が立ち上がって交流を始めます。

それまでのクライブだったら、席に座ったまま誰かが話しかけてくるのを待っていたところでした。もし誰も話しかけてこなければ、一部の人向けのよそよそしい集まりだと決めつけたでしょう。

でもクライブは、人づきあいの環境は自分の身に降りかかるものだけでなく、自力でつくるものでもあると気づいていました。そのため席を離れて、歌手のアリシア・キーズ似の女性のところへ自己紹介に行きました。

ふたりは、母親が不動産業界のやり手だという共通点があることがわかりました。クライブはやり取りに手ごたえを感じましたが、女性は急いでどこかへ行かなければいけないようでした。連絡先を交換しようと言い出す前に、彼女は会場をあとにしてしまいました。

クライブはその後、自分と話したそうにしていたキャメロンと会話を始めました。キャメロンは国際連合に勤務しており、危険区域に赴任する準備として、走行中のトラックから受け身を取りながら脱出する職業訓練を受けたばかりだと言いました。クライブは興味をそそられて、こう聞きました。「実際に危険区域で働くことになると思う？」

「ぜひとも働きたいね！」とキャメロンは答えます。

クライブは、冒険心たっぷりのキャメロンに好奇心を抱きました。そしてキャメロンが会話をきちんとしてくれることから、自信を持って連絡先を聞けました。

クライブのお決まりのせりふです。「また話そうよ。どうやって連絡すればいい？」

イベントにはもうひとり、クライブが話したいと思った男性がいました。エイドリアンです。ダイバーシティのコンサルタントで、クライブと同じミシガン大学を出ています。

地に足のついた雰囲気で、クライブはそこに心地よさを感じました。

連絡先を聞くと、エイドリアンはリンクトインのアカウント情報をクライブのスマートフォンに入力しました。

「ひょっとしてやんわり拒否されてる？」とクライブは思いました。それとも、「電話番号の前にリンクトイン」がニューヨークのミレニアル世代の常識なのかも？　あるいは、リンクトイン主催のイベントだから、連絡先としてリンクトインのアカウントを教えるのが当然なのかな？

自分が拒否されたのか否か、クライブはよくわかりませんでした。

エイドリアンに拒否されたわけではない、とクライブは思うことにしました。**友達づくりに関しては概して、この想定は正しいことを本書でこれまで学びましたね。**エイドリアンは単に、電話番号よりもＳＮＳのアカウントを教える方が慣れていたに違いありません。

イベントのあと、クライブはエイドリアンにリンクトインからメッセージを送り、会わないかと誘いました。エイドリアンは、もちろん、と返事をくれました。

クライブは結局、この交流イベントでふたりとつながることができました。自分から働きかけなければ、この数字はゼロだったでしょう。

クライブのエピソードからわかるのは、働きかけるとは、その場に行けばいいわけではないということです。**それ以上をしなければいけません。**

その場に着いたら人と話さなくてはいけないし、ときには複数の人とやり取りしなくてはいけません。でもどうやら、粘り強くいれば報われます。**粘り強くいれば、人づきあいでポジティ**

ブな経験を得られる可能性が高くなるのです。

フィンランドではこんな実験が行われました。実験参加者は、自分とクラスメイトの印象について互いに評価し、交流面におけるクラス全体の雰囲気も評価しました。*129 その結果、同じクラスにもかかわらず、人は実にさまざまな評価をしたのです。

積極的にクラスにかかわっていた人は健全だと評価した一方で、積極的にクラスにかかわっていなかった女性は、冷たいと評価しました。

温かい人だから親しみやすいと感じるような経験をしたのか、その逆なのか、どちらが先かはわかりません。それでも実験結果からわかるのは、交流面における雰囲気は、全員が関わらざるをえない現実だということです。それをどう感じるかは、そこで自分がどのような行動を取るかに関係しているのです。

交流するときに、積極的な人——人に手を振ってあいさつをしたり、自己紹介したり、週末何をしたかを話したり、担任の先生のかつらが曲がっていたと噂話をしたりできるなど——は、じつはふたつの社会的回避〔人との交流を避けること〕を乗り越えています。

このふたつとは、「顕在的回避」と「潜在的回避」です。

顕在的回避とは、たとえばイベントがあっても、居心地が悪すぎてそもそもの参加自体をし

ないケースです。

もし誰かに誘われても行かなければ、また誘ってもらえる可能性は低くなります。相手はあなたが不安だったとは知らないので、来なかったということは自分には関心がないのだと受け取るでしょう（本書でこれまで、人はすぐに拒絶されたと解釈するものだと学びましたよね）。

人は不安を払拭するためにこのタイプの回避行動を取りますが、実際は不安感が長期化するだけです。

一方の潜在的回避とは、体はそこに行きますが、心はすぐに立ち去ってしまう状態です。

イベントには行くものの、人と関わらない、アイコンタクトを取らない、早口でまくし立てる、スマートフォンをいじる、そこにいる犬をなでる、犬と指相撲をする、犬には親指がないので指相撲に不当に勝つ、などの状態です。

自分から働きかけるには、顕在的回避も潜在的回避も乗り越える必要があります。

その場に行けばいいだけではないのです。自己紹介して、その場に意識を向け、人と関わらなければいけません。

人の批判から身を守るためにあなたが取りがちな潜在的回避の行動（実際は守るというより人を遠ざけているのですが）とは何でしょうか。自覚することが大切です。

なので次回飲みに行くときは、ただ突っ立っていてはいけません。自己紹介しましょう。新しい仕事のオリエンテーションに出席するときは、新しくできた同僚に挨拶しましょう。友達の友達に会うときは、質問して相手に関心を示しましょう。

自分から働きかけるのに必要なこと

自分から働きかけることに対する障壁としてこれまで見てきたもの――恋愛の相手ばかりに気が向いてしまう、どうせ拒絶されると思い込む、イベントなどに行くのに人とは関わらない――は、単なる一部にすぎません。

まずは、友達をつくろうと外へ飛び出すようになると何が起きるか、そしてどうすれば効果的に自分から働きかけられるようになるかについてお話ししましょう。

交流会のような集まりにいる自分を想像してください。

あなたが働く業界の人たちが、仕事のあとに軽くお酒を飲みに行く場所です。しかし参加者の中にあなたが知っている人はいません。

「なんでこんなところに来ちゃったのかな」と自分でも不思議に思います。

近くにいる女性がちらりとこちらを見たので、あれ、今の言葉、声に出ちゃってたかな、と焦りました。いや、独り言は言ってない、と思い込むことにして、涼し気な表情であなたも彼女にちらりと視線を送ります。

これ以上涼しい顔はキープできないので、もう視線を向けないでほしいと願いつつ、不安を感じ始めました。人の群れに囲まれているとき、緊張を感じたり気が重くなったりするのは当然です。


バーで飲み物をもらい、すぐに飲み終わってしまわないように、プラスチックの赤いストローを歯でかみ始めます。このドリンクは、あなたの潜在的回避が液状化したものです。

そして頭の中でのむだなおしゃべり――「気候変動で世界が滅亡してしまうからプラスチックなんて使うべきじゃないのに」「待って、どうせ滅亡するならストローという贅沢を諦めるべきではないのかな?」――もまた、潜在的回避です。

あなたは、不快感に満たされます。「ストローは絶対に必要!」。そう、潜在的回避は、頭の中にいる批判的な存在ではありますが、少なくともこういう場合の話し相手になります。

そうこうしているうちに、グレーのブレザーにジーンズをはいたひとりの男性が近づいてきました。チャンスだ、とあなたは思います。

でももし拒絶されたら？　彼は誰かを待っているのかも。連れてくる友達もいない社交性に欠けた負け犬は私くらいかも……などと話をつくり上げます。あ、これ自己批判的な考えだ、とあなたは気づきます。

この本ではなんて言ってたっけ？　そうだ、人から拒絶されると思い込んでいる可能性の方が、実際に拒絶されるより高いって書いてあったっけ。ここで、自己批判的な状態にいるとき、たとえそれが本当でなくても、自分は嫌われていると投影してしまうという研究も思い出しました。

そして自己暗示のおまじないをこっそり繰り返します。「私は人から好かれている」

おまじないの言葉をぶつぶつ呟いていると、脳の一部が「隣の一匹狼のグレー・ブレザーは今、たぶんお前をヘンな奴だと思っているぞ」とささやきかけてきます。

でも別の部分の自分は、恐怖が薄らいで落ち着いてきました。

肩の力が抜け、おでこのシワも緩んだあなたは、一匹狼のグレー・ブレザー君に近づいていきます。

「こんにちは。私は□□（ここであなたの名前を言います。あるいはＳＮＳで探されたくなければ、とりあえず適当な名前を言います）です。今日はどうして参加したの？」とあなたは声をかけます。

「あぁ、僕の名前はオビ。○○社で働いています」と彼が答えます。

○○社？　う〜ん、聞いたことないなぁ、と考えつつ、おしゃべりを始めます。幸いなことにオビは気さくな人で、話しかけられて怯えたというよりホッとした様子でした。

5分ほどして話すことがだんだんなくなってきたところで、オビはほかの人にも挨拶をしに行きたがっている様子でした。

「お話しできて楽しかった」とあなたは会話を切り上げます。

「こちらこそ」とオビも返します。

自ら働きかけるという封印を解くことで自信がつき、その夜はいろいろな人に声をかけることができました。深緑色のワンピースを着た陽気な女性キーシャは、あなたにとても興味を持ってくれたようでした。あなたも彼女を気に入りました。

それから、サスペンダーをした太った男性は、物おじしている様子でかなりぶっきらぼうでした。

あと何人かいましたが、名前は思い出せません。

あなたの近所に住んでいる人、それからかわいらしい飼い犬の写真を自慢げに見せてくれた人。ダルメシアンとダックスフントのミックス犬だったけど、なんでそんな組み合わせになったんだろう？

そうやって、交流イベントが終わりました。

あなたはどんな人と友達になるべきか？

さてここで、あなたには選択肢があります。**誰にフォローアップの連絡をするべきでしょうか？**

オビとは一番長い間おしゃべりし、深緑色のワンピースを着たキーシャとは気が合い、かわいい犬を飼っている男性とありえない組み合わせの犬ともいい感じでした。

研究によれば、こちらから働きかける際には、誰にフォローアップの連絡をするか戦略的に決めると、よい結果をもたらします。

ミネソタ大学のマイケル・スナフランクがオハイオ州立大学のアルテミオ・ラミレスとともに行った研究では、大学生が人とやり取りする様子を9週間、追跡調査しました。

まず学生らには、調査対象となる人と初めて会ったときに、相手と友達になれる可能性はどのくらいだと思うか、予測してもらいました。スナフランクらによると、このときの評価によって、9週間後に実際に友達になったか否かがわかりました。[*130]

言い換えれば、この人と仲よくなれるかも、という直感は当たるのです。

なので、出会った相手に親しみや心地よさを感じたら、気が合うなと感じたら、自分と似ているなと思ったら、自分を信じましょう。**有望なつながりの種をフォローアップすることで、あなたが探し求めている深い友情を見つけられる可能性が高まります。**

ではさきほどの例で、あなたがフォローアップすべき最初の当選者を発表します。

それは、深緑色のワンピース、キーシャです。

ステキだなと思う人と出会ったら、その人にフォローアップの連絡をして、もう一度会おうと誘うこと。仲よくなれるかもと思ったのにむだにするなんて、もったいなすぎますよ。

定期的に姿を見せ続けよう

自ら働きかける効果を最大限に引き出すにはほかに、研究者たちが「近接性」と呼ぶものに頼る方法があります。

近接性とはつまり、人は物理的に近くにいる相手と人間関係を築く可能性が高いということです。ニューヨークに住んでいる人は、これが本当だと知っています。

アマゾンは、ニューヨーク市クイーンズ区の中でも比較的中心から遠いＪＦＫ空港そばに本社を建てる計画を立てましたが、最終的には撤回しました。このニュースにＸ（旧ツイッター）では、「まぁでも、クイーンズに行くといって撤回したのはアマゾンが最初ではないよ」と呟いていた人がいました。

メリーランド大学の社会学教授であるマディ・シーガルは、警察の訓練生のうち誰が誰と友達になるかを予測する実験を行い、物理的な近さに秘められたパワーを発見しました。友情の秘訣は、苗字でした。同じ文字から始まる苗字――たとえば、Carlton（カールトン）とCassidy（キャシディ）――の訓練生同士は、友達になる可能性がほかの人と比べて高いことがわかりました。訓練生らはアルファベット順で座っており、カールトンさんとキャシディさんは隣同士に座ることがよくあったのです。その警察学校内で親しい友達を選ぶよう言われた訓練生は、90％という驚くほど高い割合で、自分の隣に座った人を挙げたのでした。[*131]

近接性は、友情が魔法で生まれるわけではないことを証明しています。

友情を決めるのは圧倒的に、自分がいる場所なのです。**気が合うかもしれない人と物理的に近くにいられるチャンスを、運がよければ、仕事、学校、趣味がたっぷりと提供してくれます。**

そうでなければ、自らチャンスをつくり出す必要があります。つまり、1日中家に閉じこもってテレビを見ていたら、あなたの唯一の近接性は、深夜のバラエティ番組だけになってしまうということです。

物理的な近さを活用しないなら、ソウルメイト級の友達候補が何人いようがむだになってしまいます。こちらから招き入れない限り、花に蝶が引きつけられるように、友達が近づいて来ることなどありません。

反対に、つながれそうな人と物理的に近くなれる場所に定期的に行けば、運命を自ら切り開けます。自分の友情は自分でコントロールできることを認め、つながるチャンスを増やすことができます。

友達をつくるには、何度も会えるクラブやスクールがいい

近接性がここまでうまく作用する理由のひとつは、人と会う際のコストがあまりかからないことです。

もし友達になれそうな人が遠くに住んでいたら、その人に会うには車を運転したりバスに乗ったりと無理をしなくてはいけません。でも相手がすでに近所にいるのなら、楽に会うことができます。

カリフォルニア大学ロサンゼルス校のロバート・ヘイズが行った小規模な研究によると、**人間関係を構築している初期段階でコストがかかると、関係が深まる可能性が下がってしまいます。**[*132]

そのため、相手に会うのに1時間かけなければいけないのなら、そこに芽生えたばかりの友情があっても、移動時間にそこまでの価値はないと思ってしまうかもしれません。

人間関係が深まったあとなら、その関係を維持することとコストとの関連性はそこまでなくなります。相手と会うために時間をかけても移動します。でも、ひょっとしてもしかしたら最終的には友達になれるかな、程度ならわざわざ長時間かけて移動はしないでしょう。

だからこそ、「ローケーションシップ」――ローコストのフレンドシップ――つまり同じ場所に住んでいるために維持できる、コストがあまりかからない友情を築いている人がたくさんいるのです。

つまり、冒頭の交流イベントに話を戻すと、**近所に住んでいる人と話したのはほんのわずかな時間だったうえに相手の名前まで忘れてしまいましたが、フォローアップすべきはこの人でもありました。**

近接性がうまく作用するもうひとつの理由は、また会うだろうとわかっている人のことは、もっと好きになるからです。

1960年代の研究で、実験に参加した女性たちは、似たようなプロフィールの女性ふたりを見せられました。

さらに、そのうちのひとりを指して、これから既存のディスカッション・グループに参加して、この人とやり取りすることになる、と伝えられます。

実験参加者は、ふたりのうちこれから自分が会うと思われた女性の方に、より好意を抱くと報告しました。[*133] **つまり、この人とまた会うとわかっていると、その人に気持ちが入りがちになるのです。**

そして近接性がうまく作用する最後の理由は、人は多く接触して親しみを感じるようになった相手を好きになるからです。心理学の世界ではこれを「単純接触効果」と呼んでいます。単純にその人と何度も接触することで、その人を好きになるからです。

ピッツバーグ大学で行われた実験があります。

研究者はまず、大規模教室で行われる心理学の講義に潜入する「よそ者」を4人、選びました。4人が講義に潜入する回数は、それぞれ異なります。ある人は15回、ほかの人は10回、5回、0回といった具合です。

「よそ者」たちは、教室内で誰とも言葉を交わさなかったものの、学生たちは、講義に1番多く姿を現した人物にもっとも好意を抱くと報告しました。[*134] この人は、どの講義にも出席しなかった人と比べて20パーセントも多くの人から好かれました。

だいたいの学生たちは、どの「よそ者」についても、講義に姿を見せていたことすら気づいていませんでした。つまり、単純接触効果は無意識のうちに作用するということです。

単純接触効果はつまり、最終的に人間関係を構築する相手は、直接顔を合わせるのが一番多い相手ということになります。

大学の寮で行われた実験で、[*135] 寮の一番端に住んでいる学生は、寮の真ん中に部屋がある学生よりも友達の数が少ないという結果になったのも、そのためです。

寮の真ん中に部屋があると、同じ寮に住んでいる仲間と顔を合わせる機会と、単純接触という贈り物が手に入るのです。

単純接触効果を活用するには、1度きりの交流イベントではなく、継続的に行われるものに参加することです。

お酒を飲みに行くよりも読書クラブ、外国語を学ぶ単発セミナーよりも語学スクールをそれぞれ選ぶとよいでしょう。

近接性はまた、すでによく顔を合わせる人と友達になるべきだということでもあります。たとえば隣人、同僚、あるいは近くに住む知り合いがいいかもしれません。近所にあるカフェやバー、ジムの顔なじみになることで、近接性の作用と単純接触の両方を味方につけることもできるでしょう。

定期的に顔を出すことで、人があなたにポジティブな感情を抱く可能性が高くなります。一方で、単純接触はつまり、友達をつくるには、繰り返し何度も姿を見せなければいけないことを意味します。

とはいえ、単純接触だけでは人間関係を築けません。自分から働きかけることが大事です。時間をかけて、ほかの顔なじみと「自然発生的なやりとり」を重ねていき、こうしたたまにする会話が友情の土台をつくらないか、様子を見てみてはどうでしょうか。自然発生的なやり取りとは、ふたりが同じとき同じ場所に居合わせたことで起こる、あらかじめ計画していない会話のことです。人間関係はこうした、一瞬のたわいもないおしゃべりの中で芽生えます。

知らない人に話しかけて嫌われることはほとんどない

セールス・トレーニングを提供するホッフェルド・グループの最高経営責任者（CEO）でありチーフ・セールス・トレーナーでもあるデイヴィッド・ホッフェルドが開発した、「洞察と質問」という手法を使えば、知らない人に自分から話しかけられるようになります。**やりかたは、自分の意見や感じたことを述べ、続けて質問をするだけです**[*136]。

「読書クラブの課題図書で読んだ本、主人公が最高だなと思ったんだけど、あなたはどう思った？」とか、「この飲み物、甘くておいしい。そのドリンクはどう？」とか、「海に来たの久しぶりだからすごく嬉しい。海は好きですか？」といった具合です。

知らない人に話しかけるのは心底、怖いものです。

そのため、私が誰かに話しかけるときには、みんな私のことを好きになる、みんな気軽に話してくれる、との想定を自分に言い聞かせて勇気をふり絞らないといけません。

こう思うことは、私たちがふつう抱く考えとは反対かもしれません。しかし、実際はこちらの方が事実に近いのです。

シカゴ大学のニコラス・エプリーとジュリアナ・シュローダーは、実験参加者に電車で知らない人に話しかけてもらう実験を行いました。[*137]

相手に拒絶されたのは何人だったと思いますか？

ゼロです！

エプリーとシュローダーによると、「通勤通学をする人たち〔実験参加者〕は、知らない人に話しかけようとすると、交流が拒絶される重大なリスクがあると考えたようだったが、私たちが言えるのは、リスクはまったくなかったということだ」

私の場合、知らない人に話しかけたおかげで、単に「住んでいる場所」だった町を「自分のコミュニティ」にできました。

当時は大学院生だったので、スターバックスの大テーブルで知らない人と相席しながら、毎日のように研究論文を読んだり書いたりしていました。

最初のうちは、そばに座っている人はまるで人間壁紙のように背景に溶け込んでいたのですが、やがて「自然発生的なやり取り」を通じて、そうした人たちとつながるようになりました。

たとえば、「かなり長いこと作業しちゃった。そちらはどんな感じですか？」といった具合です。

それからプールやレストラン、道ばたなど近所のあちこちで見慣れた顔を見かけるようになりました。こんにちは、と挨拶するようになり、近隣全体が、名も知らぬ人ばかりの場所ではまったくなくなりました。

顔見知りの人にばったり出会い、自分の町だと実感できるのは、なんとなく嬉しいものです。スターバックスで過ごした日々のおかげで、近所が自分のコミュニティになりました。


単純接触ではまた、次のようなことが予測されます。
1）友達づくりは、最初は居心地悪く感じるでしょう。人間は、たくさんの見慣れない顔に囲まれると警戒するようプログラムされているためです。
そして、
2）そういう場に参加すれば参加するほど、だんだん楽になっていきます。

つまり、友達をつくるには、

1．定期的に集まるグループを見つけて参加する

2. グループの人たちから自分は好かれると思う
3. グループの人たちに話しかけて潜在的回避を乗り越える
4. グループの中で気に入った人（たち）を、1対1で会おうと誘う

と進みましょう。

自分がほしいと思う友達になろう

本章での学びは、友達をつくるには、自分から働きかけなければいけない、ということです。**でももっと大きな学びは、友達をつくるには、まず自分が友達にならなければいけない、ということです。**

マハトマ・ガンジーはかつて、こう言いました。

「世界で見たいと思う変化に、自分自身がなりなさい」

この知恵を借りるなら、「世界で会いたいと思う友達に、自分自身がなりなさい」です。「誰か私を友情の世界に連れて行ってくれないかな」と待つ代わりに、自分自身が連れて行かなければいけません。

『食べて、祈って、恋をして』（早川書房）の著者であるエリザベス・ギルバートがこんなふうにうまく言い表しています。

「すばらしい友達の話や、ありがたい友情についてSNSで語ることもあるのだけど、必ず、ひがみでコメント欄にこう書いてくる人がいるんです。

〝あなたはいいわよね。私にはそんな友達いません〟。

私はそのたびに、こう言いたくなります。

〝じゃああなたがそんな友達になったらいかがですか〟って。

ほかの誰かに対して、あなたがそういう友達になればいいのです。**気前がよくてやさしくて、品のある人があなたの人生にいないのなら、ほかの人の人生であなたがそうなればいいのです。**

大切なのは、何を手に入れられるかではなく、その人間関係に何を提供できるかです。

あなたは、どんな貢献ができますか？

コミュニティとは、そうやってつくられるのです。気前がよく、やさしい人たちが差し出したものの上に構築されていきます」

この点については、本書でこのあと、何度も繰り返し学びます。

Chapter 04

人生のために友達の力を借りよう

弱さを感じずに友達を信じるには

サムという女性が、地元メリーランド州ハイアッツヴィルにあるカフェ&レストランで行われた大学院の交流イベントに行きました。会場には20人くらいいます。愛や人種差別、うつといったテーマの詩が朗読され、刺激的ではあったのですが、サムは集中できませんでした。なぜなら数カ月間デートをしていた男性から、メッセージがくるかこないか気になっていたからです。

携帯電話を確認するたびに、連絡はもうないであろうことがますます明白になっていきました。

それでもサムは、衝動的にスマホを見てしまいます。そのたびに、何もない待ち受け画面を目にして、不安が押し寄せました。

イベントが終わる頃、交流会を企画した大学院生が記念撮影をしようと学生を集めます。サムは、悲し気な顔が写真に残ってしまうのを気にして、フレームの端ですました表情をつくるよう努力しました。

大声で話したり笑ったりしているまわりの人たちを見て、参加すべきではなかったと悟ります。楽しめる状態ではなかったし、みんなの幸せが自分への当てこすりに感じてしまい、余計に距離を感じました。

サムはその夜、自宅に車を走らせながら惨めな気分になりました。返信すらくれない人のことで頭がいっぱいだなんて。サムは、男性の愛情などいらない強い女性である自分が好きでした。でも、返事をくれない男性に執着している様子から、強くなどないことは明らかでした。

こんな自分に恥じ入ったサムは、彼のことを考えるのはもうやめる、とはっきり決意しました。

携帯電話でも心の中でも、彼の存在をブロックするのです。

彼のことが頭に浮かぶたびに、その考えを頭から追い出します。サムが恥を感じているなど、誰にも、自分自身にもわからないでしょう。惨めでいるのではなく、強さを身につけるのだ、と思いました。

1週間ほど、サムは自分の決意に満足していました。前ほど彼のことをクヨクヨ考えなくなりました。

彼のことが浮かんだら、部屋でハエでも追い払うように、考えを追い払いました。

それまでは、友達にこの男性の話をするときは、不安を口にしていました。でも今は、友達に聞かれたら、もう別れたけど自分は元気だと答えます。

サムはその週、これまでとはまったく逆に、自信がみなぎり、自分をコントロールできている気がしました。

感情を抑えつければ、感情に飲み込まれにくくなるばかりか、強い女性という自分のアイデンティティが強化できます。

友達にこれ以上不安な思いをグチらなくてすむという点でも、気が楽になりました。

悲しみの淵で下した自分の決断を誇りに思いました。

感情はコントロールできるのだから、感情に従う必要ないよね？

自分の痛みを友達にも背負わせて、弱い人だと思われる必要ないよね？

もろい自分でいる必要はないよね？

サムはまもなく、これらの問いの答えがなぜ「必要ある」であるかを、知ることになります。私たちも、このあとわかります。

自分の恥を何と考えるかは人によって全然違う

もろさとは、もっとも深遠な「ウソ偽りのない状態」であり、本当の自分を人に見せることです。

その部分を見せてしまったら、拒絶されるかもしれないとか、疎外されるかもしれないと不安になるような、自分が一番恥だと感じている部分でもあります。ですので、恥とは、自分が抱えている秘密でもあり、そのせいで自分には人とかかわる価値はないと思わせる感覚です。

もろい状態にあるとき、人は自分の秘密が危機にさらされていると感じるのみならず、自分の存在自体も危機に瀕していると感じるのです。

イェール大学の教授であり、差別対象となるアイデンティティの隠ぺいや開示に関する研究を行っているスカイラー・ジャクソン博士は、「もろさとは構成概念」だと説明します。「先天的にもろいと決まっているものなどありません。誰かが何かから、あなたを物質的あるいは感情的に支配する力を得るか否かによってできあがる構成概念なのです」

つまり、何に対して自分がもろくなると感じるかは、その人ならではの思考、文化、歴史によって決まります。

私がもろくなると感じるものは、あなたにとってはもろくなるようなものではないかもしれません。

ほかの人のもろさを理解し、それに合わせることが、友情を育て、深める鍵になります。その人のもろさが何かという合図を見逃すと、友情を台なしにしかねません。

サムは、男性に執着してしまう自分を恥ずかしく感じました。**恐らくそれは、男性に心を揺さぶられるなど自分に許さない、強い女性という「理想」にこだわっていたからでしょう。**

ある男友達が、離婚した自分を恥じていると打ち明けたことがありました。そのときの私は、なぜなのかよくわかりませんでした。でも、彼の環境が信心深いキリスト教のコミュニティであることに気づき、理解できました。**離婚していたら職に就けないような環境だったのです。**

イランのイスラム刑法では、「未婚の男女による姦通への罰はムチ打ち100回」と定められています。つまり未婚の人たちが性的な関係を持つことに対し、イランの人たちは平均的に恐らく、人気ドラマ『セックス・アンド・ザ・シティ』が生まれた国であるアメリカの人たちよりも恥の感覚を強く抱くでしょう。

破産した、性感染症のクラミジアにかかった、前科がある、といった話をまるでレストランでウェイターにお水を頼むかのように話せる人もいます。そうでない人にとっては、そんな情報を人に話すなんて考えただけで蕁麻疹《じんましん》が出そうになることでしょう。

本当のところ、人が何によって自分をもろいと感じるかは、これまでの人生経験でその人が何を恥だと感じるよう学んできたかという、もっと深い部分を物語ります。

また人は、どんな言葉を使うかだけでなく、どう伝えるかによっても、自分のもろさを相手に伝えている、とジャクソン博士は指摘します。

「声は震えていませんか？　感情的になっていませんか？　緊張していませんか？　これらは相手に、〝私にとって大切なことです〟と伝えています。自分がもろいと感じてしまう何かを言葉にする、それももろさです。でももっと深いもろさとは、行動など非言語の合図によって、それを相手に見せることです。自分のもろさについて話すだけでなく、その話をするときに実際に自分のもろさをさらけ出したいという思いです」

ここで気をつけたいのは、話の内容（「今の私はもろい状態です」）と、非言語的な合図（「大したことありません」）のミスマッチがあるときに、誤解が生じかねないということです。

私はこれを、「ラッピングされたもろさ」と呼んでいます。

自分のもろい部分は、まるで何でもないことのように話してしまう

ジャクソン博士と私は大学院で同級生でした。そのため、「ラッピングされたもろさ」——つまり、言葉ではもろさを表現しているのに、話し方からはそれが伝わらないこと——をお互いよく知っています。

心理学者になるために勉強していた私たちにとって、授業中に何もかもさらけ出すのは当たり前でした。

とはいえクラスメイトの多くは、過去にした経験やトラウマを話すとき、話の内容はもろさが表れているのに、そうは見えないようにきれいにラッピングしていました。

母親との確執の話を、まるで飼い犬のプードルをドッグランに連れて行った話でもするかのように、カジュアルにするのです。それは必ずしも確執を気にしていないからではなく、クラスメイトには自分の特定の面しか見せたくないからでした。

自分のもろさを、クラスメイトに受け入れてもらえそうな形にきれいにラッピングしていたのです。

ジャクソン博士はラッピングされたもろさの問題点を、「感情は、他者がどう反応すべきかの合図になる」点だと指摘します。

気丈に見せようともろさをラッピングしてしまうと、相手から薄い反応しかないというリスクが高まります。**相手の反応が薄いのは、どうでもいいからではなく、思いやりを示すべき場面だと気づいていないからです。**

この裏づけとして、ある研究では、感情を抑えつけた人は、大学1年目のときにまわりからサポートをあまり得られなかったことが明らかになっています。この学生たちはまた、人との距離も感じており、人間関係にも満足していないと報告しました。[*138]

その一方で、たとえば私が何かについてソワソワしている場合、それを表に出せば、恐らく人は、私が心配しているのが何にせよ、きっと大丈夫だよ、などと言って落ち着かせようとしてくれるでしょう。私が悲しみや不安にさいなまれている場合、翌日も連絡をくれて「気分はどう？」と聞いてくれるでしょう。

大学生を対象にしたある実験では、女性がスピーチをする際に、緊張していると打ち明けたときの方が、まわりの学生は女性のために情報を調べて手助けしてくれました。[*139]

この実験では、大体において性別にかかわりなく、ネガティブな感情をオープンに表現した人の方が、社会的なつながりを多く持っていることがわかりました。**行動と言葉を合わせてもろさをしっかりと表現した方が、必要なつながりや支援を得られます。**

サムは、ラッピングされたもろさについて、身をもって学びました。友達と話していたときに話の流れで、例の男性のことをまだ引きずっている、と口にしたのです。心の中では打ちのめされてはいたものの、大したことではないかのように言いました。それにしても、友達の反応があまりにも軽かったことにサムは驚きました。「そんな男、とっとと忘れた方がいいよ」と言われたのです。些細な一言だったたし、悪気はなかったのかもしれません。でも、抱えていた恥の感覚はさらに深くなってしまい、サムは苦しみました。「そうだよね。なんで忘れられないの？　私、どうかしてない？　そもそもなんで彼の話なんてしちゃったんだろう？」もしも誰かに相談などしようものなら、恥が大きくなるだけだ、彼のことを思い出すだけだ、とこのときサムは確信しました。

でも、サムの間違いは、もろすぎたことでしょうか？

恐らく、単なる話の流れではなく、もっと感情を込めて真正面から助けを求めていたら必要な助けを得られたでしょう。

友達は、サムにとって大きな悩みなのだと感じ、もっと思いやってくれたはずです。誤解されたい人なんていません。**でも感情を抑えつけると、誤解を招いてしまいます。**

「自分の弱さ」を誰かに話したいと苦しむ人は、自分の大切さがわかっている人でもある

ブレネー・ブラウンは著書『立て直す力』（講談社）の中で、こう書いています。

「もろさとは、勝ち負けではありません。結果をコントロールできないときでも、全力で取り組み、その姿を見せる勇気を持っていること。もろさとは、弱さではありません。勇気を測る最高の尺度なのです」

秘密を明かすには、勇気が必要です。相手に見捨てられないとの確信を持つには、相手への信頼と楽観的な考えが必要です。

もろい人は、自分が大切であること、そして人から時間や注意を与えてもらう価値があることをわかっています。ですから、もろさの中には、強さが存在するのです。

とはいえ、そこには弱さも存在しています。

マイアミ大学のウィリアム・B・スタイルズ心理学名誉教授は、もろさは病気のときの「熱」のようなものだと説明します。

熱があるとき、人は病気を追い払うために体内の戦士を使って闘い、その過程で体温を上げて熱を出しているわけですが、それでも病気であることに変わりありません。

熱は、複数の要素（病気と強さ、苦しみと癒し、混乱と回復）を受けとめられる人間の能力を表しています。もろさもまた同様に、複数の要素を受けとめることができます。

「誰かに話したい」と苦しみながら、自分を癒そうと働きかけたり、自分の痛みは人に聞いてもらうべき大切なものだと考えたり、人に話すリスクにもよらず話す勇気を持っていたり、という強さが私たちにはあります。

もろい状態の私たちは、弱さと強さの陰と陽を体現しています。もろさを抑えつけたところで、弱さがなくなるわけではありません。むしろ、そこにある強さを表現する妨げになります。

もろさの中の弱さを認めるのは、賢明なことです。ジャクソン博士は言います。

「感情は、自分に情報を与えてくれるもので、そこからは恩恵がえられます。感情とは、単なる反応ではありません。自分に関するデータや、物事がどれだけ重要かというデータを提供してくれるからです」

とことん弱っているときにだけ、経験できる関係がある

私たちが望みさえすれば、弱さはとてもパワフルなことを教えてくれます。

ペースを落とし、自分にやさしくしてあげるよう教えてくれ、自分が本当はいかに弱い存在であるか、**そして命には限りがあり、自分を大切にしなければいけないという真実を明らかにしてくれます。**

弱さは、私たちが生まれながらにして持つ価値を経験するための誘《いざな》いであり、その価値は、何かに耐えたり、クリエイティブになったり、何かをつくったり、といったことができないほど疲れ果てていても、消えてなくなることはありません。

弱くなっているときに自分を受け入れることは、深いレベルでの自己受容にぴったりの機会です。

弱っているとき、私たちはこれまで以上に人の愛情やサポートが必要であり、そのおかげで

人間関係は深まり、人は根本的に相互に関係し合っているのだということを浮き彫りにします。人は強くいられるとき、他人の不安をなかなか理解できないものですが、弱っているときは、人にもっと思いやりを持たなければ、と思い出すことができます。

ライフコーチであり講演者としても活動しているリリー・ヴェレスは、父親を結腸がんで亡くしたとき、押しつぶされそうでした。最初のうちは感情を押し殺していたのですが、あるとき、まるでダムが決壊したかのように号泣してしまいました。

でも、絶望感や無力感をやっと認めたとき、驚くほどの平穏と解放感に満たされました。また、自分の弱さを認めたら、人と距離が縮んだようにも感じました。ヴェレスはこう言います。

「自分の弱さを受け入れると、人との間にものすごい絆が生まれます。透明性、正直さ、オープンなやり取りが勝るのです。**私は、自分とまわりの人たちとの間に愛が流れるのを感じました**。元気が出る、ウキウキするような感覚で、勇気と励みがもらえました。これまで見たことがない、実際に行動で表現された愛情でした。とことん弱っているときにしか、完全には経験できないタイプの愛情です*140」

弱さとは、私たち一人ひとりの人生に生まれつきあるものです。たとえ否定したところで、そこから逃れることはできません。

弱さが問題なのは、ときに自分がダメになるから、弱くなるから、サポートや休養が必要になるから、ではありません。

弱さを悪いものとして非難するあまりに、弱さが自分について、人間関係について、人間の状態について何を教えてくれるのかを、じっくりと考えられなくなるからです。

感情を我慢して押さえつけても、結局消えることはなく危険

サムは、例の男性のことを考えずに1週間もすれば、穏やかに過ごせるようになるだろうと予測していました。その週は、数カ月ぶりにリラックスして、感情の起伏もあまりありませんでした。

ところがある日、自室で特に何をするでもなくひとり座っていると、突然、湧いてくる考えを抑えつけるのが難しくなってしまいました。**かつてハエを手で追い払うような感覚だったものが、ハエを木槌で激しく叩くような感じになりました。**

抑えれば抑えるほど難しくなり、それでもさらに抑えると、その男性のイメージがものすごい勢いで頭に浮かんできます。

まるで心が侵略されたように感じ、頭痛がしてきました。

ある日、授業に行こうと歩いていると、修士論文について指導教官から電話がかかってきました。でも悩みを頭から追い出すのに必死で、サムの耳には指導教官の声がまるで入って来ません。

電話のあと再び歩き始めながら、サムは泣き出してしまいました。自分の思考や感情をなんとかコントロールしていたのに、もう限界でした。まるで、自分自身の心が怖くてしかたがない感じです。

頬の涙をぬぐい、めがねをかけ直して、クラスの誰にも気づかれないよう願いました。

サムはいったいどうしてしまったのでしょうか？　リラックスして穏やかだったのに、なぜ授業の合間に突然泣き出してしまったのでしょうか？

答えを知るには、抑圧の科学[*141]を理解する必要があります。

前述のバル＝イラン大学のマリオ・ミクリンサー教授は、同僚とともにこの抑圧の科学について調べました。研究室に実験参加者を集め、恋人との別れでつらかった経験について書き出してもらいます。

次に、今度は思い浮かんできたことを書き出してもらいますが、ひとつのグループには、抑圧の状態となるように、今書き出した別れ以外のことを書き出すよう指示しました。対照群である別のグループは、頭に浮かんできたことを自由に書き出します。

参加者にはその後、「ストループ課題」をこなしてもらいます。ストループ課題とは、単語が書かれているインクの色をできるだけ迅速に答えるものです。たとえばなにかの単語が赤のインクで書かれていれば「赤」、黒のインクであれば「黒」と答える必要があります。ただしポイントは、そこに書かれている単語の意味が、たとえ無意識下であれ何か気になっているものだと、気が散ってしまい単語の色を答えるのに時間がかかってしまうことです。

たとえば私が今お腹が空いていて、答える単語が青で書かれた「フルーツパイ」だったら、文字の色「青」を答えるまでに時間がかかるかもしれません。

あるいは、家賃滞納で家から追い出されそうなときに単語が「家」だったら、文字の色「緑」を答えるのに時間がかかるでしょう。

実験の課題で使われた単語は、「別離」「遺棄」「拒絶」「破局」など、別れに関するものでした。文字が書かれた色を答えるのに時間がかかれば、自分がこの前に書き出していた別れに気を取られていることになります。

結果は、自分の考えを抑えつけなくてはならないときには「リバウンド効果」が起こりました。

つまり、別れの思い出を抑圧した人たちは、別れに関する単語が書かれている色を答えるのに時間がかかったのです。**別れの考えを抑圧したあとは、そこに気を取られるようになっていたことを示唆しています。**こうした驚きの発見が、サムに起こったことの原因でした。

感情を抑えつければ、消えてなくなってくれると私たちは願うものです。ところが、リバウンド効果から、そうはならないことがわかります。

吹きさらしの裏庭に置き去りにしても、感情はそこを生き長らえ、裏口をこじ開けて家の中に入って来てしまうのです。

ずっと感情を抑えて生きている人も、脳の負荷が限界を超えるとできなくなる

しかし、感情の抑圧を達人のレベルでできる人たちがいます。愛着スタイルが回避型の人たちです。

回避型とは、必要なときに養育者に反応してもらえなかった幼少期の経験のせいで常に感情

を抑え、自分が傷つかないようにしている人のことです。

これまでの人生でずっとそうしてきた回避型の人たちは、リバウンド効果が起きることなく、うまく感情を抑えられるでしょうか？　ミクリンサー教授の実験は、これを明らかにすべくここで一歩踏み込みました。

実験の2〜3週間前、実験参加者は愛着スタイルを調べるためのアンケートに答えています。回避型の結果は複雑でした。

追加的な負荷をかけるため、ストループ課題を受ける際、参加者の半数には課題をこなすときに1桁の数字を復唱し（低認知負荷条件といいます）、もう半数には7桁の数字を復唱（高認知負荷条件といいます）してもらいました。

こうした追加的な負荷により、回避型の人はいったいどれだけ抑圧できるのか、という重要な疑問を詳しく調べることができました。

抑圧は脳のパワーを消費すると考えられています。

ということは、高認知負荷条件下のように脳のパワーがないときでさえ、回避型は抑圧できるのでしょうか？

結論を言うと、回避型の人は、リバウンド効果は起きませんでした。

「青」「緑」「黄色」「赤」と、すぐに答えることができたのです。別れのこと以外を書き出すように（つまり感情を抑えるように）言われたあとでさえも、別れに関する言葉の色をすぐに答えられました。

これはもしかしたら、回避型のように抑圧がかなり得意な人ならば、感情を抑え込むことはできるということでしょうか？

いいえ、回避型の人には、限界点がありました。

高認知負荷条件で7桁の数字を復唱しながらストループ課題をこなしたときから、抑えることができなくなりました。その前のタスクで抑圧するよう指示されていたか否かによらず、別れに関する単語の色を言うのに、時間がかかったのです。**リバウンド効果は、負荷が高くなったときのみに起きました。**※

※この実験の著者らは、回避型の人たちは常に抑圧しているため、抑圧するよう指示された（抑圧の条件を課されたグループ）か否か（対照群）にかかわらず、抑圧している可能性が高いと説明しています。回避型の人が、抑圧の条件を課されていないときにもリバウンド効果を経験するのはなぜかも、これで説明がつきます。

ミクリンサー教授は、方法は似ているものの、さらに酷な条件を課したフォローアップの実験を行いました。

さきほどの実験では、参加者は別れについて書き出したあと、考えを抑圧するように指示されるか、何の指示もされずに、ストループ課題を行いました。

しかし、フォローアップの実験では、参加者は研究室に来る前に自分の性格でネガティブな面をリストアップするよう指示されます。そして、その後のストループ課題ではその面を表す言葉が使われました。

自分のネガティブな面を表す単語の色を言うのに時間がかかった場合、参加者はそこに気を取られていたことになります。

回避型の人がストループ課題を行った際、高認知負荷の条件下では、自分のネガティブな面を表す単語の色を言うのに時間がかかりました。

ということは、彼らはこうした面に気を取られていたと考えられます。

その上、回避型の人は、ほかの人よりも、こうしたネガティブな言葉に強くうろたえ、抑えることができなくなりました。つまり、ストレスが強くかかっているとき、回避型のベニヤ板のような抑圧にひびが入ったのみならず、**抑えきれなくなると安定型の人よりもずっと、自分のネガティブな面のことで頭がいっぱいになってしまうのでした。**

自分を責めてしまうことが、より悪化させる

この結果から、何が言えるでしょうか？

それは考えを抑圧しようとすると、間違いなくその考えで頭がいっぱいになってしまうということです。

回避型は、ほかのタイプよりも長く自分の感情を抑圧できるかもしれませんが、それに耐えられなくなると、ほかのタイプよりもストレスからの影響を受けやすくなります。

というのも、そのストレスをなんとかしなければ、と考えるだけでなく、ストレスを抑えつけられない自分はなんて弱いんだ、と自らにムチ打ってしまうからです。

回避型の人にとって、抑圧は一時的な小さな問題に対してなら効果を発揮するかもしれません。しかし、強烈だったり長引いたりするストレスに対しては、そうはいかないのです。

ミクリンサー教授による調査では、パレスチナと争っている地域で暮らし、慢性的なストレスを抱えているイスラエルのユダヤ人は、**回避型であればあるほど、精神疾患の症状を経験したことがわかっています。安定型の人は、そこまでの症状はありませんでした。**[*142]

パワフルなふりをする必要のない人が、最もパワフル

感情を慢性的に抑圧している人――つまり回避型の人――は、精神的に強そうな発言をするかもしれません。しかし、こうした調査結果はまた、そんな発言は不安定な土台の上に乗っていることを示しています。

回避型にとって、「強い」「無敵」といったセルフイメージを維持するには努力が必要で、かなりの負担になります。何かのきっかけで脳のパワーが奪われたとたんに、そのセルフイメージを持ち続けるためのリソースを失ってしまいます。

回避傾向がそこまで強くない人や安定型の人には、これはあてはまりません。自分のネガティブな面を支えられなくなるほど精神的な負担がかかったときでも、自分のネガティブな面からそこまで急激な影響を受けることはないのです。むしろポジティブな自己認識の方が安定しており、その認識は回避型の人と比べ、より正直で、ムリしたものではありません。

実験を行った研究者らによると、「安定型の人は、愛着行動を向ける相手から受け入れられていたことから、**見せかけだけの過度な自立性や自尊心をつくる必要がなく、自分のことをかなり現実的に（すなわち適度にポジティブに）見ることができる**」のです。

書籍『*A Light from the Shadows*』(『影からの光』、未邦訳)の著者であり、ホリスティック教育の実践者でもあるエリック・マイケル・レーベンタールは、こう言います。**「私たちは、パワフルでいる必要がなくなった途端に、もっともパワフルになります」**

私たちは、もろさのリスクばかりを気にしすぎて、もろさをまったく出さないことのリスク——回避型を苦しめ、サムを苦しめ、多くの人を苦しめるリスク——を考慮しません。

自分の弱みを隠すことは、体に大変な負担になる

害となるのは、感情を抑圧することだけではありません。**自分が何を感じているのかをほかの人に伝えないことも害になるのです。**

今回の研究から判断すると、もしもサムがこのままずっと問題をひとりで抱えたままでいた場合、そのことでもっと頭がいっぱいになり、もっと気分が落ち込み、精神的にも身体的にも調子が悪くなったでしょう。

もろさをさらけ出してしまうと、今抱えている問題をもっとリアルに感じるだろうと不安になるかもしれませんが、サムのエピソードやミクリンサー教授の研究から、問題は隠したとき

の方がよりリアルであることがわかります。

少なくとも、心身に与える影響ではそう言えます。

メディア業界のトランスジェンダーの人たちを描くドキュメンタリー映画『トランスジェンダーとハリウッド：過去、現在、そして』の中で、女優のサンドラ・コールドウェルは、テレビ番組撮影中にトランスジェンダーのアイデンティティがバレてしまったらどうしようと不安になっていた経験を語っています。

「恐れながら撮影現場に入るってどんな感じか想像できますか？　頭では、現場にいようと必死なのに、朝目覚めると不安。夜寝るときも不安。誰かがその日、あるいは次の日、爆弾を落とすんじゃないかと、警戒しているんです。いったいいつバレるのかなって。だから常に怯えています」

何かを抑圧しようとすると、そのせいで消耗してしまいます。

さらに研究によって、人は秘密を持つと思考を反すうし続け、秘密について恥に感じれば感じるほど、ますます思考を反すうすることが明らかになっています。[*143]

抑圧はまた、精神の健康もむしばみます。

自分のネガティブな面を隠そうとする傾向は、「自己隠蔽」[*144]と呼ばれます。**これは、若い人にとって、心理的な苦痛、さらには自殺傾向と関係があります。**もろさを隠すことは、体にものすごい負担になっているのです。何かを隠そうと考えることにエネルギーを費やすせいで、秘密を隠すために人と距離を取ったり、疲弊したりすることが研究でわかっています。[*145]

もろさを見せた方が、自分の人生を生きられる

トラウマになるような経験をした人がそれを誰にも話さないと、話した場合よりも健康面で多くの問題を抱えるようになります。**別の研究では、配偶者と死別したとき、それについて人に話さない人ほど、死別の翌年の体調がすぐれないことがわかりました。**[*146]

多くの人が考えるであろうこととは裏腹に、こうした研究が示しているのは、もしもサムが本気で立ち直りたいなら、つまり彼のことを考えなくなり、影響を受けないようになりたいのであれば、むしろオープンに話す必要があったということです。

もろさを見せないと、人生が奪われてしまいます。誰にも知られたくない秘密を隠すのに必死で、注意力をそちらに向けるあまり、ほかの部分は無視してしまうのです。

人生を取り戻せるのは唯一、もろさです。

とはいえ、社会はますますもろさを見せなくなっています。

長期にわたって行われたある調査で、秘密を打ち明けられる相手が何人いるか尋ねたところ、1985年には平均3人だったのが、徐々に減って2004年にはふたりになりました。一方で、「誰もいない」と答えた人の数は、2004年は1985年の3倍に膨らみました。[*147]

この研究の著者であり、デューク大学で社会学を教えるリン・スミス・ロビン教授は、アメリカの公共ラジオNPRでのインタビューで、こう話しています。

「10年、20年でこれほど大きな社会的変化を目にすることは、普通はありません。人の暮らしは毎年、ほとんど変わりありませんから」[*148]

こうした、もろさを見せないことによる代償は深刻です。

もし芸術家が、作品で痛みを表現することを恐れていたら、いったいどれだけの芸術がこの世に存在しなかったでしょうか。もしももろさを受け入れる社会だったら、今世の中にまん延しているオピオイド問題はどうなっていたでしょうか。もしも科学者が、自分の思考を隠すことに懸命になっていたら、気候変動など解決できないでしょう。もしももろさをさらけ出せる社会だったら、恥、反すう思考、うつ、通院、自殺などは一切ない世の中だったでしょう。

もろい自分でいる方法

アンナ・ブルーク博士は、すばらしい経歴の持ち主で、ドイツのマンハイム大学で経営大学院を卒業後、同じ大学で社会心理学の博士課程をスタートさせました。現在は、マンハイム大学の社会心理学科で学科長を務めています。ブルーク博士が書いたもろさに関する論文はあまりにも革新的だったため、完成する前にアメリカの雑誌アトランティックで紹介されたほどでした。

ブルーク博士が学位論文のために行った実験では、参加者に、プライベートなことを自分が打ち明ける様子を想像してもらいました。たとえば、友達に好きだと告白するとか、仕事でミスしたことを認めるとか、自分の体の欠点を教えるなどです。

参加者は、自分がそのようなもろい状態でいる場合、人から弱いとか、さらには不快だとか思われるだろうと想像しました。しかし、**自分以外の誰かがこのような状態でいるところを想像した場合は、相手のもろさはむしろ好ましいとかよいことだと考え、前向きに受けとめたのでした。**

ブルーク博士は別の研究で、実験参加者を歌手と審査員に分けました。歌手に割り当てられた人は、即興で歌をつくるよう指示され、審査員がその曲を審査する予定だと告げられます。
ありがたいことに、実験参加者は実際に歌わずにすんだのですが、自分がどう見られるかについてどのような思い込みを抱いたかは明白でした。
歌手の人たちは、ネガティブな審査を受けるだろうと思い込みましたが、審査員は、歌は強さの表れだとして、歌うことをもっと前向きにとらえていたのです。[*149]
ブルーク博士のこうした研究のもととなった別の実験でも、似たような結果が出ています。つまり、もろい自分を見せても、こちらが思うほど人は批判しない、ということです。むしろ、ウソ偽りなく誠実だとポジティブに受けとめてくれる可能性もあります。

ある実験では、「私は自分に過剰なほど批判的であることが多いし、人と一緒にいるときに自分は力不足だと思うことが多い」という発言を、参加者が別の参加者に伝えるようにしました。そして、相手からどのくらい好意を持たれると思うかを点数で示しました。一方で相手は、不安を打ち明けられたときに、実際どのくらい好感を持ったか点数で示しました。
結果は、「好意ギャップ」のときとまったく同様です。打ち明けられた人は、打ち明けてくれた誠実さとウソ偽りのなさから好感度が高まった、と答えた一方で、打ち明けた本人は、誠実さとウソ偽りのなさがもたらす影響を低く見積もっていました。[*150]

この実験からわかるのは、**もろさは友情の負担になると考えられがちである一方、むしろ友情に火をつけたり深めたりする可能性があるということです。**

なぜならば、実験が示すとおり、人はそのもろさのせいで価値が低いと判断されるよりも、むしろもろさによって大切にされることが多いためです。

親密な自己開示と好意の関係性に関する94件もの分析結果をまとめた、よく引用される研究があります。[*151] そこでは、**人は自己開示すればするほど好かれることが示されました。**

自分を見せるほど好かれる

世間一般の考えとは裏腹に、人はもろい人を嫌うどころか、さらに好意を持つのです。私が心理学の授業を教えていたとき、学生に質問されたことがありました。自分がカウンセリングをしているクライエントの中に、嫌いだなと思う人はいるか、と。

「いません」と言葉が口をついて出てきて、自分でも驚きました。

「なぜなら、人を深く知ると、彼らの好ましくない部分は、実は傷ついている部分だとわかるからです。そんな部分は不快に思うどころか、いとおしいと思うようになります」

第1章に登場したアーサー・アーロン教授は、もろさがいかに絆を育てるか、人類全体の目を覚ますような心理学の実験を行いました。

実験では、知らない同士の学生でふたり組をつくり、たわいもないおしゃべりをさせるか、次第に親密さを増していく36の質問に答えるかさせました。親密な質問とは、「最後に人前で泣いたのはいつですか？」や「母親との関係をどう思いますか？」などといった内容です。**親密な質問を通じてお互いにもろさを見せた学生たちは、たわいもない会話をした学生たちと比べ、相手に親近感を抱いたと報告しました。**さらには、もろさを味わった学生は、一般の学生の30パーセントが誰かしらに対して抱く親近感よりも、もっと強い親近感を自分の実験パートナーに抱いたのです。[*152]

ニューヨーク・タイムズに掲載された「To Fall in Love with Anyone, Do This（これをすれば誰とでも恋に落ちる）」という人気の記事では、ある女性が知り合いと一緒にアーロンの質問を試しました。ふたりはその後、恋に落ちました。女性は、アーロンの研究が「意図的に恋愛関係に入る方法を与えてくれた」としています。

リンカーンの発言からはまた、もろさが友達の人生から何かを奪うどころか、むしろ付加価値をもたらすことがわかります。友達は私たちを助ける機会を得ることにより、心身の健康が向上し、人生の意義が深まることが研究によって明らかになっています。[*153]

別の研究では、人が秘密を打ち明けると、相手はその秘密について思いを巡らせてしまい確かに負担にはなるのですが、同時に、秘密を打ち明けてきた人に親近感を抱くこともわかりました。[*154]

私が講演でこのことを話すと、観客から「よくわかります。自分はもろさを見せたくなくても、人が私にもろさを見せてくれると嬉しいですから」という意見がよく聞かれます。

自分の苦悩を人に話し、相手からの支えを受け入れた方がなぜ相手のためになるのかは、大学1年生を対象に行ったある研究での調査結果で説明がつくかもしれません。その研究では、ネガティブな感情をすすんで表現した学生の方が、そうでない学生と比べ、大学前期で多くの友達をつくり、多くのサポートを得られました。[*155]自分が大変な状況にあるときに一番強く思うのは、まわりの人に負担をかけて迷惑をかけたくない、かもしれません。しかしこちらが助けを求めないとき、友達にとって一番負担なのは、沈黙であることの方が多いのです。

もろくありましょう。でも節度をもって

人は、私たちが思う何倍ももろさを大切に感じてくれるものの、ブルーク博士は保証はない、と釘を刺します。これまでお話ししてきたように、私たちが恐れている以上にもろさが批判されることはないにしても、実際に批判される可能性はゼロではないからです。

博士はもろさにあまりにも熱心になりすぎ、そしてもろさを否定する文化に抵抗しようと頑張りすぎ、このリスクを軽視してきたと話します。

もろさを必要以上にさらけ出しすぎて、うわべだけのもろさになってしまったとき、拒絶されるリスクが高まります。

もろさを過度に見せすぎるのが「うわべだけ」であるときというのは、もろさは本物であるものの、過度にさらけ出しすぎるときです。

過度にさらけ出しすぎてしまうのは、自分を守ろうとする「防御メカニズム」です。この「防御メカニズム」というコンセプトについては、ウソ偽りのなさについて取り上げる次の章でも詳しく見ていきますが、ここではただ「恐ろしいという感情を認めるのではなく、それに気づかないようにしたり、距離をおいたりする戦略である」としておきます。

人が「必要以上に」自分の内側をさらけ出すとき、それは、拒絶に対する不安から自分の身を守りたいときです。自分の内側を過度にさらけ出すことで、人との距離が縮まるのではないか、拒絶への恐れが軽くなるのではないか、と他人へ期待しているのです。

こうすることで不安感を埋め合わせているわけですが、これはいい解決策とは言えません。過度に自分をさらけ出すということは、ほとんどの防御メカニズムと同様に衝動的で、不安を軽減するための自動的な反応です。**一方で本物のもろさは、この人なら安全だと判断したと**

きに意図的に見せるものです。

全部他人に告白しても、スッキリするわけではない

告白について研究していたダフネという研究者は、過度に自分の内側を人に見せるリスクをよく知っています。

彼女はかつて、パーティに行くとお酒を何杯か飲み、初対面の人に、リスクをはらんだ自分の性生活について話したものでした。洗いざらい吐き出して胸のつかえを取り去れば、すっきりしてカタルシス（浄化作用）になると思ったのです。

しかしある日のあるパーティで、初対面のふたりに語ったところ、ひとりがこんな質問を投げかけてきました。「なんでそんなこと言うの？」

酔っ払った頭でダフネは必死に考えてこう答えました。「問題を問題でなくすために」

ところが、ダフネはそのあと、問題がなくなったことなどないことに気づきます。

フランスの哲学者ミシェル・フーコーの本を読んだとき、この点がさらにはっきりしました。**人に話せばカタルシスを得られると思われているものの、常にそうであるわけではない、とフーコーは警告していました。**ダフネは言います。

「危険をはらんだ自分の性生活を人に話すことで、心が軽くなると思っていました。でも逆に、私という人間のたいした部分でないものを、必要以上に大ごとにしていたのです。解放などではありませんでした。自分が人にどんな話をしたか、そのせいで人は私をどう見るかを今振り返り、後悔しています」

ダフネのエピソードとフーコーの考えは、自分の内側を過度にさらけ出すことの危険性をはっきりと示しています。

自分の内側を過度にさらけ出すとき、私たちが何者であるかよく知らない人にとって、私たちという人間がどういう人であるかは、そこで語られることだけになってしまいます。女優のレイチェル・ブルームは、身をもってこれを経験しています。

ブルームは子どもの頃、がんの可能性があるほくろを除去しました。その話をどこかで聞きつけたクラスメイトたちは、がんの化学療法を意味する「ケモ」というあだ名をブルームにつけたのでした。*156 子どもって本当に残酷です。

本来なら自分のことを少しずつ打ち明けることで、相手に好意を抱いており信頼していると徐々に伝えていくものです。しかし、自分の内側を過度にさらけ出す場合はたいてい、とにかく話して胸のつかえを取りたい、聞いてくれれば誰でもいい、と思っていることが伝わってしまいます。だからこそ、思わぬ面倒を招くことがよくあるのかもしれません。

ある実験では、女性の実験参加者たちに、ある女性が3つのレベルの親密度で何かを打ち明けてくるところを想像してもらいました。

低レベル（お気に入りのテレビ番組について）、中レベル（今一番不安なこと）、高レベル（ここ1年間で起きた一番深刻な悩みごと）です。

結果は、高レベルの親密度で話を打ち明けてきた人の好感度は一番低く、不安そうだとか、精神的にバランスが取れていないと受け取られました。**中レベルで打ち明けた人がもっとも好かれました。**[*157]

過度に自分のことを打ち明けてしまわないよう、**自分について話すときはその動機は何かを考え、「なぜこの話をするのか？」と自問する必要があります。**自分についてどこまで話すかは、そこにない安心感を埋め合わせるためではなく、実際の安心感を反映したものであるべきです。

他人のもろさを避ける人もいる

また、もろさを正しく表現をしたとしても、もろくいることが批判されるときも確かにあります。

でもそんなときに見えてくるのは、もろい人よりも、批判するその人自身についてです。たとえば回避型の人は、もろさにそこまで反応を示しません。彼らは感情が苦手な人たちなので、誰かがもろさを見せてきたとき、その感情に不快感を抱いてしまい、人とのやり取りで本来あるべき親密さ、信頼、愛情が陰ってしまう可能性があります。**回避型の人が他人のもろさを避けるのは、自分の感情を抑えつけていることが、他人の感情によって脅かされてしまうからです。**

ある研究では、自分の胸の内を明かした人は好感が持たれましたが、回避型に明かした場合のみ好感が持たれませんでした。[*158] 前述の、初対面の人をふたり組にして、次第に親密さを増す質問をお互いにしていくアーロン教授の36の質問に関する研究では、回避型のペアは質問をし合ったあとも、ほかのペアと比べて、親近感がもっとも生まれませんでした。

このような回避型の反応からわかるのは、自分の内側を明かしたときにもし相手がたじろいだとしても、打ち明けた側のせいでは必ずしもない、ということです。**相手がただ、打ち明けた内容を受けとめられるほどの器を持っていなかったというだけかもしれません。**

たしかにもろさにはリスクがあるものの、リスクを負うだけの価値があるという点で、概してブルーク博士と私は同意見です。**そこから得られるものは、もろさのリスク以上にリアルです。心身ともにすっきりし、友情を深め、自分をより深く理解する助けとなります。**

もろさを表現しないと、「越えることができない限界が友情にできてしまう」と話すのは、前に登場したジャクソン博士です。

もろさには、私たちを深く傷つけるパワーを人に与えてしまう可能性がありますが、同時に、深く愛するパワーも与えます。

ジャクソン博士は言います。

「ご存じのとおり、もろさを見せないなら、友達の愛情、サポート、注意のすべてがあなたに向けられるわけではなくなります。もろさを見せたときと同じようにサポートを得られるわけではありません。もろさを見せれば、そして友達が本当のあなたを知っていれば、あなたは自分に向けられた愛情をもっと信用していいのだ、と感じられるでしょう。なぜなら友達は、あなたの本当の姿を知った上で、愛情を示してくれているのですから」

自分のもろさにも思いやりを持とう

ブルーク博士はまた、自分にもっとやさしくなることで、もろい自分でいられると学びました。クリスティン・ネフの『セルフ・コンパッション』（金剛出版）という本があります。

セルフ・コンパッションとは、いい友達に対してするように、自分に対してもやさしく思い

やりを持つことです。

ブルーク博士はもろさの研究をしたいと考えたとき、やめた方がいいとまわりに助言されました。もろさに関する研究は多くなかったからです（他者に自分をさらけ出す「自己開示」という、似て非なるコンセプトを研究したものがほとんどでした）。もろさを自分で定義する方法を見つけてから研究しなければならないだろうし、その分野を開拓するパイオニアとなるため、失敗するかもしれないからです。

ブルーク博士はそれでも突き進みました。セルフ・コンパッションのおかげで、失敗が自分の人間としての価値を決めるわけではないと気づいたからです。

「セルフ・コンパッションは、安定した自尊心というしっかりした核をつくります。そしてそのおかげで、もろさを見せた結果がどうであれ、安全でいられる場所が自分の中にできるのです」とブルーク博士は話してくれました。

彼女の研究のひとつで、人は通常、自分のもろさよりも他人のもろさを好意的に評価するとの結果が出ていますが、セルフ・コンパッション能力が高い人の場合は、これがあてはまりません。その理由は、この人たちは自分のもろさをもっとずっとポジティブにとらえるためです。[*159]

自分のもろさに思いやりを持てれば、人が思いやりを示してくれないときでも、そこまでダメージを受けません。

セルフ・コンパッションは、次の3つで構成されています。

1．自分への思いやり：自分自身を思いやり、理解を示すこと（あのテスト、落ちてもしかたないよ。本当に難しかったもの）。

2．マインドフルネス：つらい考えや感情に、まったく反応しなかったり、しすぎたりするのではなく、バランスの取れた反応をすること（私は今、悲しみを感じているな）。

3．共通の人間性：自分の経験を、より大きな人間の経験として捉えること（誰だって失敗することはあるよ）。

セルフ・コンパッションを実践するには、たとえば、鏡を見て自分のぽっこりしたお腹に悪態をつきたくなったとき、こう言いましょう。

「自分を批判したいの、わかってる。今の自分の体形に自信が持てなくても大丈夫。ほとんどの人は、自分の体形がいやになるときがあるもの」

あるいは、自分の誕生日に娘や息子が電話をくれなかったことに腹を立ててしまったら、自分に向かってこんなふうに言いましょう。

「今、ムカついているなぁ。こんなふうに感じるのもしかたないよね。子ども相手に苦労する親は多いもの」

サムがもしセルフ・コンパッションを実践していたら、こんなふうに自分に言っていたでしょう。

「自分をうまく抑えられていないなぁ。でも自分を抑えられないときがあってもしかたないよね。この経験のおかげで、こんなふうに感じる人の気持ちがわかるようになるから」

自分が何にもろさを感じるかを知ることは、自分の価値観を知ること

セルフ・コンパッションは、自分を受け入れるために手を貸してくれます。

そのおかげで、もろさによって起こるリスクが緩和されます。**というのも、セルフ・コンパッションを感じられれば、人に受け入れてもらうことがそこまで重要ではなくなるからです。**

とはいえ、自分に対する愛情や思いやりをどんなにかき集めてもセルフ・コンパッションを感じられなかったとしたら、もろいままでいてもいいのです。

もろくなったときに、気分がよくならなくてもいいのです。

こういう場合、多くの人はむしろ恐ろしく感じます。これは、反射的に自己防衛をしている

からですが、そんな自分に気づいて褒めてあげましょう。

もろさをとても怖く感じてしまうとしても、避ける必要はありません。

もろい自分をさらけ出すには、快適だからするのではないことを覚えておくといいでしょう。自分の価値観に合っているからするのです。

もしあなたが、人とのつながり、心身の健康、人と親密になること、意義、正直でいること、自分をケアすること、本当の自分を世の中に見せることが大切だと思うのなら、もろい自分をさらけ出すことで、こうした価値観を表現できます。

もろくいることであなたは自分の価値観を守り、尊重することになるので、人からどんな反応があろうが、それでいいのです。 ハリエット・レーナーは著書『*The Dance of Connection*』(『つながりのダンス』、未邦訳)の中で、これをうまく表現しています。

「自分が求めるような反応をしてもらえる、という期待を手放しましょう。自分の心身の健康と誠実さを守るために発言し、恐れによって口をつぐまされるのを拒否すれば、常に揺るぎない立場を保てます」

相手を選んでもろさを見せる

もろさで難しいのは、単にあなただけの話ではなく、誰にもろさを見せるかによって状況が変わるという点です。

共感をもって話を聞いてくれる相手にもろさを見せるのであれば、気分がとてもよくなるうえに多くの恩恵も得られます。**でももしそうでない相手なら、思わぬ面倒を引き起こすうえに最悪の気分になってしまいます。**

誰に対してもろさを見せるかを正しく見定めるのは、当然のことと思えるかもしれませんが、実際は忘れがちです。

私自身、こんな経験がありました。私が恋人と別れたばかりでつらい思いをしていたとき、男友達から電話がありました。たまたまそんなタイミングだったこともあり、恋人と別れたことやそのとき感じていたことについて話しました。

その友達が理解を示してくれるかどうかは、まったく考えていませんでした。そんなことを考えていたら、話さなかったはずです。

友達はかなり論理的に考え、感情は一切語らない人でした。そして、体目当てに適当にあそばれただけだと力説してきました。当然ながら、私は話したことでさらに落ち込んでしまいました。

またこの経験のおかげで、健全なもろさを実践するには、もろさを見せなくてもよいと思え

ることも大切だと悟りました。

私自身、あまりにも大変な悩みで消耗しているとき、そのことを相手に打ち明けないとだましているような気になってしまうこともあります。友達が私の状況を察し、ウソがバレてしまうだろうと思うのです。

とはいえ、あるメタ分析によると、人はウソを見抜くのがとても下手なようです。[*160] 信頼できない相手には、打ち明ける必要はありません。

とはいえ、誰を信頼するべきかを判断するのは簡単ではありません。

これまで本章で取り上げてきたように、もろさへの反応を人は誤って判断しがちであるという研究結果を見れば、なおさらです。**信頼できる相手か否かを一番うまく見分けるポイントは、過去にあなたがもろさを見せたときに、きちんと反応してくれたか否かでしょう。**やっかいなのは、あなたがもろさを見せて相手が適当にあしらった場合、その時点ではもう、自分を守るには手遅れだという点です。

もろさを守る空間をつくる

リスクを緩和するために、私はときどき、もろさの「防護壁」をつくります。

自分が心の底からもろい状態になったら、ビリーという友達に話を聞いてもらうことにしています。ビリーは常に親身になってくれるすばらしい人で、確実に癒してくれます。

彼女に話を聞いてもらうと安心できるので、これが私を守る「防護壁」になります。**その後、そこまで親身になってくれるか否かは今の時点でわからない友達に話を聞いてもらいます。もし相手があまりよい反応をしてくれなかったとしても、そこまで傷つきません。**

これは、将来的に自分がその人にもろさを見せても大丈夫か、判断する役にも立ちます。

あなたのもろさを防護壁で守ってくれる親友がまだいないのであれば、カウンセラーか、心の悩みを聞いてくれる電話相談から始めましょう。

「すべてかゼロか」というアプローチ――つまりすべての人にもろさを見せるかまったく見せないか――にしてしまうと、この融通のきかなさが深い傷を覆い隠してしまいます。友達が、「誰のことも信頼できないよ」とか「結局は人にがっかりさせられる」などと発言をするとき、こうした傷が垣間見えます。

あることを「常にそうだ」と決めてしまうとき、それは、状況の評価をしていないことになります。自分の中にある否定的な感情を、何も考えずにその場に投影しているだけなのです。

もろさを育む空間をつくるのは、識別力です。そして、今この瞬間に意識を向けること、目の前にある物事に耳を傾けることです。

この識別力がないと、一番傷つけてくるような相手に、もろさをさらけ出してしまうリスクがあります。**フロイトは、人間が自ら一番傷つく相手と関わってしまうことを「反復強迫」と呼びました。**

私たちは、癒されたいがために、自ら痛みの場に戻ってしまいます。なぜなら、自分を傷つけた人物から認められる以上に、認められることなどないからです。

反復強迫があるからこそ、人は有害な人間関係に戻ったり、前の恋人に傷つけられた痛みを新たな恋人に癒してもらおうとしてデート・アプリに頼ったり、すべてジョークにしてしまう友達に相変わらず胸の内を明かしたりするのです。

残念ながら、反復強迫による衝動は、さらなる痛みを引き起こしがちです。私たちを一度傷つけた人物は、また傷つけてくる可能性が高いからです。

助けを必要としているあなたを拒絶したことがある相手については、その人が変わることを期待してはいけません。

空っぽの井戸で水を探し求めてはいけないのです。

あなたのもろさは、もっとずっと大切です。**変わるんじゃないかと期待してその人に頼るのではなく、きちんとあなたを慰めてくれ、支えてくれる人を見つけ、その人に頼りましょう。**

今度こそ変わるはずだと期待して、自分をさらけ出すべきでない相手にさらけ出してしまうことは、いったいどのくらいあるでしょうか？
その人はもうそういうものだと受け入れ、自分とは違うんだと考えましょう。

男性ともろさ

ルーカス・クランプは、順調な毎日を送っていました。エジプト、タイ、ウガンダ、シンガポールなどの海外で何年も暮らし、最終的にニューヨーク市に戻って来ました。

恋人もいたし、勤務していたスタートアップ企業が買収されたため、そこそこまとまったお金も手に入りました。外から見る限りでは、クランプはすべてを手に入れていたのです。

とはいえ人生の奥深くでは、うまくいってなどいませんでした。

孤独で悲しみが募っていたのに、自覚できていませんでした。感情を押し殺していたので、人生がうまくいっているか否かをもっとも正確に判断する方法は、人から見て自分の人生がどれだけよいかでした。

ルーカスは大丈夫だと思っていましたが、実際はこうした感情すべてが重くのしかかり、虚しく、あらゆるものから切り離されたように感じました。まるで、映画のスクリーンに映し出された自分を見ているような感覚です。

中国の上海でビジネス・スクールに通っていた頃、ディナーで外出中に、携帯電話に着信がありました。姉からで、「パパが亡くなった」という知らせでした。

「今ディナー中なんだ。あとで話そう」とルーカスは返しました。父親はいつも冷たくてよそよそしかったので、亡くなったときもルーカスはその痛みにほとんど気づけず、感情を奥深くに押し込んで、お酒でごまかしました。

海外にいる間、祖母と祖父も亡くなりました。

しかし父親と違い、祖父母はルーカスの人生で一番大切な人たちでした。それでも、ルーカスはふたりの葬儀に出ませんでした。海外に引っ越した時点で、その間に誰かしら亡くなることは覚悟していたから、受け入れて前に進むしかない、と自分に言い聞かせました。

ルーカスは結局、処理できていなかった死別の悲しみに襲われて、精神病院に入院することになりました。

そのとき感じたのは、これまでなかったような、強烈で圧倒的な感情でした。抑えつけたものの決して消えることはなかった、感情の残骸です。

ルーカスの心は、見たくないものを無意識のうちに体の中にため込んでおり、そしてその体が、心に向かって革命を起こしたのです。

この革命には、少しだけ効果がありました。

ルーカスはまもなくアメリカに帰国し、しばらく禁酒し、家族ともっと会うようになりました。少しの間アリゾナで母親と一緒に過ごし、その母親はルーカスのためにセラピストを見つけてくれました。

ルーカスは初めて受けたセラピーを、至高の存在による介入だったと振り返ります。ドラッグやアルコール、女性、孤独についての苦しみを打ち明けると、セラピストはこう言いました。

「どれだけたくさんのお金やドラッグ、女性にも、あなたの胸の穴を埋めることはできません。成長しなければ。あなたにはずっと父親がいなかったも同然なので、あなたを支えてくれる男性のコミュニティを自分でつくる必要があります。どれもある程度の努力が必要になりますが」

ルーカスの問題は、孤独だったからですが、その孤独は、周囲に人がいないからではなく、心の底からもろさを見せられる相手がいないからでした。

セラピストは、コミュニティを見つけて飲酒の習慣を変えるために、アルコール依存症から脱するための自助グループ「アルコホーリクス・アノニマス」(AA)に入るようすすめました。

ルーカスはそこで目にした、もろさ、正直さ、コミュニティに畏敬の念を抱きました。生まれて初めて、自分を助けたいと思ってくれる善良な男性たちに囲まれていると感じたのです。

同時にルーカスは、まるで自分が、正体をごまかしている詐欺師であるかのように感じました。彼は飲酒しているときでさえも、仕事を維持し、生活費を稼ぎ、夜はしっかり帰宅してきちんと生活できていたので、ＡＡで耳にした経験談に共感できなかったのです。

「私を救ってくれそうな人はいませんでした」とルーカスは話します。「だから、ビールを37杯飲んで、そこでとめ、翌日は仕事に向かいました。前後不覚のアルコール中毒になるわけにはいきませんでした。もしそうなったら、死ぬとわかっていたから」

自分が必要としているのは単なるコミュニティではない、とルーカスは気づきました。自分の身の回りにいる人たちに共感できる、本当の意味で自分がそこに属していると感じられる場所でした。

そのためルーカスはＡＡをやめましたが、この経験から、もろくてウソ偽りのない自分でいることが歓迎される、そんな場所を切望するようになりました。

ルーカスは、信頼できるコミュニティを求めて、男性のための組織を渡り歩きましたが、しっくりくるものはなかなかありません。そういう団体は決まって、宗教的だったり、わけのわからないスピリチュアルな集まりだったりしたのです。

ルーカスのような、普通でありきたりの男、ひげを生やした体格のいい野郎たちは、いったいどこにいるのでしょうか？

そんなある日、ある会議で、ルーカスはすごい偶然からダンという名の男性と知り合いました。ダンは、マサチューセッツ州バークシャーにある古い納屋で、男性のためのプログラムを始めるところだとルーカスに話しました。

その週末は、ルーカスの人生を永遠に変えました。

まわりの男たちが涙ぐみ、感情を打ち明け合う中、ルーカスは、自分のようにかなり男っぽい男性でも、感情を持つことは普通なのだと悟ったのです。ルーカスが知っていた「男らしさ」とは、壮大な見せかけだったのです。

男性が感情を表に出さないのは、感情を持っていないからではなく、感情を見せたら恐ろしいことになると幼い頃に叩き込まれていたからでした。

「私たちは人間です。もろい自分でいるために生まれてきました。私たちには、もろくいるための能力が備わっているため、その進化生物学的な人間の面の否定は、人類として直面する問題なのです。私が男として、感情を抱き、もろさを見せる能力を与えられたのには意味があります。人間らしくある能力を否定することはできません」とルーカスは話します。

その週末、多くを語らないことが男性にどれだけの負担になっているか、ルーカスは悟りました。

「怒りの儀式」と呼ばれるものでは、男たちは森へ入り、各々バラバラに散らばりました。

そして一斉に、思い切り叫びます。何年も、あるいは何十年も自分の中で激しく渦巻いていた感情を思い切り吐き出すのです。
ルーカスは最初、男たちの激しい怒りを耳にしました。やがて男たちは、叫びながら泣き崩れ、苦しみをあらわにしました。ルーカスもついに、叫び、泣き崩れました。

男性は、男友達の悩みをよく知らない

欧米の男性の間では友情が欠落しており、それがいかに男性の心身の健康に悪影響を及ぼしているかについて、社会はようやく関心を向けるようになってきました。

男性の友情の危機は、アメリカの公共ラジオNPRのポッドキャストHidden Brain（隠れた脳）のエピソード「The Lonely American Man」（孤独なアメリカ人男性）や、雑誌ハーパーズ・バザーの記事「Men Have No Friends and Women Bear the Burden」（男性は友達がおらず、その負担は女性に）、さらには書籍『*The Lonely American: Drifting Apart in the Twenty-First Century*』（『孤独なアメリカ人：21世紀に疎遠になる』、未邦訳）で詳しく取り上げられています。

『*The Lonely American: Drifting Apart in the Twenty-First Century*』では、夫婦である著者ジャクリーン・オールズとリチャード・S・シュワルツが、**いかに男性が友達をないがしろにし、恋愛のパートナーばかりと親密になるかを浮き彫りにしています。**

ルーカスの経験談は、男性の友達に関する悩みが、根本的にはもろさの悩みであることを物語っています。

1992年に行われた少し古いメタ分析では、友情において（友情以外のほとんどの人間関係においても）男性は女性と比べてあまりもろさを見せないことがわかりました。[*161]

2021年の調査では、調査前の1週間で、友達に心を支えてもらったり、何かしらの個人的な話を打ち明けたりした割合は、女性が男性の約2倍に達しました。[*162]

記者のジュリア・ラインスティーンはSNSで、この状況をこんなふうに表現しています。

「男の人っていつも〝男友達って最高だぜ〟って言うけど、男友達が悩みを抱えているか否かの話は絶対にしないよね」

もろさを見せずに、深い友情を築くことはできません。

もろさを見せないと、友情は単なる「一緒にいるだけの相手」になってしまいます。それはそれでよいのですが、友情はもっと多くのものを与えてくれる存在であるため、「一緒にいるだけ」では完全とは言えません。

友達は、バスケットボールをする仲間であり、飲み友達であり、ゴルフ仲間でありますが、それだけでは、アイルランド語で「心の友達」という意味の「アナム・カラ」、つまり心の奥底に秘めた思いを打ち明ける類の友達の深みに達することはできません。

アトランティック誌の「Games Boys Play」（男の子たちがプレイするゲーム）というタイトルがついた記事は、男性が友達との間に「第三の存在」を置くことにより、ふとしたときにもろさが頭をもたげるのを避けると指摘しています。

「一緒に狩りをしたり、車をいじったり、バスケのフリースローを打ったりしているとき、一緒に鹿やトランスミッション、バスケットボールを見ながら話せる。共通の目的のおかげで話すネタができるし、お互いの顔を見ないですむというのはつまり、感情を互いに相手にすべて押しつけ合わなくていいということだ」

では、もし男性が親しい友達にもろさを見せないのであれば、そのもろさはいったいどこへ行くのでしょうか？

大学院で私たちが学んだ格言は、「女性は内にしまい、男性は外に出す」でした。

大まかに言って（例外もありますが）、これはつまり、感情が乱れたときに女性は、自分を責め、罪悪感を抱き、落ち込むといった具合に、内に向かいます。

一方で男性は、世の中とのかかわりを通じて、自分の感情が乱れていることを表現します。

ある研究で、女性は怒りを抑える傾向が強く、男性は攻撃的な行動を取る傾向が強いという結果が出ており、これを裏づけています。[*163] 男性は怒鳴ったり、いばりちらしたり、壁を殴ったりするかもしれません。ルーカスはその実例でした。

「私はイヤな奴でした。女性に対して、支配的で自分勝手なふるまいをしていたんです」

相手に支配的になるときは、心の底にもろさが隠れている

私たちは、自分が社会的に受け入れられやすいだろうと思うふるまいをするものです。

だからこそ、男性はもろさよりも支配性や怒りを選ぶのかもしれません。

ある研究によると、男性が怒りを行動に表すと、女性が同様にした場合と比べ、地位や能力が高いと見られます。[*164]

とはいえ、支配性や攻撃性を示した男性を称えれば称えるほど、男性のもろさは粉々に押しつぶされてしまいます。なぜなら支配性は、もろさをうまく避けるため、そして他者の力を認めることから逃れるための仮面だからです。

もろさと支配性は、共存できません。もろさははっきりと、「あなたが私に対して力を持っていることを認めます。どうか思いやりをもってその力を使ってください」と言っているからです。反対に、支配性は「あなたは私に対して一切の力を持っていません。私はあなたに対し

て力を持っています」と言っています。

もろくいることで、男性は支配したいという衝動を手放します。なぜなら、もろさは支配によって隠された脅迫的な感情を解き放つからです。

俳優でありポッドキャスターでもあるダックス・シェパードという人がいます。

ダックスの妻は、アフリカにある国で慈善活動をする予定でした。ダックスは反対します。自分は人類学を学んだが、外国による慈善事業は解決するより多くの問題をつくり出しているから、がその理由でした。

妻は聞き入れません。

ダックスは、妻が取り組む慈善団体の評判に疑問を呈して再び反対します。数えきれないほどの議論を重ねた後、ダックスは、自分の議論の底にあった自分のもろさに気づきます。

「この〝人助け〟ってものが、君にとって僕よりも大切になるんじゃないかってことを、僕はとても恐れているんだ」とダックスは打ち明けます。

ついにもろさを受け入れたダックスに対して、妻はこう答えます。

「あなたより大切なものなんてないわよ」

ダックスはその後、妻が関わる慈善団体の評判を気にすることはなくなりました。

「僕は知性に訴えるポイントを並べているけど、でもそれは事実じゃないと思う」とダックスは言います。

私たちがムキになって議論するほとんどは、理論ではなく、その下に湧き上がるもろい感情を避けるために、支配的でいようとする衝動であることが多いのです。ダックスはもろさを通じてこそ、心から求めていた本当のニーズを満たし、妻との関係を癒せたのでした。

もろさを見せることは、男性にはバカにされるというリスクが伴う

とはいえ、男性にとって諸刃の剣となるのは、支配性が男性の人間関係を損なう可能性がある一方で、もろさを見せてもやはり、人間関係を損なう可能性があるという点です。

もろさを受け入れることは、とりわけほかの男性に対しての場合、リスクが伴います。

2013年の研究では、もろさを見せる男性について、男性は好ましくないと判断しました（女性はそうは受け取りませんでした）。[*165] ニューヨーク州立大学バッファロー校の社会福祉学の教授であり、黒人の男らしさを研究しているクリストファー・セント・ヴィル教授は、こう話します。

「男性は、ほかの男性に目を光らせています。だからもろさを内に閉じ込めてしまうのです。**いったんほかの男性の弱さを見つけると、そこを狙います。**その人を物笑いの種にし、からかい、いじめるのです」

ソーシャルワーカーであり、インスタグラム・アカウント@dadswithwisdomを開設したアダムに、なぜあなたはほかの男性にもろさを見せないのか、と聞いたら、こんな答えが返ってきました。

「相手の男性がうまく受けとめられないだろうとわかっているから。でも、それだけじゃありません。仲間外れにされるかもしれないし、性悪女と言ってくる人もいるでしょう。そんなことになれば、それまでの倍は打ちのめされることになるかもしれませんから」

複数の男性が、心を閉ざすことで〝生き延びられる〟とアダムに打ち明けたそうですが、そんな反応をされるのなら無理もありません。

ルーカス（男性のためのプログラムに参加した人です）が11歳だったある夜、父親が夜中に外出したため、目覚めたときに家の中でたったひとりだったことに気づき、怖くなってめそめそ泣き出してしまったことがあります。

帰ってきた父親は泣いているルーカスを見ると、平手打ちしました。ルーカスは当時を振り返り、あの瞬間が自分の「条件づけ」のひとつだったと考えています。

「この瞬間、本来は父親が与えてくれるものだと私が信じていた安全がぶち壊され、自分の感情は受け入れてもらえないと学びました」とルーカスは言います。

大人になるまでに、この条件づけは完了しました。抑えつけられた感情は、まるで一酸化炭素のように、目に見えないところでルーカスをむしばんでいました。

しかし別の男性、スティーブンという名の医師は、この支配性という理想像が自分にはうまくいかないと悟り、支配性を手放してもろさを選ぶ男性は多い、と主張します。

「確かに、子どもの頃にそういったことが起きたのは本当です。だから多くの男性が過去に閉じ込められ、もろさを見せようものなら、学生時代のフットボールのチームメイトにされたように、大人の男性たちにボコボコにされる、と考えているのです。でも私の友達で、大人になって、常に大丈夫、何の問題もない、何の感情もない、というフリをしてもうまくいかないことに気づいた人はたくさんいます。その中でも一番男らしい人でさえ、セラピーを受けているし、胸の内を語るようになりました」

セント・ヴィル教授も、同じ変化を目にしています。

教授は年齢の違う黒人男性をふたり組にするメンタリング・プログラムを立ち上げました。自分がこれまでよりもろくいられるようになったのも、もろさを見せない危険性に気づいた年上の黒人男性のおかげだと言います。

「こうした男性たちは、〝泣いたからって弱いわけじゃない。どれだけ強いかは、どれだけ多くの人を殴り倒したかで決まるわけじゃない〟と教えてくれました」

ワシントン・ポスト紙の記事「No Game Days. No Bars. The Pandemic Is Forcing Some Men to Realize They Need Deeper Friendships」（試合もない。バーもない。パンデミックで一部男性が気づかされた、深い友情の必要性）に登場した男性、マニー・アルゲタもまた、悩みは男友達にバカにされる、という決めつけに異論を唱えます。

マニーはそれまで、男友達とは主にバーに行ったり、スポーツ観戦したりといった、浅い友情でつながっていました。

しかしコロナ禍や恋人との別れを経験し、セラピーを受けたマニーはついに、男友達に悩みを打ち明けました。

こき下ろされるかと思っていましたが、どんな別れだったか、その後どんな気分か、など友達は質問してくれました。

マニーの経験は、男性がもろさをさらけ出せる場所は存在するものの、そこを見つけるにはリスクが伴うことを物語っています。

もろくいられるような友情がほしいと考える男性は、恐らく自分からもろさを見せていく必要があるでしょう。

欧米での男らしさを考えると、**いかに「もろさを見せないこと」が深く染みついているかを考えれば、友達が先にもろさを見せてくれるのを待っていたら、恐らく待ちくたびれてしまいます。**いつもよりほんの少しもろさを見せて、反応をうかがってみましょう。

多くの男性が、支配では幸せになれないことに気づいています。

ある研究では実際に、**他者を支配する人は、平等な人間関係を築く人と比べて、親しい人間関係にそこまで満足していないことが証明されています。**[*166]

もろさを支配で覆い隠さないとき、男性は一見してパワーとはわからないパワーを手にします。

それは、人を愛し、人とつながることができるパワーです。

書籍『だれかに、話を聞いてもらった方がいいんじゃない？』（海と月社）の著者であり、セラピストでもあるロリ・ゴットリーブは、こう話します。

「要求が多く、批判的で、怒りっぽい人は、強烈な孤独を抱えがちです。こうした行動を取る人は、自分を見てもらいたいと思いつつ、同時に、見られることを極度に恐れてもいます」

自分を強く見せようともろさを隠していたら、本当の自分をきちんと知ることはできません。

自分を持ち上げようと相手を必死に抑えつけていたら、相手をきちんと知ることはできません。俳優のテリー・クルーズはこれをこう表現しています。

「誰かを愛しながら同時に支配などできません」

適者生存ならぬ脆者《ぜいしゃ》生存

ルーカス・クランプの男性向けプログラムはその後拡大し、「心のクロスフィット」と描写される、ルーカスが共同で立ち上げた会社EVRYMAN（エヴリマン）を代表する活動となりました。エヴリマンのグループは、男性が男性の中で感情を処理できる場を提供します。

その目標には、男性のもろさは悪いものだという偏見をなくし、深い友情を構築する手助けをすることなどが含まれます。

ニューヨーク市ブルックリンで活動するエヴリマンのグループでは、男性が輪になって座り、「言葉に出すのははばかられる」ような経験を話します。参加者のひとりダニエルは、こう言います。「**僕が感情を持っていることを人に知られても、この世の終わりではないことを理解し始めました。今考えるとシンプルなことですが、眼からウロコが落ちる思いでした**」[*167]

67歳のジョンは、参加し始めてからわずか2カ月で、「自分は生きているんだって、本当の意味でやっと感じられるようになりました」と話しました。

エヴリマンに参加し、もろさを見せることを学んで以来、ルーカスの調子はずっとよくなりました。

感情を表現する手段を持ったことで感情を解き放てるようになり、精神的に強くなったしクリアになったと感じています。自分が本当は何を感じているかを理解していることで、自分が元気になれるための空間や活動を選べるようになりました。

そして恐らくもっとも重要な点として、自分が本当は何者であるかを明らかにすることで、**ほかの男性との親密なコミュニティをつくれるようになり、彼らのサポートを感じられるようになりました。**

このコミュニティとサポートのおかげで、すべてが楽になるのです。

ルーカスは言います。

「自殺や不安、うつ、依存症、その他、男性の身に起きているゴタゴタを、世間は心の健康の問題にしたがります。でも実はすべて、親密なつながりやコミュニティの欠如から来る問題なのです」

「自分は問題に対処できる」と考えられるのは、人から支えてもらってきた人たち

とはいえ、自分のコミュニティの中でもろさを見せることに、なぜ人生を変えるほどの力があるのでしょうか？

コロンビア大学の教授マイケル・スレピアン博士による、秘密に関する研究が理解を手助けしてくれます。スレピアン博士が行った研究のひとつに、人はなぜ、秘密を抱えながらもその重みに耐えられるのかを調べたものがあります。

この実験の参加者に、いくつかのアンケートに答えてもらいましたが、うちひとつは、自分の秘密に関する「対処効力感」〔うまく対処できているという自覚〕を評価するものでした。

対処効力感が高い人は、

「秘密の重みについて、あなたはどのくらい耐える能力があると思いますか？」

「その状況を、どのくらいうまくコントロールできていると思いますか？」

といった質問に、肯定的に答えました。また、対処効力感の高さは、全体的な心身の健康にポジティブかつ強い影響を与えていました。

しかし、ここでもっと重要な疑問は、こうした「秘密の重みにうまく耐えられる人たち」は、いったいどうしてそのようになったかです。

彼らは生まれつき強靭で、まるでチャック・ノリスのように高い自制心や意志力を使って、秘密の重荷に耐えたのでしょうか？

それとも、そのようになれる特別な魔法があったのでしょうか？

研究から、この特別な魔法は「サポート」であることが明らかになりました。

対処効力感がもっとも高い人たちは、自分の秘密を打ち明けたときに、人から一番支えてもらえた人たちでした。

対処効力感がもっとも高い人たちは、人に「慰めてもらった」「頼れた」「秘密を打ち明けたときに、新たな洞察をもらえた」と答える傾向にありました。ちょうど、ルーカスがエヴリマンで輪になって座ったときと同じです。

対照的に、対処効力感が低い人たちは、人からのサポートが一番希薄でした。[*168]

スレピアン博士はこう言います。

「秘密を抱えている人に私からアドバイスすることがあるとすれば、〝その秘密を人に打ち明けること〟です」

どんなに富や名声があっても「仲間」からは逃れられない

人の支えがあるからこそ人は強くなれることを発見したのは、スレピアン博士の研究が初めてではありません。

心臓発作を経験した男性を調べた研究では、妻を頼っている男性ほど、心臓発作によってもたらされた変化に適応する、自分の能力に自信を持っていることがわかりました。

一方で、妻を守ろうとして自分の感情を隠そうとした男性は、もっとも対処する自信を持てませんでした。[*169]

何千という研究によって証明されている愛着理論の核心があります。**それは、自分にとって一番の基盤となる人間関係のサポートを通じてのみ、人は安定できるというものです。**

これまで取り上げたとおり、安定型の愛着スタイルは、ある意味「レジリエンスの主要な特徴」[*170]です。というのも、研究によると、安定型の人はサポートを探すことに長けているからです。[*171]

スカイラー・ジャクソン博士はさらにこう加えます。

「心身の健康のほぼすべての面において、まわりの人たちから得られる社会的なサポートは、

困難を耐えて生き延びるために非常に重要です」

本当の意味で強くなれる唯一の方法は、人にしっかりとサポートしてもらうことです。

このような、強さとは内側から音を立てて湧き出てくるものでなく、もろさをさらけ出すことで生まれるという考え方は、一見、厳格な個人主義というアメリカの主流な文化とは相容れないように思えます。自分の環境がいかに劣悪であれ、自力で成功できると教えてくれる、誰にも頼らずたたき上げで無一文から大金持ちになった男性（男性でないことや白人でないことはほぼありません）の話が、私たちは大好きです。

しかし思想家たちは何世紀も前から、こうした考えをまっすぐ批判してきました。

フレデリック・ダグラスは1872年、たたき上げの男性に関する講義の中で、次のように否定しました。

「自意識や虚栄心の強い人は認めないかもしれないが、真実は述べられなければならない。いかなる生まれつきの気質の力や、富と独創性の深みをもってしても、人が仲間から完全に自立などできないことを」

フランスの外交家アレクシ・ド・トクヴィルは、アメリカの個人主義が「男性はそれぞれ、永遠に自力に頼らざるを得ない」状況になるのではないかと恐れていました。「自分しかいない孤独の中で口をつぐむことになる危険」があるためです。

他者に頼った祖先が生き延びた

アメリカでは個人主義がまるで自然の秩序であるかのように思えるため、個人主義をなかなか否定できないという人もいます。人類学者のニック・P・ウィンダーとイザベル・C・ウィンダーは、もろさも同じくらい昔からある、と異議を唱えます。もろさとは、霊長類の祖先から受け継がれてきた財産だと考えているのです。

ふたりが唱える「脆弱な類人猿」の仮説によると、私たち人類の祖先は、少ない競争と多くの資源を求めて、小さなグループに分かれました。そして、ほかのグループのいない離れた場所へと移動しました。

こうした小さいグループは、もっとも身体的に適した個体だけが生き延びるには、あまりにも個体数が少なすぎました。「適者生存」がはっきりとできるまでに十分な遺伝的多様性がなく、その間にグループそのものが全滅してしまう可能性がありました。つまり、もっとも強い個体が生き残ったわけではないのです。**もろさをムリなく受け入れられた個体が生き残れました。**

生き残ったのは、ほかの個体と関係を築くことができ、必要なときにはその関係に頼ることができた個体です。

空腹で食べ物が欲しいときにはそれをさらけ出し、住みかをつくるときには手を借りました。自分のニーズを否定せず、相手に伝えたのです。**こうして、生き残った者は、共同体という資源を収穫しました。**[*172]

個体がとりわけ健康である必要も、強くいる必要もありませんでしたが、こうすることで、各個体はもっともその環境に「適した」個体よりも強くいられました。

人間が、私たちの祖先である「脆弱な類人猿」と同じように生き長らえるには、人間関係を研究していた社会科学の調査アナリスト、キャサリン・ドワイヤーが、私に教えてくれたことをしなければいけないでしょう。

「自立の最終目標は、まったく何者にも頼らない自律ではなく、**自分が誰かを必要としているときにそれを認めることであり、必要なものを手に入れるために、どう相手に伝えるかを知ることです**」

もろさの中に強さがある

もろさは私にとっても、常に簡単だったわけではありません。強い自分でいる方が人に好かれると思っていたし、強い自分の方が好印象を与える上に落ち着いて見えると思っていたし、もろさを見せることは弱さだと思っていました。

こうした信念のせいで、私はあまりよい友達でもよい人でもありませんでした。

中学生のとき、友達が毎週末、私と彼女の父親と3人で遊園地に行きたがりました。私の親は遊園地に行くお金を出してくれなかったのですが、友達は私の家がお金持ちだと思い込んでいたので、私はほかに予定があるとウソをつきました。

また、もろさを見せないせいで、すばらしい友情も失いました。

友達とけんかしたときに謝るには、もろさが必要だからです。中学生のとき、私は男子グループと仲よくしていました。ほとんど覚えていないくらい些細なことで激しい口論になったのですが、原因は私にあったのは覚えています。

しかし自分の落ち度を認めるともろさを見せることになるため、認めずに、まったく違う友達と仲よくするようになりました。

今の私は、もっとうまくもろさを見せられるようになっています。

心理学者になるために研究していたときに、もろさは弱さではなく、健全で好ましいものだと捉えなおしました。これが助けにはなったのですが、頭では理解できても、もろくいることに怖くなくなったり、緊張しなくなったり、無力に感じなくなったりしたわけではありませんでした。

もろさを見せることがいかに大切かを頭では理解しているのに、体はその危険性しか理解できないとき、どうしたらいいでしょうか?

私は、受講していた心理学のコースのひとつで、この「頭と体の食い違い」に直面しました。前述のとおり、こうした心理学の授業では、いろいろなことを打ち明け、ときには泣き崩れてしまうのは当たり前でした。

博士課程の3年目のときだったと思いますが、私はまだ、泣いていませんでした。でもこの日は、私にとって大変な日となりました。何を話していたかは覚えてもいないのですが、子どもの頃の話だったかもしれません。

でも、見せたくなかった涙がこぼれてしまい、目の中に吸い込んで戻したいと思ったことをはっきりと覚えています。その瞬間まで私は、クラスで泣いたことのない最後の数人に残っている自分を、誇りに思っていました。

そのため、涙を流したことに向き合わなければならないこと、そして翌週クライメイトに顔を合わせなければいけないことにビクビクしていました。

翌週のクラスで先生は、前週に自分の胸の内を明かしたことをどう感じたかと聞いてきました。自分が弱く感じ、みんなから情けないと思われるのではないかと不安になった、と答えたのを覚えています。

でもクラスメイトたちは、その逆だ、と言ってくれました。**つらい経験の折り合いをつけ、さらにその経験をみんなに話すなんて、勇気があって強いと思ったと言うのです。**

正直、そのときはクラスメイトの言葉を信じませんでした。慰めるためにそんなことを言ってくれているんだと思ったのです。でも今の私は、彼らの言葉を信じます。

もろさを見せることには、慣れが必要

もろさを見せることに対する恐怖の多くは、自分が人からどう見られるかへの、間違った思い込み——私がクラスメイトに、まったく逆だと言われてもなお抱き続けた思い込み——に根づいています。

もろさを見せないようには、なかなかなれません。

今の私は、「もろさを見せれば、私のウソ偽りのなさ、正直さを人は評価してくれる、私に親近感を抱いてくれる」と自分に言い聞かせるようにしています。こちらが心配するほど、批

判されることはないでしょう。

私は研究オタクなので、「批判されない」という仮定をあらゆる研究結果が裏づけている事実を知っており、それが役に立っています。気休めでこうしたことを自分に言い聞かせているわけではないと、自分でわかっているからです。

あなたももろさを見せたいと考えるなら、自分にやさしい「思い込み」を新たにつくる必要があります（この点は、自分から働きかける章である第3章で取り上げました）。

「人は私のもろさを尊重してくれるし、そのおかげで距離も縮まる」

「〝情けない〟ではなく、〝勇気があって誠実〟だと見てくれる」

という思い込みです。

もろさは、習慣です。

こうした言葉を自分に1度言い聞かせたからといって、もろさの恐怖を乗り越えられるようにはなりません。何度も繰り返し、自分に言い聞かせる必要があります。

人が自分をどう思うかについての思い込みは多くの場合、自分が自分をどう思っているかの投影に過ぎないことを、私は目の当たりにしました。

人にもろさを見せたら、弱いとか情けないと思われるんじゃないかと私が恐れるのは、自分

自身が、もろい自分を弱いとか情けないと思ったからでした。

私たちは、もろさに対して抱いている思い込みを、脱ぎ去らなければいけません。人に胸の内を明かす行為を、勇気や親密度の証しだと捉えられれば、ほかの人もそう思うだろうと考えられるようになる可能性はずっと高まります。

ところで、サムはどうなったでしょうか？

必要なサポートを得るために助けを求めたのでしょうか？

求めました。実のところ、サムは友達と一緒にウェルネス・グループを立ち上げ、毎週、心身の健康促進に関するテーマをひとつ取り上げて、みんなで一緒に実践するようになりました。サムはもろさを取り上げた週にリーダーを務め、自分の経験をみんなに語りました。さらに、友情に関する本を書き、本の中で、もろさがいかにすばらしいかをほかの人たちに伝えました。もろさを見せなかったかつてのサムは、回復に向かっています。サムは、私です。

私がもろさを見せなかったのは、自分の中にあるアルゴリズムの欠陥のせいだと考えています。**そのアルゴリズムは、「痛みを人に話せば、恥をかくことになる」と設定されていました。**私はこのアルゴリズムにかなりの信頼をよせていたため、人からどんな反応があるか、どう思われるかを、実際に経験することはありませんでした。

ときには、思い切りも必要です。そして、私を愛し、受け入れてくれる人たちに自分のもろさを見せるたびに、私のアルゴリズムは少しずつ修正されていきます。これが、もろさが持つパワーです。

私たちが自分の内側に持つアルゴリズムに、もろさが「神聖なる修正」をかけてくれるのです。

心を開くことで、単にその瞬間の自分が癒されるだけではありません。未来に向かうさらなる癒しのコースへと、猛スピードで連れて行ってもらえるのです。

今の私は、人に対する恥や恐怖の感情を以前ほど持っていません。以前より少しオープンで、正直で、自由です。先ほど、もろさのおかげで人生を取り戻せると言いました。私が、その実例です。

今の私ならわかります。**深刻な苦しみ、激しい痛み、重大な危機は、私たちがそこに身を任せ、もろくいられるのであれば、人との深いつながりへの入り口になるということを。**

もろさを見せなければ、活気なくよどみ、疲弊して、孤独になってしまうかもしれません。

詩人メアリー・オリバーの言葉を借りれば、「微かに息をして、それを人生と呼ぶ」状態です。

（結果的に）もろさほど、友達に頼るよう私を突き動かしてくれたものはほかになかったでしょう。もろさのおかげで、友達とずっと親しくなれました。

エッセイストであり編集者でもあるモーガン・ジャーキンスは、「自分が強くいられないときに愛してもらうのも、いいものです。相手の愛の深さがわかる」と言います。

ただし私の場合、このためには「平穏の中には、自力だけでは手に入らず、他人の助けが必要なものもある」という事実を受け入れる必要がありました。

私は今もまだ学びの途中にいて、心の折り合いをつけるのは簡単ではありません。それでも、心の折り合いがつけばつくほど、楽にはなっていきます。

Chapter 05

「本当の自分」を見せるのが真の友情?

本当の自分を見せるのが友情なのか

2014年のある春の日、ハンナとサラは、車でアメリカ横断をする決意をしました。

ふたりは同僚です。ハンガリー出身のハンナは、今の会社での仕事をするためにアメリカに移り住み、到着したときにサラはすでにそこで働いていました。

出勤初日、歩くたびに裾がふわりと揺れる白のチュニックを着たハンナは、サラのデスクへ自己紹介に行きました。ハンナのボーホー・スタイル〔ボヘミアンの自由さとソーホーのスタイリッシュさを合わせ持ったファッション〕とは対照的に、サラはカッチリとしたオーダーメイドの服を着ていました。パリッとアイロンがけされたベージュのスカートに、宝石のついたネックレスを身につけ、髪はきっちりとおだんごにしています。

サラは立ち振る舞いもプロらしく、言葉少なにハローとだけ言うと、すぐに仕事に戻りました。しかしハンナは簡単には引き下がらず、サラをランチに誘いました。返事がイエスだったので、ハンナは少し驚きました。数回のランチを重ねて、ふたりはあっという間に仲よくなりました。

人と距離を取りがちだったサラでしたが、ハンナとの親密な距離感は楽しいと感じました。

サラの隙のない外見は、人といるときの緊張を隠すものだったのです。でもハンナと一緒だと、楽な服装をして髪を降ろすこともできました。

一緒に計画した車での旅で、ふたりの絆はさらに深まるでしょう。少なくとも、サラはそう願っていました。

出発時、ハンナは最高の気分というわけではありませんでした。恋人と別れたばかりで落ち込んでいたのです。疲れていたし、愛に対する希望も失っていました。

サラとの旅行は、孤独を紛らわせるありがたい気分転換でした。バージニア州に向かって車を南に走らせていると、ハンナは元カレにテキストを送りたいと言い出します。

サラは、「もっといい人が見つかるよ」と答えます。

「たぶんね。でも彼のことが頭から離れなくて」とハンナは引きません。

サラは彼を忘れて前を向くようにハンナを励ましたものの、ハンナは楽観的なサラの意見を拒絶しました。

ついにサラはキレてこう言います。

「現実を見なきゃダメだよ。彼はあんたと話したくない、関わり合いたくないんだから。だから忘れなきゃダメだって」

ハンナは傷つきました。

その後、まるで音のない世界のような沈黙が続きました。

ふたりはその日、たわいのないおしゃべりをしていましたが、この出来事のせいで旅行が頓挫しそうな、不穏な空気が漂っています。ホテルに到着すると、ハンナは別々の部屋にしてほしいと言いました。

自分の部屋に入り、ベッドフレームが弾むほど勢いよくベッドに横たわったハンナの頬を涙が伝い、花柄の枕カバーを濡らします。

テレビをつけたところで、ドアをノックする音がしました。サラです。

ハンナは急いで布団で涙をぬぐってからドアを開けました。部屋の中に入ってきたサラは、こう言います。

「さっきのこと、ちゃんと話し合うべきだと思うの」

サラは続けます。

「彼と別れたことを（別の同僚の）タマラに話したらすっきりしたって言ってたよね。でも、私と話したときは、そんなこと言わないよね。力になりたいのに何にもなっていなくて、自分はダメな友達なんだって気になるんだ」

ハンナは返します。

「悩みごとを話すとき、助けてもらおうなんて思ってないよ。ただ話を聞いてほしいだけなの」

ふたりは一応の解決を見ましたが、亀裂は完全には修復されませんでした。

旅は2週目に入り、ふたりはシカゴに到着しました。市内で遊びまわり、シカゴの観光名所、鏡でできたアーチ型の彫刻「ザ・ビーン」を眺めたり、本場のギャレット・ポップコーンを頬ばったり、名物のシカゴ風ピザをお腹いっぱい食べたりしました。楽しい1日で、ハンナは今回の旅で一番、サラを近くに感じました。

その日が終わり、ふたりは宿泊先のエアビーアンドビーに向かい公園を歩いていました。そのときハンナはなぜか、あの破局の話をし始めました。

もしかしたら、今なら安全だと感じたのかもしれないし、悲しみを抑えつけるのがもうイヤになったのかもしれないし、サラとの間にできた亀裂で埋め切れていなかった部分を、ハンナなりに修復しようと思ったのかもしれません。

サラは一瞬固まり、深呼吸すると一気にまくし立てました。

「その話、まるで私なんかどうでもいいように聞こえるんだけど」

ハンナは混乱し、話題を出したことをすぐに後悔しました。

道路の標識をちらっと見て、宿泊先までの距離を計算しました。公衆の面前で言い争いなどしたくなかったのです。

「あんたが考えているのは、自分のこと、自分が話したいことだけ。私がいっぱいいっぱいかどうかなんて全然気にしていないでしょ」とサラは言います。

この時点でふたりは歩みを止め、公園前の通りで互いに向き合っていました。

「そんな言い方ひどい」とハンナは返します。

サラは、「どうして伝わらないのか、理解できない」と言いました。

ハンナは、青い野球帽をかぶった男性が、ふたりの言い争いに聞き耳を立てているのに気づきました。サラの声が響くので、人だかりができてしまうのではないかとハンナは不安になります。

「私は自分の考えや感じたことを正直に言ってる。それとも平気なフリをして欲しい？　本当の友達なら、正直に話して適切な距離を取っている私を喜んでくれるはずだけど。でも、あなたはそうじゃない。元カレのことを何度も何度も持ち出す。自分勝手だよ」とサラは怒鳴ります。

実はサラはこれまで、人の言いなりになりすぎること、受け身すぎること、自分を犠牲にして他人のニーズを優先してばかりいることについて、カウンセリングを受けていました。もうたくさんだったのです。

青い野球帽の男性が、ウロウロしています。ふたりの方をチラチラ見ていましたが、ハンナがにらみつけると目を逸らしました。

ハンナはもう、その場を離れることしか考えられませんでした。歩き去るハンナの背中に、サラが侮辱の言葉を投げつけてきます。ふたりの間にできた亀裂は、きちんと修復されないままさらに広がり、友情が完全に元通りになることはありませんでした。

サラはその日、学びました。

人と親しくしていたかったら、フリをしなくてはいけないと。正直でいるくらいなら、人の言いなりになっている方がマシなのだと。

本当の思いを伝え、怒りを爆発させてしまうと、人は逃げてしまうと。ウソ偽りのなさは、過剰評価されていると。

でも、果たして本当にそうなのでしょうか?

ずけずけ正直に言ってくれる友達は友達？

心理学者のスーザン・ハーターは「ウソ偽りのなさ」を、「考え、感情、ニーズ、欲求、好み、信念、個人的経験を自分のものだと認めること」そして「本当の自分と合致した行動を取り、内なる考えや感情と一致した方法で自分を表現すること」だと定義しています。[*173]

しかし「本当の自分」とは何でしょうか？

「本当の自分」が何であるかを定義せずに、ウソ偽りのなさの中心を「本当の自分」だとしてしまうのは危険です。

それだと、「本当の自分」を反映しているからといって、破壊的な行為を簡単に正当化できてしまいます。たとえば「率直な感想」だからと「その髪型、ヘンだよ」と言ってくるような友達や、あなたがプレゼンテーションを終えたあと、頼んでもいないのに「人前で話す練習した方がいいね」とアドバイスしてくるような友達の行為。または、歩行者が聞き耳を立てる中、「正直に打ち明けているのになぜ心を開いてくれないの」と公園前の通りで金切り声を上げる友達の行為です。

人は自分の意地の悪さの言い訳として、「ウソ偽りのなさ」を使います。

それでは、ウソ偽りのなさをどう定義すればいいのでしょうか?

過去の研究を調べてみると、パターンが見えてきました。

たとえば、ウソ偽りのない自分に一番なれるのは、オープンで心を開いた人のそばにいるときで、自分を偽っているように感じるのは、人から非難されているときだという研究結果が出ています。[*174][*175]

また、気分がいいとき――喜び、落ち着き、愛情を感じているときに、自分にはウソ偽りがないと感じ、その一方で不快なとき――不安、ストレス、落ち込みを感じているときに、自分を偽っているように感じます。[*176]

自分の心理的なニーズがすべて満たされたとき、そして自分が有能だと感じられるときや、帰属意識を感じられるとき、自己肯定感が高まっているときに、ウソ偽りのなさをもっとも強く感じます。[*177]

これらの研究では、ウソ偽りのなさとは何か、あるいは何でないかが明らかです。

つまり、ウソ偽りのなさとは、傷ついたと感じたときについしてしまう反射的な行動ではないということです。また、人のことなど気にせずに、自分の考えや感情を思うままに向こう見ずに表現することでもありません。

責めたり、こき下ろしたり、攻撃したりといった行動は、ウソ偽りがないというより、感情がむき出しのままの行動であるといった方がいいでしょう。

そうではなく、本当のウソ偽りのなさとは、安心できる環境で花開くものだといえます。防御メカニズムに乗っ取られていないときに到達できる、落ち着いた状態なのです。

「落ち着いた」状態とはつまり、注意散漫になっていたり、マルチタスクをしていたり、たとえば「元気？」と聞かれて自動的に「元気だよ」と答えるなど、何も考えずに発言したりするときは、ウソ偽りない状態ではないということです。

防御メカニズムに乗っ取られていない状態ということは、安心感に触れ、ウソ偽りがない状態になるということです。たとえ脅威や批判、拒絶、無視などに直面しても、自分を防御する必要性を感じないときです。**不安や恐れを抱かず、世の中にどのような姿を見せるかを、反射によってではなく意図的に決断できる状態の自分です。**

「本当の自分」とは、感情をむき出しにした状態ではない

この定義をもっと肉付けしてみましょう。

私たちは、人間関係や自尊心を守るために、本当の感情から距離を取ってしまうことがよくあります。

愛着理論の父ジョン・ボウルビィはこれをこう表現します。

「母親に伝えられないことは、自分自身にも伝えられない」

私たちは、自分を見捨てた友達を恋しがる気持ちを認める代わりに、去って行ったことなど気にしない、と言います。

自分の方が成熟して友達とは合わなくなったと認める代わりに、何も問題ないと自分に言い聞かせます。

自然の感情を捻じ曲げ、それを正当化したり、考えないようにしたりします。

しかしながらウソ偽りのなさとは、友達に見捨てられて拒絶されたと感じるのを自分に許すこと、友達にからかわれて傷ついたと感じるのを自分に許すこと、幼なじみとはもう合わないのだと認めるのを自分に許すことです。

つまり、自分の心に正直でいる状態。自分を守ろうとして構築してきた防御メカニズムの下にある、本来の自己の姿です（※心理学者の中には、ウソ偽りのなさについての私の定義に異論を唱え、ウソ偽りのなさなど本当は存在しないと主張する人もいます。詳細は、ロイ・F・

バウマイスターの論文「*Stalking the True Self Through the Jungles of Authenticity: Problems, Contradictions, Inconsistencies, Disturbing Findings—and a Possible Way Forward*」(「ウソ偽りのなさというジャングルで本来の自己に忍び寄る」)。

そしてこの防御をやめたとき、自分が人とのつながりに価値をおく、愛すべき存在であるのだと気づきます。

ということは、前述した、ウソ偽りのない自分——つまり「本来の自己」の定義は、私たちの日常的な姿ではないということです。

原始的な防御が発動していない、ウソ偽りがないときの私たちは、恐れを抱いた自分ではなく、もっとも高次の自分にアクセスできます。

研究者のニナ・ストローミンジャー、ジョシュア・ノーブ、ジョージ・ニューマンは、「本来の自己」——自我とは異なる心理学的概念」という研究を行い、人は「本来の自己」をどう受けとめているかを知るべく、過去に行われた調査を評価しました。

そこで、人は自分や他人の「本来の自己」を道徳的でいいものだと考えることがわかりました。

たとえば、ある人の性格にポジティブな面が見えるようになったら、その人の本来の気質が表に出てきたのだと受けとめます。[*178] この研究の著者らによると、「人は、他人を悪人だと思いたがるものの、根っからの悪人だとは思いたがらない」ものなのです。

本来の自己に関するこうした好意的な感覚は、アメリカ、ロシア、日本、シンガポール、コロンビアなど、さまざまな文化に存在します。

本来の自己と高次の自己の融合は、映画でもよく描かれています。

映画『クリスマス・キャロル』のエンディングでは、お金持ちのスクルージがケチな考えを改め、ティムの治療費をティムの父親に払うことに同意します。このシーンを見て私たちは、慈悲深いこの男性こそが、実は本来のスクルージの姿だったのだ、と心が温まります。

こうした悪役は、自分の傷を直視さえすれば、彼らの奥にある善良さを解き放つことができるのだ、と私たちに感じさせます。

もしかしたら、私たちが思う以上に、物語の悪役と私たちは似ているのかもしれません。もしかしたら私たちも、愛されて受け入れられたと感じられれば、まるで落ち葉のように仮面が落ち、「本来の自己」になれるのではないでしょうか。

もしも不安感や心の負担、トラウマが、悪役のみならず私たちのような普通の人の善良な気質も覆い隠しているとしたら？

不安感は、本来の自己や高次の自己を邪魔しているのでしょうか？

ウソ偽りない自分でいるには

あなたはある部屋で実験に参加しています。

コンピューターで簡単なタスクを行うよう指示され、たった今それを終えたところです。研究者から今度は、テレビ画面に映し出された女性を見るようにと言われました。女性は隣の部屋にいて、ある実験に参加しています。彼女はドキュメンタリー番組のような、恐ろしいタスクを次々とこなしています。

彼女が、体を痛めつけられる人の映像を見てビクついたり、氷水に手を突っ込んで震えながら浸し続けたり、生きたねずみをなでたりする様子を、あなたは見ています。

研究者は次に、生きたタランチュラをなでるよう女性に指示しました。細かな毛が生えた脚と8つの目を持つタランチュラを、研究者がガラスケースから取り出して軽く突くと、タランチュラは数本の脚を動かしました。間違いなく生きています。

彼女は手を伸ばしますが、すぐに引っ込め、こう言います。

「ムリだわ。もうひとりの人ならできるかも」

「もうひとりの人」とはつまり、あなたです。


研究者は女性がいた部屋を出ると、あなたの部屋にやって来ました。

そして、あなたがその女性に対してどのくらい共感や同情を抱いているかや、彼女と代わってあげたいと思っているかを確認するアンケートを行いました。

その後、「彼女と代わってあげたいですか？」と面と向かって聞いてきます。代わるなら、タランチュラをなでるだけでなく、残りのタスクもすべて自分がこなさなければいけません。そのタスクには、複数のゴキブリが入った黒い袋に手を突っ込むことも含まれます。

あなたならどうしますか？

あなたがもし、この研究に参加したのだったら、答えは、実験の冒頭でやっていたコンピューターでのタスクによって異なったでしょう。[*179]
タスクの最中、画面上に20ミリ秒間だけある言葉が表示され、あなたは無意識のうちにそれを見るようになっていました。
その言葉とは人の名前で、あなたが困ったときに頼る、もっとも安心感を得られる親しい人の名前か、もしくは単なる知人の名前でした。
無意識のうちに名前を見せた目的は、(困ったときに頼る人の名前を使って)安心感を誘発するためであり、**そこで誘発された安心感が、同情や共感する力や自らを犠牲にしたいという思いにどう影響するかを調べるためでした。**

カンザス大学の研究者オムリ・ギラス博士が同僚とともに行った実験でも、似たような手法で、安心感がウソ偽りのなさにつながるか否かを調べました。コンピューターでまったく関係のないタスクをこなす間に、安心感を抱かせる人の名前を見せる代わりに、「愛」という言葉を20ミリ秒間、表示させました(中立条件には「イス」という言葉を使いました)。「愛」を見せられた実験参加者は、ウソ偽りのなさを強く示しました。

ギラス博士らはまた実験参加者に対して、親しい人が自分のために時間を取ってくれた、手を差し伸べてくれた、愛情を示してくれたときのことを思い出すよう指示しました。一方で中立条件としては、食料品店に買い物に行ったときのことを思い出してもらいました。このような、安心感を抱く経験を意識的に思い出すことでもウソ偽りのなさは強く示されました。

私は先ほど、ウソ偽りのなさは、もっとも思いやりにあふれた高次な自己を呼び起こす、と言いました。この思いやりにあふれた高次な自分になれれば、友達をつくり維持することができるでしょう。

この研究は、ウソ偽りのない自分を活性化するのは、安心感であることを示唆しています。その人に安心感があればウソ偽りのなさが生み出され、ウソ偽りのなさが思いやりを生み出すのであれば、安心感は、思いやりを持つ秘訣になるのではないでしょうか?

安心感を抱く人の名前を示された人たちは、実験に参加していた女性に対して、より深い共感や同情を抱いたと答え、さらに、代わってあげたいと答えました。つまり私たちの思いやりもまた、不安感によって覆い隠されるのです。書籍『*Transcend*』(『超越する』、未邦訳)の中で著者のスコット・バリー・カウフマンは、アブラハム・マズローが提唱した「自己実現」(私が定義するウソ偽りのなさとよく似たコンセプトです)を深く掘り下げています。

「マズローは、存在する領域(略してB領域)はちょうど、雲ったレンズをクリアなレンズに取り替えるようなものだと主張した。恐怖、不安、疑念、さらには現実で求められることをやり遂げる必要性に駆り立てられるのではなく、自分や他者に対してずっと心が広く愛情深い状態だ」とカウフマンは書いています。

つまり、ウソ偽りのなさの秘訣は、安心感なのです。

自分に安心感がない人は、他人に優しくできるためのリソースがない

不安を抱いていると、**たいていは自分の痛みで消耗しきっているため、他人を思いやるためのリソースがありません。**サラは、ハンナの悲しみに圧倒されており、ハンナの痛みをなかなか理解できませんでした。たとえば、パセリを刻んでいるときに包丁で指先を切ってしまったとして、そんなときにお隣さんが来て頭痛がすると言われても、流血していてそれどころじゃないの、と言うでしょう。

人間関係は、多くの場合「自分を守ること」から「その人間関係を守ること」という連続したつながりのどこかに存在しています。

他人の拒絶や害から自分を守るときの私たちは、相手と距離を取ったり、その人との関係に対する評価を下げたり（「どっちにしてもたいして仲よくなかったし」など）、あるいは相手をライバル視したり、マウントを取ろうとしたりします。

しかしそうすることで、私たちはその人間関係を損ねてしまいます。

人間関係を守るときの私たちは、相手のニーズを受け入れ、相手のために行動し、相手を認

めることをやっています。しかしそれは、搾取や拒絶に対しては脆弱です。私たちが自己防衛モードに入っているときは、反人間関係モードになっています。人間関係モードになっているときは、防御手段を持たない状態です。

不安定型の人は、「自己防衛モード」の状態だということです。だからこそ人間関係で苦労するのです。**不安や怒りを感じたら、彼らは自分のことを考え、相手のことは考えません。**

さきほどの実験を行ったマリオ・ミクリンサー教授は、次のように述べています。

「多くの人は、安心安全感を取り戻せたとき（流血した指先に包帯を巻けたとき）だけ、他者を思いやる方に意識とエネルギーを向けられるようになる。比較的安定型の人だけが、他者を安心とサポートの源として見るだけでなく、他者が苦しんでいるときに、大切なニーズを抱えた支援に値する人間だと認識することもできる」

言い換えれば、安定型の人は、自分の痛みでそこまで消耗していないため、人への思いやりに長けているということです。

ウソ偽りのなさを解放するには、もっと安定型になることです。

たとえば、ウソ偽りのなさは道徳からの逸脱（罪悪感を抱くことなく悪事を働く能力――これは本来の私たちの姿ではありません）との関係が低いことが、研究によって示されています。[*180]

ということは、ウソ偽りのない人は、いい友達になれるということです。

ある実験では、社会不安を抱えた参加者が、安心感を得るためにいつもやっている行動をしないようにと指示されました。

たとえば「ヘタなことを言わないように黙る」、逆に「気まずい沈黙を避けるためにベラベラとしゃべり続ける」などの、拒絶されないように取る行動です。

彼らがこうした行動をやめたときにやり取りした相手は、彼らともっとコミュニケーションしたい、友達になりたい、と報告しました。その理由は、拒絶されるのを回避しようと必死になっていない方が、参加者はもっとその場に集中し、心を開き、関心を示し、しっかりと会話できたからでした[*181]。

このようにウソ偽りのなさには多くの恩恵があります。ウソ偽りがないと友情における満足度が上がり[*182]、孤独感が下がるという研究結果が出ているのも不思議ではありません。

それなのに「人に好かれるには自分をさらけ出してはいけない」という誤解を信じ続ける人は多くいます。

大ベストセラー『人を動かす』で暗に伝えていたのが、まさにこの自分をさらけ出してはいけないというメッセージでした。著者のデール・カーネギーは、人の機嫌を取るよう促しています。人に笑顔を向け、名前を呼びかけ、自分について話すよう相手に水を向け、自分は尊重されていると相手に思わせろ、と。

これ自体は悪いアドバイスではありませんが、人を操ろうとするものです。**相手の機嫌を取るのではなく、自分の中で安定をつくるべく取り組み、温かい行動が自然と内側から流れ出すようにしなくてはいけません。**

思ってもないことを言うと「自分はイヤな人間だ」と思ってしまう

人との関係構築の手段として、相手の機嫌を取るよう主張した際にカーネギーが見すごしていたのは、自分を偽ると、内側からの自然な輝きを遮って友情を妨害してしまう、という点だけではありません。**偽ることによって自分にかかる心理的な負担も見すごしています。**

作家のジェイムズ・ボールドウィンは、自分を偽るための仮面について、人が「それなしでは生きていけないと恐れつつ、反対にその中では生きていけないとも知っている」ものだと指摘します。

偽ることは、気分を落ち込ませたり、自己肯定感を低くさせたりすることと関連性があります[*183]。別の研究では、偽ることによる影響はもっと深刻で、人は自分が不道徳かつ汚《けが》れていると感じるとの結果が出ています[*184]。

その研究で行われた実験に参加した人たちは、自分が偽りの行動を取ったときの経験について書き出したあと、歯磨き粉やガラスクリーナー、トイレクリーナーといった洗浄剤がとても欲しくなったと報告しました。自分らしさを抑えるのは、大変な作業です（第4章でも取り上げました）。

私のクライエントのひとりは、まるで「風船を水に沈めようとしているみたい」だと表現しました。しかも偽っても最終的には、本来の自分の姿が漏れ出してしまい、知らない面を目にした友達は混乱してしまうでしょう。

「でも、偽る必要はあるんじゃないの？」とあなたは思うかもしれません。

「人とうまくやっていく」ってそういうことじゃないの？　人間関係を維持するには、偽ることも必要じゃないの？　と。

落ち込んでいるときに初対面の人と会うときには、元気を振り絞らなければいけません。友達の友達を好きになれないとき、うまく取りつくろわなければいけません。

友達とスキー旅行に行った先で、ゲレンデの急斜面に怖気づいてしまい、宿にこもっていたいと思っても、友達のために一緒に滑らなくてはいけません。

とはいえ私は、ほかの人に配慮することが自分を偽っていることにはならない、と反論したいと思います。

ウソ偽りのなさとは、常に自分がやりたいようにやったり、思ったとおり、感じたとおりに表現したりすることではありません（それは思いや感情が「むき出し」なだけです）。

ウソ偽りがないとは、反射的に反応するのではなく、「敏感に反応すること」、最初に出てくる反応をするのではなく「意図的に反応すること」です。

自分らしくない行動をつい反射的に取るのではなく、自分が何者かを表現するような行動を選ぶということです。そのためには、人か自分か、どちらに配慮したいのかを状況に応じて決める余裕が必要です。

たとえば、自分の子どもがアイビーリーグ（アメリカ北東部にある私立名門8校の総称）の大学に落ちたのに、友達の子どもは合格したとしましょう。あなたは、羨ましく感じています。

ウソ偽りの行動を取る場合、嫉妬心から自分を守るために防御メカニズムに入り、ブラウン大学ってアイビーリーグで一番下だよね、と相手に言ってしまいます。反対に、ウソ偽りのない行動をとるときは、羨ましい気持ちを伝える（「息子さんの合格を喜びたいのはやまやまなんだけど、うちの子が落ちたことをまだ引きずっているの」）ことかもしれないし、友達と一緒に喜ぶ方が、自分の嫉妬心よりも大切だと考えて、お祝いすることかもしれません。**ウソ偽りのなさとは、相手のニーズと自分のニーズのバランスを取るような行動を取ることです。**

防御メカニズムにコントロールされておらず、反射的にではなく敏感に反応できたなら、他人に対して、もっと柔軟になれます。だからこそ、ウソ偽りなくいることで、自分自身や人をもっと思いやれるようになるのです。

自分自身、そして自分の感情やニーズ、さらにはなぜ相手に配慮するのかという理由が一致していれば、人を配慮することをウソ偽りだとは感じないものです。

ある研究では、自分をウソ偽っていると感情のコントロールが難しくなり、その結果として、人への配慮が余計に難しくなることがわかりました。つまり、ウソ偽っているときの方が、相手に配慮できないのです。[*185]

ウソ偽りがまったくない心の奥底では、私たちは親切で、愛情深く、魅力的で、思いやりにあふれています。

友達をつくるために、自分以外の誰かになる必要などありません。

とはいえ、確かに簡単なことではありません。

私自身、「自分らしくいなさい」というありきたりなアドバイスをされると、自分らしさとは何か、自分のいつもの立ち姿勢でさえわからなくなってしまいます。腕はいつも組んでいたっけ、それとも下に垂らしていた？　ポケットに入れちゃえ。

どうすればウソ偽りのない自分でいられるのかについて、私はあなたにこのあと「自分らしくいなさい」以上のことを詳しくお教えします。

そのためにはまず、アダマ・ジョンソンからヒントを集めましょう。

数々の災難を経験したおかげで、自分が本当は何者かを理解するに至った女性です。

「相互性」を受け入れる

アダマ・ジョンソンの親友ビクトリアは、アダマのもとを去って行きました。

アダマにとってビクトリアは、どれだけ一緒にいても飽きない相手で、車でディズニーワールドや飛行機でラスベガスなど、一緒に旅をしたこともありました。

ふたりはともに、ヴィンテージ・ファッションが大好きだったり、子どもの頃に映画『ミルドレッドの魔女学校』を夢中になって見ていたりという共通点もありました。アダマは「ビクトリアと一心同体になりたかった」と言うほど、ふたりは仲がよかったのです。

ところが、そこに問題がありました。

ビクトリアは、アダマにプライバシーを侵害されていると感じました。ビクトリアの友達はアダマの友達となり、ビクトリアが通っていた教会にアダマも通い始めました。さらにビクトリアがベビーシッターをしていた子どもの親さえも、アダマにベビーシッターを依頼するようになりました。ビクトリアは息が詰まりました。

ビクトリアは過去の経験から、他人のせいで疲弊する感覚に敏感になっていました。

アダマとビクトリアは、ずっと仲がよかったわけではありませんでした。むしろ互いに嫌い合っていたのです。

ふたりは同じ男性、デニスという最低の男とつきあっていました。デニスはふたりに、それぞれしつこい友達なんだと言っていました。

彼はテレビ番組を見においでとふたりを誘い、居合わせたアダマとビクトリアは、互いの存在を見て見ぬふりをしました。デニスは、いつかは君ひとりに絞ると約束しており、10代の、若くてもろくて愛されたかったふたりは、時間も、愛も、自尊心もすべてデニスに捧げました。

やがて、アダマは疑いを抱くようになります。ビクトリアは本当に単なる友達なの? それならなぜ、彼女はいつもデニスのそばにいるの?

アダマはビクトリアにメッセージを送りました。よくよく話したふたりは、お互いだまされていたことに気づきます。

デニスは、自分の居場所や、ふたりの将来の夢、もうひとりとは肉体関係はない、などなど同じ嘘をアダマとビクトリアに使い回していたのです。

デニスとの経験で同じトラウマを負ったことが、アダマとビクトリアの絆が強烈に深まるきっかけとなりました。

アダマに言わせると、「あの有害な関係がどんなだったかを理解してくれたのは、同じところに身を置いていたビクトリアだけでした。18歳から22歳という、自分が何者であり、どうあるべきかを模索している大変な時期に、この経験がいかに重要で人格形成に影響を及ぼすか、私たちは互いに理解できました。どんな経験をしたか、有毒で不健全な関係に終止符を打つことがどんな感じか、と同時にその関係を失っていかに切なくて恋しいか、さらには、自分が選ばれなかったことがどれだけショックか、私たちはお互いに理解できたんです」

そんなふたりでしたが、ビクトリアが少し距離をおきたいと言ったとき、アダマはつらかったものの、驚くほど落ち着いてその言葉を受け入れました。

「〝わかるよ、なぜそんなふうに思うのか理解できるし、あなたが私にしてほしいと言っていることを尊重したい。少し距離をおくね〟という感じでした」

ビクトリアに電話したいという衝動に駆られてつい電話を手に取ったものの、彼女の言葉を思い出して思いとどまったときもありました。

不安型の人にとって、自然にとってしまう行動は「本来の自分」ではない

アダマと同じ立場にいる人の多くは、そこまでうまく受け入れることができないかもしれません。ビクトリアの立場に立って考え、たとえ自分にネガティブなことが起こっても、相手のニーズを尊重できるというアダマの能力は、称賛に値します。

自分のニーズのみならず他者のニーズにまで拡大して考えられるつながり方は、「相互性」と呼ばれています。これは健全な自我の強さであり、安定型の愛着スタイルでもあり、つまりはウソ偽りがない証拠です。

ある研究では、人と衝突したときにどう対処できるかで、ウソ偽りのなさと相互性は相関関係にあることがわかりました。[*186] 別の研究では、人はその人にとってもっともウソ偽りのない状態にあるとき、自立性と人とのつながりのどちらも高い状態にありました。[*187]

これは、著書『*The Different Drum: Community Making and Peace*』(『異なるドラム:コミュニティづくりと平和』、未邦訳)の中でM・スコット・ペックが次のように定義している「コミュニティ」と合致しています。その定義は、「正直にコミュニケーションしあうことを学んだ人たちであり、冷静を装う仮面よりも深く関わり、〝共に喜び共に悲しむ〟ことや、〝互いを楽しみ、相手の環境を自分のものとする〟ことができるだけの深い関係を築き上げた人たち」の集団です。安定型の愛着スタイルの人は、自然にこの相互性を発揮できます。

不安定型で不安や恐怖を抱えている人が、人とウソ偽りなくつながれるようになるための、私からのアドバイスは「ひねりを加えること」——つまり、自分にとって自然な行動を取らない、ということです。

なぜなら、不安型の人が考える自然な行動とは「防御メカニズム」である可能性が非常に高いからです。防御メカニズムは、自分が脅威に感じるものに気づかないようにしたり、距離を取ったりするための戦略なのです。

たとえばアダマは恐らく、距離をおきたいとビクトリアに言われたとき、拒絶されたと感じたでしょう。アダマの愛着スタイルが不安型だったら、この感情を認める代わりに防御メカニズムを発動させ、相手を責めるか（「あんたが私を人生に招き入れたんでしょ」）、被害者を演じるか（「なぜそんなひどいことするの？」）したでしょう。回避型であれば、気にしないフリをしたでしょう（「勝手にすれば」）。

こうした防御メカニズムは、「拒絶された」という不快感から守ってくれます。

防御メカニズムはたとえば、自分が不安を感じないよう友達の成功を一蹴する、自分の存在感を保つために、仲よしグループで食事をするときは自分が決めなければ気がすまない、長いつきあいの友達と問題が起きたときに、不安になるのがイヤで、解決するより関係を終わらせる、などの行動です。

友達に対して公平でないふるまいをするとき、防御メカニズムが作動している可能性が高いでしょう。

つまり、そのときの自分の感情から逃げるために、他人を傷つけているとも言えます。 ウソ偽りがない人は、防御メカニズムを使わなくていいように、そこにあるものを認め、防御メカニズムの下にある感情をきちんと感じられます。

つまり、ウソ偽りがない行動をとりたいなら、恐ろしい感情の現実を認めることです。

防御メカニズムは反射的に起こるため、それが本心であるかのように感じられるかもしれません。しかし防御メカニズムとは、恐ろしい感情から逃げるために、現実をぼんやりとわかりにくくさせる手段です。

手当をしてあげなければいけない痛みを抱えているとき、その痛みを認める代わりに防御メカニズムを選んでしまうと、痛みを否定、矮小化、投影する行動を選んでしまいます。

こうした防御の衝動は、自分のことしか考えていないだけでなく、**他人が当人のニーズを忘れてこちらのニーズに合わせるようコントロールするものでもあるため、人間関係に破滅をもたらします。**

こうした衝動は自分を守るためのものですが、人間関係を守ることとは対極にあります。まさに、サラがハンナに対してしたことでした。自分の指先から流血しているとき、他人を思いやる余裕はありません。自分が救急車に駆け込むためなら、肘で人を押しのけさえもするでしょう。

相手といいコミュニケーションをとりたいなら——マインドフルネスの実践

仕事で研修を受けていたとき、私はまるで天啓のような質問を受けたことがあります。「あなたにとって、もっとも不快な感情は何ですか?」

私は、無力感だと答えました。そのとき、無力感を避けるために自分がこれまでに取った防御手段が頭の中を駆け巡りました。

生産的だと感じるために、休みなく働きすぎていたこと。

想定外の請求書が届くと、防げたのに、と必要以上にストレスを感じたこと。

無力感の恐れは、友情もむしばみました。気分が落ち込んでいると言った友達には、彼女の悲しみに耳を傾けもせずに、セラピストを探すよ、と提案しました。

仕事が嫌いだといいつつ転職しようとしない友達のことは、批判しました。現状を変えようとしない友達に、無力感が刺激されてしまったのです。

でも、この無力感に対して、本当はほかの選択肢を選ぶことができます。無力感という恐ろしい感情を実際に感じて、それに耐えることもできます。そうしているうちに、間違いなく、その感情は消えていくでしょう。

防御メカニズムを手放すためには、何から自分を守ろうとしていたかを見つめることです。

「マインドフルネス」を使えば、もっと正直に感じることができます。マインドフルネスとは、注意を払うことです。

ある研究は、実験参加者のウソ偽りのなさとマインドフルネスの度合いをそれぞれ評価しました。その数週間後、今度は参加者に対し、実際にしたイヤな経験について聞き取りました。たとえば、自分の倫理に反する行動をしてしまったとか、自分は性的に魅力がないと感じたなどです。

参加者がそのときに取った不快感を避けるための行動――人のせいにする、回避する、矮小化するなど――について、独立した第三者が、防御の観点から評価しました。

その結果、ウソ偽りのない人ほど、防御する行動を取らなかったことがわかりました。理由はなんでしょうか？　ウソ偽りのない人たちは、マインドフルだった、つまり注意を払っていたためです。[*188]

ウソ偽りのない自分になるための次のステップは、マインドフルになることです。つまり自己防衛に駆り立てる自分の感情に気づくことです。

空腹時に「何か食べたい」と思っても、必ずしも何かを食べなくてもいいのと同じように、**感情を抱いても、必ずしも反応する必要はありません。**一瞬立ち止まり、呼吸し、体に意識を向けて、感情を引き起こすトリガー（引き金）がどこに姿を現すかを感じましょう。

そうした感情は体の中でどのように感じるかに意識を向けることで、自己に気づき、自分を落ち着かせられるようになります。

私の場合は、ほてりのように感じます。

そして、不安や怒りを引き起こす引き金がかなり強く引かれたときは、その衝撃で心に穴が開いたように感じます。それが続くと、心はまるで、誰かがワイヤーを乱暴に引きちぎったサーキット・ブレーカーのように感じます。

呼吸をしながら体のどこにトリガーがあるかを探すことで、私たちは心を落ち着かせることができ、反射ではなく反応ができるようになるのです。

自分の感情から目をそらすことは、相手を支配することにつながる

マインドフルな気づきがないと、自動運転モードで進み、不快な感情に自分を明け渡すことになります。そしてその感情に刺激されて、攻撃する、責める、非難する、その他、相互性に背く行動を取るようになるのです。

自己に対する気づきを持てれば、感情のままに行動したり、感情を抑えつけて態度で表現したりすることなく、湧き上がってくる感情を観察することができます。

これまで見てきたとおり、不快な感情に従って行動するとき、相互性にもとづいたものではなく、自分勝手な行動を取りがちです。**痛みのせいで、人間関係よりも自分を守ることを優先してしまうためです。**

たとえばサラがハンナとけんかしたとき、サラはハンナの悲しみに引き金を引かれました。ハンナを慰められないことで、自分がダメな友達だと感じました。自分の引き金に気づかないまま、引き金にコントロールされ、ハンナを怒鳴って侮辱したのです。

自己に対する気づきがあれば、自分が不安定なときにそれを自覚できるため、防御メカニズ

ムで自分を守ろうとするのをやめることができます。そして、防御からオープンな姿勢へと意識を変えられるようになるのです。

臨床心理士のマリンカ・チェルニーは、私たちの最終目的とは、「他者の経験を変えたりコントロールしたりしようとするのではなく、〝この瞬間にあなたと一緒にいるこの経験をどれだけ深く知り、感謝できるだろうか？〟と自問する」状態に自分を持っていくことだと言います。

以下は、よくある不快感や、そこから自分を守るために使いがちな防御メカニズムです。

- 自分は力不足だという思いに耐えられないとき、人と衝突した際に守りに入る。
- 怒りの感情に耐えられないとき、受動攻撃的あるいは攻撃的な行動を取る。
- 拒絶に耐えられないとき、友達との境界線を侵害する。
- 不安に耐えられないとき、友達をコントロールしようとする。
- 罪悪感に耐えられないとき、必要以上に友達に手を貸そうとする。
- 自分には欠点があるという思いに耐えられないとき、必要なときに謝れなかったり、人を責めたり、あるいは自分に文句を言ってくる人に繊細すぎるとか大げさすぎるなどと言ったりする。
・自分がちっぽけだという感覚に耐えられないとき、人より優位に立とうとする。
・悲しみに耐えられないとき、助けが必要な友達を避ける。
・友達と今にもぶつかりそうな状態に耐えられないとき、問題を解決しようとせずに友達と距離を取る。
・自信のなさゆえの不安に耐えられないとき、人を落として自分の自慢をする。
・嫌われているという感覚に耐えられないとき、本来の自分ではない行動を取る。

自分が感じた不快な感情は、相手のせいだと思ってしまいがち

もうひとつ、防御メカニズムとして投影を使う場合もあります。投影とは「ある感情を抱いたときに、本来その感情は自分のものなのに、その感情を引き起こした相手の性格を意味するものだと思い込むこと」です。

たとえば、私が親しい友達と旅行に行ったときのことです。

宿泊先で1時間かけて洗面道具を整理整頓していたのですが、友達はバルコニーでのんびり

と海を眺めていました。私はこんなに働いているのにと感じ、友達を怠け者だと思いました。

あるいは、ルームメイトに「お皿洗っておいて」と言われたとき、私は見下されたと感じ、ルームメイトを偉そうだと思いました。

また、私がパーティを開いたとき、仕事を片付けなければいけないと言って、ある友達は早めに帰ってしまいました。私は軽んじられたと感じ、友達を思いやりに欠ける人だと思いました。

投影は、相手を評価する感覚を混乱させます。**これを避けるには、自分の感情をもとに相手の性格を決めつけるのではなく、自分の感情は自分のものだと認める必要があります。**

それでは、自分が投影していると気づいたとき、どうすればいいのでしょうか？

マインドフルネスです！

「一瞬立ちどまり、呼吸し、トリガーがどこにあるかを見つけるべく体に意識を向ける」という、あのすばらしい実践法を行いましょう。

立ちどまってみたら、友達がバルコニーでのんびりしているのは何も悪くないと気づくかもしれません。

または、ルームメイトがお皿を洗ってほしいとお願いしてくるのは、前回はその人が洗ったから当然だとか、早めに帰ってしまう友達は、ないがしろにしたくてそうしているわけではないなどに、気づくかもしれません。

立ちどまったあと、自分自身のニーズが何かを、人のニーズと合わせてもっと大局的に判断できるようになります。

チェルニーは私たちの最終目的について、こう述べます。

「自分が他人に与える影響(と他人が自分に与える影響)に、我慢してきちんと耳を傾けることです。なぜなら、他人の経験をコントロールしたり、自分がどう見られているかをコントロールしたりするよりも、私たちはもっと根本的なレベルで、他人と人間関係を築きたいと思っているからです」

アダマのおかげで、私たちはウソ偽りのない自分になるための最初の一歩を踏み出すことができました。自己に対する気づき、落ち着き、立ち止まって呼吸をして体の中のトリガーを感じること、今目の前で展開している瞬間に意識を向けること。

これらはすべて、トリガーが引かれた自分ではなく、ウソ偽りのない自分になるためにマインドフルネスをどう使うかの事例です。

でも自分が何者であるかがわかっても、防御メカニズムが発動してしまい、他人に拒絶される可能性はまだあります。

もしこれが起きてしまったときにどうすべきかでしょうか。またアダマの話に戻りましょう。

人間関係の喪失は自分のせいではないものも多い

わずか数カ月の間に、アダマは続けざまに複数の死に直面しました。年明けに祖父が亡くなりました。そして高校時代の彼氏が亡くなりました。もうひとりの祖父は大変な心臓発作に見舞われ、なんとか持ちこたえました。しかし結腸がんを患っていたアダマの父親は、持ちこたえることができませんでした。

父は、アダマの弟ティモシーのスタンフォード大学での卒業式のためにカリフォルニア州に行きましたが、式が始まる前に体調を崩し、かかりつけ医がいるセントルイスの病院へ担ぎ込まれました。

父は結局、病院から出てくることはありませんでした。

父親が亡くなった直後、アダマを支えようと複数の友達が来てくれましたが、アダマはひとりでいたいと思いました。お祈りをしたり瞑想をしたり、日記を書いたりして過ごしました。どんな人生にしたいか、深く思いを巡らせました。

今は自分の人生も、これまでにないほど壊れやすくはかないものに思えます。

アダマは、ビクトリアとデニスのこと、そして自分がいかにふたりとの関係に固執していたかも考えました。結局は、どちらの関係もダメになってしまいましたが。人間関係がまるで月のように、出てきたと思ったら消えてなくなってしまうと感じられる中で、アダマは自分が生き延びていくための方法が必要だと悟りました。

「私は、人間関係のせいで自分らしく生きられないようにはならないぞ、とはっきりと決めました」とアダマは言います。

「人間関係は切れてしまうものですが、それでいいんです。これだけの人の死を経験しても、私はそこから完全に立ち直れるのだから、失ったら生きていけない人間関係なんてあるはずがありません」

自分のせいではまったくないところで終わってしまう人間関係があまりにも多い中、喪失は自分に対する非難ではなく、人生において避けられないものだと、アダマは理解するに至ったのです。

このレジリエンス、喪失に直面してもなお立ち直れるこの能力が、アダマのウソ偽りのなさの燃料となっています。

ビクトリアやデニス、そして父親との経験のおかげで、**アダマは人と親しくしつつも健全な距離を保つことで、自分のアイデンティティが相手との関わり方に依存しないことを学びました。**

まさに安定型そのものです。

不安型の愛着スタイルだと距離をつめすぎ、相手に受け入れてもらえないと自己の感覚が崩れてしまいます。回避型は、あまりにも距離をつくりすぎるために、他人からの批判に影響されませんが、愛情にも影響されません。

しかし、安定型でウソ偽りのない状態に近づいたところで、もう絶対に拒絶されなくなるというわけではありません。自尊心と他者からの批判の間に十分な距離があるため、そこまで傷つかなくなるだけです。

つまり、自分にウソ偽りなくいることとは、拒絶を回避することではなく、その重みを軽減させるものなのです。

自分の感情から逃げなければ、人間関係がうまくいかなくても耐えられる

アダマの経験から、ウソ偽りのなさがなぜ友情を育むのか、もうひとつの理由がわかります。**人と親しくしていると傷つくことは避けられませんが、ウソ偽りなくいれば、その傷に耐えられるようになるのです。**友達と問題が起きても、サラとハンナのような破滅的な仲たがいにはなりません。

誰かからのダメージがそこまでなければ、その人への思いやりを持ち続けることができます。アダマが実践しているのはまさにこれです。

大人になるにつれて、友達は結婚して子どもができて離れていき、以前のように頻繁に連絡してこなくなりました。

アダマに言わせると、「連絡が途絶えることが拒絶だとはまったく思いません。自然な流れだと思うんです。今の私の人生にある友情は多くが、時間とともに変化してきました。**変化が可能なくらいにゆるくつながっていることで、友情そのものを失わないようにしたいんです**」。

自分の感情に正直な人には、回復力（レジリエンス）がある

アダマは、ウソ偽りがなければ、困難からの回復力（レジリエンス）がつくこと、そして自尊心と他人からの批判の間に十分な距離ができるため、批判に屈しないようになることを、私たちに見せてくれました。

ハーバード大学のフランチェスカ・ジーノとノースウェスタン大学のマリアム・クチャキは、ウソ偽りのなさとレジリエンスに関する一連の調査を行いました。そして、両者には関係があることが確認されました。

実験ではまず、ひとつのグループの実験参加者に対し、自分にはウソ偽りがないと感じたときのことを思い出すよう指示しました。そして、もうひとつのグループには、ウソ偽りのなさとは関係のない別の出来事を思い出すよう指示しました。

その後全員に、恋人と別れたばかりの人の立場になって、あたかも自分がその人であるかのように感じるよう指示します。ウソ偽りのない経験を思い出した人たちは、無関係の経験を思い出した人たちと比べ、別れを拒絶だとは感じませんでした。

別の実験では、実験参加者は自分が応援しているスポーツのチームか、嫌いなチームのリストバンドをつけるよう指示されました。これは、参加者の心理状態を、ウソ偽りがない状態か、自分を偽っている状態にするためです。

次に、「サイバーボール課題」を行ってもらいました。

この課題は、バーチャルで行うキャッチボールなのですが、誰もこちらにボールを投げてくれず、仲間外れにされた気分になるようにつくられています。この実験から、ウソ偽りがない状態の人――つまり、自分が応援しているチームのリストバンドをつけているとき――ほど、拒絶されたと感じないことがわかりました。

ウソ偽りのなさが、人の感じ方さえも変えたのです。

ウソ偽りがない状態の人は、そうでない人と比べて、ボールを多く投げてもらえたと感じました。

さらに最後の実験では、ある会社の従業員に対し、職場で自分にはウソ偽りがないと感じたときのことを思い出してもらいました。その後、職場での除外や拒絶について尋ねたところ、この人たちは、ウソ偽りのなさとは関係のない別のことを考えてもらった場合と比べ、除外されたり拒絶されたりの感覚が弱いことがわかりました。

この研究からわかるのは、ウソ偽りがない状態にあるとき、拒絶はそこまでつらく感じないということです。

前述したアダマの例から考えると、拒絶と自己非難をいっしょくたにせず、切り離すことで、このレベルのレジリエンスに到達できることがわかります。

大切なのは、拒絶されても、自分のせいだと思わないことです。友達が問題を指摘してきた、新しい友達を誘ったら断られた、友達から長いこと連絡がない、というときでも、自分には価値がないとか、自分はダメだとか、嫌われているという意味ではありません。

アダマはこう言います。「私はたいていのことを、自分のせいだなんて思いません。人の意見や批判、フィードバックは受けとめて改善するようにはしますが、でもそのせいで自分に対してイヤな思いを抱かないように最大限の努力をします」

楽観的に考えた方がレジリエンスを保てる

レジリエンスを発揮するもうひとつの方法は、安定型の人が持つ楽観的な考え方を取り入れて、今拒絶されたからといって今後の人生ずっと拒絶され続けるわけではない、と考えることです。

安定と同様に、楽観主義もウソ偽りのなさと相関関係にあることが研究で示されています。[*189] **私たちは楽観主義のおかげで、レジリエンスを発揮できるようになります。**

作家のレベッカ・ソルニットは、「希望を持つとは、自分に未来を与えること。そしてその未来への約束のおかげで、現在が耐えられるものになる」と述べています。拒絶とは、そこから立ち直れるもの、永遠ではなくその瞬間だけのものだと理解しなくてはいけません。

アダマは言います。「私は自分の人間関係が、ちょっとした混乱は耐えられるし乗り越えられるものだと思っています。結局は、すべてなるようになると思うんです。私はどうしようもないほど楽観的なので」

私たちは、これからも人に拒絶されるでしょう。体を無理にねじって避けようと努力することもできますが、それでもやはり拒絶されるでしょう。

仮面をつけることもできますが、それでもやはり拒絶されてしまうでしょう。

ここで拒絶を避けようとする代わりに、拒絶による痛みを緩和することにエネルギーを注げば、人とつながりながら、ウソ偽りのない自分に触れることができます。

拒絶されたときに、拒絶を、誇りを象徴するシンボル、心から求める人生と人間関係をつくり上げるためのあらゆる努力に対する担保だと捉え直すことさえもできます。後悔なしの人生を生きるための切符だと思うのです。

私たちはここまで、ウソ偽りのなさを身につけるための鍵を学んできました。

しかしこれは、パズルのひとつのピースにすぎません。

ウソ偽りのなさに到達するとは、単に自分が何者かだけの問題ではありません。世界がどう自分に反応するかも大切です。

「ウソ偽りない」自分でいるためには、不公平な世の中

理想的な世の中であれば、私たちは誰もが、もっともウソ偽りのない姿のままでいると愛されるはずです。でも現実としては、ウソ偽りのない状態で歓迎されるか否かは、その人が持つ「特権」によって異なります。

特権を持たないグループの人が「本当の自分」としてふるまうと、価値を下げるようなフィルターがかかり、間違って解釈されることがよくあります。

たとえば、教師になるために学んでいる学生（主に白人）を対象にした研究では、ほとんど

の白人の生徒の表情はかなり正確に解釈されたものの、感情を表現していない黒人の生徒の顔については、同様の表情をした白人の生徒と比べて、「怒っている」と誤解する可能性が高くなりました。具体的には、4倍も違いがありました。

この研究ではさらに、黒人の子どもたちと白人の子どもたちが同じ行動を取った場合でも、黒人の子どもたちの方が敵対的だと解釈されました。[*190] 別の研究では、実験参加者はアラブ人について、平均的なアメリカ人よりも「人間らしくない」あるいは「類人猿みたい」だと評価しました。[*191]

あるメタ分析では、自分のアイデアを強く主張したり、単刀直入に要求したり、自分を擁護したりする女性は、あまり好感を持たれないことがわかりました。[*192]

特権とは、自分がどれだけウソ偽りなくいても許容してもらえるか、そしてステレオタイプのフィルターを通さずに、本当の自分をどれだけ許容してもらえるかを表す範囲になります。

つまり特権は、ウソ偽りのなさを手に入れる鍵となるのです。

ウソ偽りのない自分でいると脅威を抱かせてしまうため、特権を持たないグループの人たちは、誤解をなくすべく、自分らしくない、ウソ偽りの行動を取らなければいけないことがよくあります。

私の同僚で黒人男性のオーブリーは、口が痛くなるほど常にニコニコしています。「人の敵意を和らげるために、いつも笑顔でいるよ」とオーブリーは言っていました。

黒人の大学生を対象にしたある調査では、「ばかな黒人の子」と人から見られないよう、**コード・スイッチング（ステレオタイプを避けるために、使う言葉や話し方を変えること）**をすることがわかりました。

この調査に参加したある人は、こう話しています。

「怖い黒人女性には絶対見られたくないので、グループ・プロジェクト中に学生に腹が立ったときは、有色人種の人にならʺマジで、ちゃんとしてʺと言うところを、ʺそっか、サム（あるいはエマ）。あなたたちはこのやり方の方がいいと思うのかな？ʺみたいな言い方にします。ステレオタイプのままにならないように、もっとやさしい物言いをするんです」[*193]

人が個人の犠牲を払って抑圧に抵抗することを、社会学者のリサ・テスマンは「背負わされた美徳」という言葉で表現しています。コード・スイッチングはその一例ですが、ウソ偽りの行動を取るときと同様の犠牲を伴います。

先ほどの調査の参加者は、コード・スイッチングを「能動的」に行う「疲れる」もので、まるで「仮面をつけているみたい」だと表現しました。

この調査の研究者らは、コード・スイッチングを「社会言語学的労力」と呼びました。「他者を満足させるために社会言語学的なリソースを使おうとする、身体的、感情的、心理的な努力」だとしています。

友達づくりのためのアプリ「フレンディッシュ」の創設者チャンドラ・アーサーは、コード・スイッチングによる影響について、TEDxトークで次のように話しています。

「コード・スイッチングの代償は計りしれません。というのも、**マイノリティの人たちは、本当に大切なことではなく、文化的に適合するか否かという悩みに時間を費やしてしまうからです**」

コード・スイッチングのような「同化」は骨の折れる作業ですが、効果があります。多くの場合、特権を持つ人たちは心を開き、特権を持たないグループにそこまで批判的でなくなります。

ある調査では、白人の標準に合うよう同化した黒人(たとえば、髪をストレートにする、名前を変えるなど)について、白人の参加者はより好意的に評価しました。

ある白人の参加者は、次のように話しました。

「この女性の名前〝ラキーシャ〟は明らかに黒人だし、〝スラム街〟を想像する人もいるかもしれません。一方で〝ルネー〟は、もっと保守的ですね」[194]

また女性の場合、セクシーな服装をしている写真よりも、水泳大会で優勝した写真や、数学の問題を解いた写真〔なんらかの能力の高さを示した場合〕の方が、「モノ扱い」されにくいことが実験で明らかになっています。[195]

別の実験では、スウェットパンツやスウェットシャツなどのファッションで自信を表現している黒人男性よりも、フォーマルな服装をしている人の方が、知的で信頼でき、温かいと受け取られました。[196] また、アジア人で、欧米文化に同化せずに言葉のアクセントも変えない人は、地位が低く見られ、あまり魅力的でも知的でもなく、自信がなさそうに見られました。[197]

特権を持つ人とそうでない人が友情をはぐくむとき、特権を持たない人が、自分らしくいて誤解されるか、それとも受け入れられやすくするよう自分を抑えるか、というジレンマを抱えることがよくあります。

中には、自分が属するグループからは出ず、そのままの自分を受け入れてくれるところを見つけて、このジレンマを解消する人もいます。アダマに、白人の友達がいるか尋ねたところ、長い沈黙のあとひとりの白人女性の名前をあげました。黒人に囲まれて育ち、黒人男性と結婚した女性です。

アダマは言います。

「本当の私を〝脅威〟として受け取る人に対して、私が説明責任を負う必要はないから」

アダマにとっては、誰かと仲よくするために自分を偽った行動をするのは、あまりにも代償が大きすぎるのです。

「ただそこにいるだけで、自分が意図したわけでもない決めつけが存在して、友情に影響します。そうした決めつけは自分の外見に投影されたものですが、自分ではどうしようもできません」

私たちは誰もが、豊かでありのままの、陰影のある自分の姿を見せられる友情を持つべきです。**それなのに多くの場合、ウソ偽りのない自分でいられる特権は、もっとも力を持つ人たちだけに与えられます。**

だからこそ、上司は夜中の3時に件名欄に用事だけを書いたぶっきらぼうな空メールを送ってくるのが許されるのに、部下である自分は返事を書く際にきちんと出だしに相手の名前を書き、締めの言葉に「よろしくお願いいたします」と書き、送信前に何度も読み直すのです。

アダム・グラントは著書『GIVE&TAKE「与える人」こそ成功する時代』(三笠書房)

の中で、こう書いています。

「人は力を手に入れると、気持ちが大きくなり、その場を仕切ることができると感じるようになる。そこまで抑圧を感じずに、素の自分をもっと表現できると感じるのだ」

アダマの話からわかるように、本当の自分でいて拒絶されたり、さらには罰せられたりすることが原因で、人は特権レベルの違う友達から離れるかもしれません。

アダマの言葉を借りれば、「気楽な方がいいですから。ただ自分らしくいられるところ、演技する必要のないところにいたいのです。人の誤解に合わせて、私が自分を変える必要はありません」。

違いを超えて友情を築く方法――3つのV

私には、ハイチ留学中に仲よくなった友達がいます。

ここではポーラと呼ぶことにします。ポーラは白人女性で、人種学者です。

私は白人と仲よくするときはたいてい、理解してもらえないだろうとの思いから、有色人種としての経験はあまり表に出さないようにしてきました。

でもポーラは人種を研究していたため、私は正直になりました。たとえば、私の同僚が学生を評価する際に人種差別的な表現を使ったと感じたとき、私はそれをポーラに話しました。

また、ハイチの国旗をケープのように肩に羽織っていたときに、ピックアップトラックに乗った男性に怒鳴られたことも話しました。それから、白人の友達の家に私と黒人の友達で遊びに行ったときに、居合わせた白人女性から不法侵入者だと非難された話も、ポーラは聞いてくれました。

言い換えれば、私は「3つのV」をポーラにしていたのです。

「3つのV」とは、特権の違う者同士の健全で親しい関係を構成する要素、

①精査する（vet）
②もろさを見せる（vulnerability）
③声にする（voice）

です。

「精査する」は、あなたが属している特権を持たないグループの価値や尊厳を、理解してくれる友達を精査して選ぶことです。

「もろさを見せる」は、等身大の自分で友達とつきあうことです。**そこには、特権を持たな**

いグループに属する者としての自分の経験を気兼ねなく表現することも含まれます。

そして「声にする」は、自分が属するグループの懸念が友情の中で生じたときに、それを口にすることです。

私はポーラを精査したし、ポーラと一緒にいるときはもろさも見せていました。ほかの白人の友達にならば、自制して話さなかったであろう自分の経験についても話しました。

そうした経験に対して、ポーラはまるで自分のことのように怒ってくれ、いかにひどい経験なのかを心から理解してくれたと私は感じました。

しかし、人種が違う友達同士であるアン・フリードマンとアミナトゥ・ソウが回顧録『*Big Friendship*』(『大きな友情』、未邦訳)の中で書いているように、「たとえ一番親しい相手であれ、異人種間の友情には、どうしても埋められない溝がある」と感じるときもありました。

ある夏の日、ポーラの卒業パーティのため、ニューヨーク市マンハッタンのハーレムにあるすてきなマンションに、私とポーラ、そして彼女の友達の賑やかで一風変わった知的な集団が集まりました。

部屋にいたほぼ全員が、博士号を取得済みか取得に向けて勉強中であることから、話題は学術界の問題点についてになりました。

そのときポーラは、実は私が「多様性のバランスを取るために採用された教授」であり、その職場を辞めようとしている、と言いました。

単に白人でないから採用されたかのような言い方をされ、私はポーラに腹が立ちました。でも、それだけではなかったのです。

彼女の言葉のせいで、これまでしてきた、その他さまざまな経験を思い出してしまいました。私は頭が悪く取るに足らない存在で、これまでの実績は努力のたまものではなく、単なる施しだ、と決めつけられた経験です。

高校生のとき、コーネル大学に受かった喜びを白人の友達に伝えたら、「入れたの? じゃあ俺の合格通知はどこだ? 俺も受かっただろ?」と言われたことを思い出しました。また、中学生のときに英語の先生に、私が願書を出した難関校に合格できるだなんて期待しない方がいい、「本当に頭のいい人しか入れないから」と言われたことを思い出しました(結果的には合格しました)。

特権を持つ人たちは、特権を持たない友達のトリガーが、何気ない一言で引かれてしまうことに混乱します。こうした偏見が、驚くほど積もり積もっているのだということを、彼らは理解していないのです。

そういった出来事があるたびに、過去に経験してきたすべての偏見の重みが呼び起こされてしまいます。

特権を持たないグループの人が懸念を口に出すとき、それはたったひとつの出来事ではなく、自分の人生でこれまでどう扱われてきたかを象徴するものとして、そしてこの世界から自分の価値がどう見られてきたかを物語るものとして、その懸念と闘っているのです。


私は、ポーラの発言を指摘しました。

反感を持たれるのではないかと、恐れながらだったのを覚えています。人種差別的だと私が受けとめたことよりも、人種差別的な発言だという言いがかりの方がひどい、とポーラが反論するのではないかと思ったのです。

この話、果たしてする価値あるのかな？　と私は悩みました。当時の恋人にも相談したのですが、忘れるなんてできないのは明白だから、ポーラに伝えた方がいい、と言われました。話したところでこじれてしまったら、余計に心が乱れてしまうだろうし、ポーラの気持ちや自分の気持ちを考えると、飲み込んで忘れたいと思いました。

でも同時に、伝えるのは私たちの友情のためだ、ふたりの間のわだかまりを解消することになる、と気づきました。

ソウとフリードマンは、こう書いています。

「〝割れ窓理論（割れた窓が多い地域は犯罪が多いという研究）〟が現実として適切な状況は唯一、異人種間の親しい間柄だけです。犯罪の形跡が目に見えると、さらなる犯罪を促します！　指摘しないと、人間関係をむしばんでいくのです」

できる限り丁寧に、私はこう言いました。

「あのね、ポーラ。そんなつもりなかったとは思うんだけど、私を友達に紹介してくれたとき、私のことを〝多様性のバランスを取るために採用された教授〟って言ったでしょ。あれ、傷ついたんだ。前にもそう言われた経験があるんだけど、でも私は、ここに来るまでにすごく努力したの」

どうやらポーラは、自分がそんなことを言ったなんて忘れていたようでした。でも謝罪し、その発言は間違っていると認め、指摘してくれてありがとう、と言ってくれました。

「人からどう思われるかなんて気にしちゃダメ」は間違い

この経験は、アイデンティティという難しい問題を友達と話し合うことが、相手を攻撃したり抑えつけたりするものでもなければ、友情を弱めるものでもないことを物語っています。むしろ友情を維持するものなのです。

傷ついた心を癒す場をつくり、うまくいけば、同じ問題が再び起きないようにもなります。こうした問題が指摘されないと、かさぶたになっていつまでもうずき、やがては友情が壊れてしまうでしょう。**だからこそ、「声にする」はとても大切なのです。**声にしたおかげで、私はポーラとの仲を維持できました。

3つのVの実践は、簡単ではありません。

しかし特権のないグループに属する人が、特権を持つグループの人との友情においてウソ偽りのない自分でいるためには、3つのVの実践は絶対に必要です。

手にしている特権のレベルが自分と異なる人と友達になるということは、単にそのときだけ3つのVを実践すればいいわけではありません。**偏見は必ず、やがて再び湧き上がることになるからです。**

このような経験からわかるのは、ウソ偽りのなさについて私たちみんなが誤解しているということです。本当の自分を解き放つためのアドバイスとして、よかれと思って「**人にどう思われるかなんて気にしちゃダメだよ」と言う人もいるかもしれません。**

でもこのアドバイスは、私たちの奥深くにある人間性、つまり他者の批判や非難を気にするという人間性を否定しています。

人に対して無感覚では、ウソ偽りのない自分になどなれません。それだと、回避になってしまいます。

ウソ偽りのなさとは、行為者本人とその周囲の両方に関わります。

これまでよりも安定した自分になると、批判に対する鎧を身につけられるようにはなりますが、それでも、ときに銃弾が鎧を突き抜けてしまうこともあります。射程距離の外にい続けることもできます。

だからこそ、ウソ偽りのなさとは単に安定型になるだけではなく、自分の安定性をつちかう場でもあるのです。その場とは、精査し、懸念を声にして、もろさを実践できる場です。人によって、うまくできる人とそうでない人がいるでしょう。

特権を持つ人と持たない人の間の友情では、より一層「まず相手の話を聞く」

特権を持ったグループの人はまた、持たない友達のウソ偽りのなさを受け入れるよう努力することもできます。

本書ではここまで、**友情において相互性がいかに大切であるかを説明してきました。**友達のニーズあるいは自分のニーズだけでなく、お互いのニーズを尊重するということです。

しかし特権レベルの違う友情では、すんなりとはいきません。

片方の友達が特権を持つ人であれば、その友情の力関係は、どちらのせいでもなく本質的にバランスを欠いています。

ふたりのうち片方は、本質的により自由に自分の視点を表現できます。もう片方は、偏見のある発言に大きく反応します。

特権を持たない従属的な人たちがうまくやっていくには、特権グループの視点を常に持つために努力しなければなりませんが、特権を持つグループの人たちはそんなことをする必要はありません。

こうした力関係を是正しない関係は、本質的には相互的とは言えません。そのため、調整された相互性が必要となります。

では、調整された相互性とはどういうものでしょうか？

グループ間の平和と紛争について研究していたペンシルベニア大学のエミール・ブリュノー

教授は、こう述べています。

「あるグループがずっと沈黙させられている場合、すべてのグループが集まるときには、より力のある側に声を聞いてもらうために、沈黙していたグループにより高いステータスを与えるべきでしょう。視点取得〔他者の視点から考えること〕の代わりに、沈黙していたグループに視点を付与した方が、力のある側が恩恵を得られる可能性があるのです」

ブリュノー教授は実験で、メキシコ系アメリカ人と白人にそれぞれ、各自が属しているグループがどんな困難に直面しているのかを書き出してもらいました。

相手の苦悩を読んだあとに要約してもらったところ、白人の参加者は、メキシコ系アメリカ人に対して以前より好感を抱いた一方で、メキシコ系アメリカ人の白人への感情は悪化しました。

メキシコ系アメリカ人は、自分たちの苦悩を白人に知ってもらい、それを要約してもらったときにようやく、白人に好感を抱きました。

同様の結果は、パレスチナ人とイスラエル人との間にも見られました。[*198]

スタンフォード大学で共感について研究しているジャミール・ザキ教授は、こう述べます。

「既存の権力構造を無視するのではなく逆にしたときに、相手との接触はもっとも効果を発揮した」

ブリュノー教授の研究は、特権を持たないグループに属する友達が問題を声にしたときに、「自分の話を聞いてもらえた」と感じさせることが、極めて重要であることを示唆しています。反論したり、逆に相手を攻撃したり、議論をおもしろくしようとわざと難癖をつけたり、自分の行動を正当化したりする代わりに、**相手の話に耳を傾け、相手が言った言葉をその人に向かって繰り返すといいでしょう。**

障害を持った講演家であり、ダイバーシティ（多様性）、エクイティ（公平性）、インクルージョン（包括性）のコンサルタントでもあるカタリナ・リヴェラは、進行性視力喪失と聴覚障害を抱えています。

カタリナはある日、友達のリタと口論になりました。リタは、みんなで踊りに行くといつも、カタリナが自分たちを無視してどこかへ行ってしまう、と責めました。しかし実際には、カタリナは障害が原因で迷子になっていたのでした。ダンスフロアは暗くて騒がしいため、カタリナには友達が見えなかったのです。

「一緒に踊っていた人がいなくなってしまうと、それまで踊っていたために方向がわからなくなってしまいます。みんなを見つけようとするけど、次の曲が始まってしまう。だから、みんなを見つけるより踊り続けていた方が楽なんです」

リタがカタリナに対して下した判断は、障害者差別的な決めつけにもとづいていました。もっとカタリナの立場に立って考え、最悪の状態を決めつけるのではなく、**相手に疑問を投げかけるべきでした。**

障害を持っていないために、リタのバージョンの現実は限定的な解釈となっています。その代わりに、カタリナがこれまでどんな経験をしていたのか話してくれるように水を向けるべく、こんなふうに質問できたでしょう。

「ねぇ、カタリナ。たまにダンスフロアでいなくなっちゃうけど、どうして?」

相互性を調整するには、まず不公平な現状を補う必要があります。

人種、能力、性自認、性的指向、障害、あるいは何かしらの特権で分断されたアイデンティティの集団に関して意見の不一致が生まれたら、**特権を手にしている友達の方が、よりいっそう耳を傾け、相手を理解するよう努めなければいけません。**

なぜなら、黒人でフェミニストの学者キンバリー・クレンショーの言葉を借りれば、「異なるものを同じように扱うと、同じものを異なった扱いをするときと同じ不公平が生じる」からです。

友情が困難になったときは、一歩下がって
その友情のよい点と悪い点を検討する

私は、こんなふうに質問されることがあります。

「特権を持った友達が、あまりにも特権を乱用しているように思えるとき、その関係を終わらせるのに一番ウソ偽りのないタイミングはいつですか？」

これに対してよくある考え方は、ふたつあります。

ひとつめは「特権を持つ人との友情を我慢して続けるのは、特権を持たないグループの人の義務である」という決めつけです。

まるで、自分を痛みにさらすことが大人の証だと言わんばかりに、「友情を終わらせるほどのことじゃない。もっと寛容になって気にしなければいいんだ」というのが彼らの言い分です。

こうした主張をする人は、あなたを結局は劣った存在だと見ていることが伝わってくるような発言（たとえそれが善意からだったとしても）をする相手とつきあい続けることが、どれだけ残酷であるかに気づいていません。

もうひとつは、問題をはらんだ発言をする友達は、交友関係から追い出すしかないという考えです。

自分よりも特権を手にしている人と人間関係を構築しようと頑張った人たちはあまりにも傷ついているはずです。そのため彼らにとって、特権の違いを越えて友達になれと言うのはまるで、高速で走るフェラーリの前に飛び込めと言うようなものです。

自分よりも特権を手にしている友達が何かしらひどいことをしてくるとき、その友情を続けるべきか否か、という質問に私が行き着いた答えは、一歩下がって、もっと大局的な視点からその友情のよい点と悪い点を検討すべきだということです。

つまり、自分より特権を持ったグループに属する人を常に友達として受け入れたり避けたりするのではなく、きちんと判断すべきなのです。

その友情から自分は個人的に何を得て何を失うかを評価し、その友情が全体として恩恵よりも害をもたらしているか否かを見極めるのです（なぜなら、どの友情も害より恩恵をもたらすべきですから）。

ウソ偽りのない自分でいるには、意図をもってそうした行動を取る必要があります。

友達が何かひどいことを言ったとき、私たちはそこで立ち止まり、一歩下がり、その友情をより大きな視点で捉えてみて、続ける価値があるか否かを決める必要があります。

問題発言をするのが、子どもの頃から仲よくしてきた幼なじみか、知り合ったばかりの知人かでは、関係を切るか否かをはじき出す計算法は異なるはずです。

その人があなたの「友人」として恩恵をもたらすかどうか判断するにはセンスが必要

判断のプロセスは主観的であり、自分自身、自分の価値観、自分の気に障る引き金が何であるか、自分のニーズが何であるかを知っている必要があります。中には、相手の偏見がたった1度見えただけで、どんな友情の恩恵も確実に失われると考える人もいます。

たとえばアダマにとっては、白人と仲よくするために自分を偽らなければならないのは、あまりにも代償が大きすぎます。

人によっては、もし特権を持った友達がきちんと話を聞いてくれる人だったり、たとえばミニフィギュアの塗装やキノコ採取など、ほかに話せる相手がいないような珍しい趣味がある人なら、特権のレベルが違う相手に合わせる価値はあると考えるかもしれません。

特権レベルが異なる友達を維持するか否かを決めることに関して言えば、自分にとって正し

い判断を下すために、自分自身、自分が何を求めているか、自分の能力、自分の価値観をわかっている必要があります。

この判断は私にとって、自分が教授になり、激しい人種差別を経験して以来、リアルなものとなりました。

大学時代の友達（ここではロブと呼びます）が名門大学の教授になったときも、同じ経験をしました。人種差別についてロブと互いに慰め合った際に、私は職を離れるつもりだと話しました。

しかしロブは、仕事を続けるつもりだと言いました。

「君はニューヨーク市で、あからさまに人種差別をしない白人を含む、さまざまな人種に囲まれながら育った。僕は黒人としてドイツで育った。あらゆる中傷の言葉を浴びせられたよ。今になって初めて経験したわけじゃないんだ」とロブは言いました。

彼は今も同じ大学で働いており、私は別の大学に移りました。

私にとってその場にい続ける価値はなかったけれど、ロブにとってはあったのです。

特権レベルの違う友達を維持するか否かの判断は、人種差別、性差別、ホモフォビア（同性愛嫌悪）、身体障害者差別、その他の主義主張によってとりわけ刺激されたとき、異なる方法で算出する必要があります。

#MeToo運動〔性暴力やセクハラを告発する運動〕や、フロリダ州オーランドにあるナイトクラブ「パルス」での銃乱射事件、最近ますますメディアで取り上げられるようになった、警察官による黒人殺害事件、さらにはコロナ禍でのアジア人に対する暴力行為などがあってから、不利な立場のグループに属する人たちはとりわけ、特権を持つグループに属する人たちと友達になるのは慎重にならなくては、と感じているかもしれません。

それは当たり前のことです。

アイデンティティ発達に関する理論では、差別される側のグループに属する人は、迫害を経験した場合、安心感を得るために自分が属するグループに引きこもるとしています。自分が一番弱っているとき、さらなる攻撃を受けるかもしれない状況に自分をさらす前には、回復する時間が必要です。

だからといって、その人たちは特権グループの人と今後一切友達にならないというわけではありません。

偏見をなくすには、人種の異なる友達をつくることが科学的にもっとも裏づけされた方法である、という研究があります。

この論文を読んでいると、「頑張って!」「みんなと友達になって!」「自ら変化をつくりなさい!」と応援したくなります。

とはいえ、そこにどんな意味が暗に含まれているかを考えると、応援することはできません。もっとももろい立場にいる人は、常に痛みを受ける可能性にさらされなければいけない、ということだからです。

誰もが前線にいる必要はありません。

ウソ偽りのない決断とはつまり、特権レベルが自分とは異なる人と友達になるための自分の能力や、その能力がどう変化していくかを尊重することです。

以下は、不利な立場のグループに属している人たちが、特権を持つ友達をつくる際に自分に問いかけるための質問です。

- この友情から自分は何を得られるだろうか?
- この友情から自分はどんな悪影響を受けるだろうか?
- できるだけ悪影響を受けないよう自分にできることはあるだろうか(たとえば、思い切って話し合う、あまり会わないようにする、など)? そして、自分はそれをしたいだろうか?

・この友情から、悪影響よりも大きな恩恵を得られるだろうか？

どの友達になら、自分を安心して見せられるかを考えよう

サラとハンナのギクシャクした旅行から数カ月後、ハンナが会社のキッチンでお弁当箱を洗っていたところへ、サラが声をかけにいきました。キッチンに入ってくるサラに気づいたハンナはそっぽを向き、急に洗い物に集中し始めました。

「ハンナ？」とサラが声をかけます。ハンナは、体が一瞬熱くなったと思ったら、冷えていくのを感じました。今やふたりのうち言葉少ななのはハンナとなり、「はい」とだけ答えます。

「あれから考えてたんだけど、攻撃的にならずに自分のニーズを伝える方法があるってわかったの。ごめんね。仲直りできればいいんだけど」

ハンナは、なんと返事していいかわからずにお弁当箱を洗い続けていましたが、ようやく「わかった。ありがと」とだけつぶやくと、キッチンから出て行きました。

サラとハンナのやりとりは現在、ＳＮＳでの簡単なコメントだけに限られています。

サラは当時を振り返り、あのつらい経験の原因は、間違った方法で親しくなろうとしたこと、つまり包み隠さない正直さをもとに人間関係を築きたいという思いだったと理解しています。

サラと同様に、私もかつてはウソ偽りのなさは包み隠さないこと、思いついたことはなんでも相手に伝えることだと思っていたものでした。

しかし今は、耳を傾けること、自分の声に耳を傾け、自分の中で何が起きているかを恐れずに経験すること、そして自分を守ろうとごまかすのではなく、自分が本当に何を考え、感じ、恐れ、愛しているのかを認めることだと理解しています。

大切なのは、他人に向けて自分の意見を認める勇気を持つことだけではありません。自分で自分の意見を認める勇気を持つことでもあるのです。**こうして自分に耳を傾けて初めて、どの友達になら一番自分らしい内側を、ウソ偽りなく安心して見せられるか、見分けられるようになります。**

この作業は、人にやってくれるようお願いするものではなく、自力で行うものです。

私たちは、相手を支配したり、コントロールしたり、非難したり、避けたり、無視したり、急に連絡せずに関係を切ったり、差別したり、その他ひどい扱いをしたりなどしません。

なぜなら、自分の中にくすぶる不快感から解放されるために、私たちには友人が必要だからです。そしてそこから、相手をより深く愛し、相手の本当の姿を慈しみ、友情を見つけられるようになります。

Chapter

06

友情に関しては、みんな怒りを我慢しがち

人とうまく衝突するには

大学院時代、私たち学生は「ミネソタ多面人格目録」というアンケート形式の検査を受けました。将来、自分のクライエントに受けてもらうことになるため、理解を深めるべくまずは自分たちで受けたのです。この検査はかなりのボリュームで、1時間以上かけて567件の質問に答えます。

その答えから、心気神経症（ヒポコンドリー）、うつ病、精神病質（サイコパシー）など、その人がどのような精神疾患を患っているかが示唆されます。

非常によくできた検査で、もしウソの答えを書けばわかる質問も盛り込まれています。そのため、私は正直に回答しました。

結果が戻ってきたとき、検査の評価対象となっていた疾患のほとんどに当てはまっていなかったことがわかり、ホッとしました――ただし、ひとつを除いては。

検査結果によると、私は怒りを抑制しているとのことでした。**怒りの抑制が評価対象になっていたことに驚きました。**

怒りを抑えられるのは問題というより、長所だと思ったからです。

怒りの意味とは何でしょうか？

怒っている人は怒鳴り、悪態をつき、物を投げ、人に危害を加えます。**怒りの抑制は、自分の人間関係を守ることだ、と私は結論づけていました。**

このように考えるのは、私だけではありません。

アメリカの随筆家ラルフ・ウォルドー・エマソンに言わせると、「怒りを抱いたまま1分過ごすごとに、心の平穏を60秒手放すことになる」のです。そしてローマ皇帝だったマルクス・アウレリウスは、「より嘆かわしいのは、怒りの原因よりも結果である」と言っています。

アメリカの作家マーク・トウェインはさらに具体的に、「怒りは、注がれた対象より保存する器に、より大きな害をもたらしかねない酸のようなものである」と表現したことがあります。

こうした言葉が何を言わんとしているかは明らかです。怒りはよくない、なんとしても避けるべきである、ということです。

私がフアンという人物と会ったとき、この考えが正しいことが証明されました。フアンは当初、怒りを抱えた人には見えませんでした。とても魅力的だったのです。

自分がいかに面接で人を魅了してきたかや、転職するたびに職場で生涯の友ができること、普通の親が子どもに「人と分け合う方法」を教えるところを、自分は娘に「人を魅了する方法」

を教えたことなどを話してくれました。

ファンは、親しくなる前から、まるで旧知の友のように冗談を飛ばすような人でもあります。常に笑顔で、人の話に耳を傾け、気に入った相手のことはその日のうちにお酒や食事に誘います。もしあなたが誘われたら、間違いなく一緒に行くでしょう。

ペルーからアメリカへ移民として渡ってきたファンは、人とのつながりに長けていましたが、その能力の半分は才能、もう半分は生き残るための戦術でした。

ファンの家族はまず、ペルーからテキサス州の農村にやって来て、そこから同じ州内でも犯罪率の高いヒューストンに移りました。ヒューストンに引っ越したとき7歳だったファンは、学校へ行くたびに大声で泣きわめき、落ち着くまで姉が一緒にいてくれました。

家族はその後、北へ向かいバージニア州マナッサスへ引っ越し、そこで姉は勉強、兄はスポーツでそれぞれ才能を発揮しました。ファンは最終的に、社交家として自分の居場所を見つけました。

学校では毎日お昼の時間になると、さまざまな人たちと一緒に食事を取り、人種の違いを越えて黒人の子たちのテーブルから白人の子たちへ、さらには運動部グループからガリ勉グループへと飛び回りました。

ファンにとって友情面での唯一の障害は、自分の怒りでした。

唯一とは言っても、深刻な問題です。

「湧き上がってくるときは自分で感じます。そして怒りに支配されてしまう。まるで、自分ではコントロールできないみたいです」とファンは話します。

怒っているときのファンは露骨に意地悪で、友達が一番弱いところを狙って攻撃します。

あるとき、職場で昇進したことを友達に伝えたところ、見下すような対応をされたと感じたファンは、それを本人に伝えました。

友達は侮辱したことを認めずに会話はヒートアップし、ファンはもう少しで、相手の子どもについて暴言を吐くところでした。

運よく、やり取りが急速に悪い方向に進んでいると察した友達が、そこで会話をやめました。

また別のとき、ファンのお気に入りのDJがプレイするイベントに、幼なじみと一緒に行くことになっていました。ところが友達が直前になって、「気分が乗らない」と一言だけ言ってドタキャンしてきました。

ファンは友達に「クソが。俺にとってお前はもう死んだも同然だ」とテキストメッセージを送りました。ふたりはその後3年間、口をききませんでした。

怒りは、表すことも我慢することも、どちらも人間関係を損なう

研究の世界では、怒りを相手にぶつけることを「怒りの表出」、抑えることを「怒りの抑制」と言います。

ファンと私は、この怒りの領域の両極端にいるように思えますが、実はふたつの戦術には、思った以上に共通点があります。どちらも、簡単に他方へと変化します。**怒りを長く押さえつけすぎると、急に爆発する可能性があるのです。**

研究者は、「怒りの表出」も「怒りの抑制」もそれぞれ腹立たしさを増強してしまうため、余計に怒りが湧いてくるのではないかと理論立てています。[*199] だからこそ、どちらも敵意、気分の落ち込み、不安と相関するのかもしれません。

さらに研究者らによると、どちらも人間関係を損ないます。なぜなら、こうした怒りのせいで、怒りに駆り立てたり人と親密になることを妨げたりするという根本的な問題に対し、生産的に取り組めなくなってしまうためです。[*200]

「怒りを抑制する人」、つまり私の方がファンよりも怒りをコントロールできているかのように思えるかもしれません。

しかし怒りを抑制していることで、コントロールされていたのは私でした。何かに怒ったときの私は、反射的に怒りを飲み込み、相槌を必要以上にうち、力いっぱい頷き、相手に同意できない点も折れて受け入れました。

これは、質の悪い防御メカニズムです。何かに腹を立てたときの私は、話し合う代わりに、うわべだけの笑顔を見せました。自分の怒りが相手のことも怒らせてしまうのが怖かったのです。

まるでファンがコントロールできずに悪態をついたり叫んだりしたように、私はコントロールできずにこうした行動を取っていました。怒りの表現にはコントロールされていませんでしたが、怒りを否定しようとの思いにコントロールされていたのです。

ここに、ジレンマがあります。ファンのエピソード（そしてウソ偽りのなさに関する章である第5章に出てきた、サラとハンナのエピソード）から、攻撃するとうまくいかないことがわかります。私の経験から、抑制もやはりうまくいきません。

激しい怒りの塊となっても、逆に怒りをなだめて黙らせても、いずれにせよ怒りが有害なら、一体どうしたらいいのでしょうか？

怒りの奥底にあるニーズは、どう満たすのが一番いいのでしょうか？
自分にも友情にも害を与えずに怒りを表現する方法はあるのでしょうか？

怒りは友情を強化できる

愛着理論の父であるジョン・ボウルビィは『母子関係の理論』（岩崎学術出版社）の中で、ふたりの幼児、ローラとリジーを取り上げています。

ふたりはそれぞれ見捨てられた経験をしましたが、反応の違いは目を見張るほどでした。

2歳のローラは、簡単な手術のために入院しました。滞在の様子はビデオ録画されており、そこにいない母親を求めて泣き叫んだときの様子が映っていました。

退院後、ローラは母親と一緒にこの動画を見ながら、母親の方を振り返り怒りながらこう言いました。

「ママ、どこいたの？　どこ？」

一方で2歳のリジーは孤児で、複数の保育士によって育てられました。

直近でリジーの世話をしていたのはメリーアンという名の保育士です。メリーアンが結婚するために数週間留守にした際、戻ってきた彼女を見てリジーは怒ってこう言いました。

「僕のメリーアン！　でも嫌い」

ボウルビィは、ローラとリジーの事例を使い、2種類の怒りを解説しました。

それぞれ、「希望の怒り」と「絶望の怒り」です。

希望の怒りとは「私たちが再び親しくなるには、ふたりの間に生まれた問題を解決する必要がある」ことを表現しており、活力を与えてくれます。強烈な感情というより、何かしらを変える必要がある、と伝える合図です。

満たされなかったニーズは何なのか、それを満たすにはどう行動すればいいのか、振り返るよう背中を押してくれます。

たとえ怒っていても相手を大切に思っていること、つまり相手が持つ本質的な価値は変わらないままであることを認めているのです。

相手を罰したり責めたりはしませんが、その代わりに、満たされなかったニーズを明らかにし、変わるよう求めています。

ローラが、「ママ、どこいたの？　どこ？」と言ったように。

一方で絶望の怒りは、人間関係の修復に望みを失ったときに起こります。衝突と闘争を混同し、そのため防御したり、相手を怒らせたり、罰したり、徹底的に攻撃したり、復讐に駆り立てられたりします。

希望の怒りは、より深いニーズや価値について考えるために立ち止まらせるものですが、絶望の怒りは、ただただ相手を攻撃します。衝動的であり、「きちんと処理されていない感情」[*201]がそこにあることを示している、と研究者らは指摘しています。

絶望の怒りは、自分の身を守るもののように見えますが、相手を強く非難するものでもあります。リジーが、「嫌い」と言ったように。

絶望の怒りが、私たちが通常、怒りと結びつけて考える、あの破壊的な力です。

一方で希望の怒りは、友情を深められる癒しの力であり、私たちが活用すべきはこの怒りです。

怒りを覚えた相手に「オープンかつ責めない」でいるといい

精神分析学者のバージニア・ゴールドナーは、人間関係には2種類の安全があるとします。

ひとつは「永続的な快適さという軟弱な安全性」です。これは、怒りや衝突を無視して、**問題など存在しないフリをすることで維持されます。**

もうひとつは「動的な安全性」[*202]です。これは、「リスクを取ることとそれを解決すること――つまり決裂と修正、別れと仲直りという終わりのないサイクルを通じて強さが確立」されるというものです。

ゴールドナーは、動的な安全性は信頼をもたらし、本物の親密さを育むと指摘します。希望の怒りは、友情に動的な安全性をもたらすことができるのです。

希望の怒りを表現することでどんな恩恵があるかも、研究によって明らかにされています。ある研究では、人は裏切られたとき、裏切った相手に対し、オープンかつ責めない形で向き合うと、その関係が深まることがわかりました。[*203]別の研究では、**衝突にうまく対処できる人（たとえば、相手の話を聞く、過ちを認める、状況を落ち着かせる、相手の視点に立つなど）は、人から好かれ、気分の落ち込みも少なく、孤独でもないことがわかりました。**そうした人は、ルームメイトからも社会的な能力が高いと見られ、友人としても満足されていました。[*204]

恋人同士を対象にした研究では、何か問題があったときに、それを許したり忘れたりするのではなく解決しようと取り組んだ場合、ふたりの関係にとってプラスとなり、解決する可能性が高まることがわかりました。[*205]

一方で問題を矮小化した場合は、そのときは気分よくすごせますが、変化は起きません。[*206]

マサチューセッツ大学アマースト校の心理学名誉教授で、怒りを研究しているジェイムズ・アヴリルは、こう話します。「ドラマチックな怒りではなく、日常的な怒りの事例を見てみると、たいていはポジティブな結果になっている」[*207]

アヴリル教授のものを含む複数の研究では、怒りを表現すると、人間関係を壊すよりむしろプラスになる可能性の方が高いことが明らかになっています。[*208]

アマースト大学のキャサリン・A・サンダーソン博士のチームは2005年、親しい友情を大切にする人が、人と衝突したときにどう対処するかを調べる研究を行いました。

その人たちは、何も言わないでしょうか？

それとも問題について話し合うのでしょうか？

サンダーソン博士は学生に対し、友情における親密さをどのくらい大切に考えているか、人と衝突したときにどう対処するか、自分の友情にどれだけ満足しているか、アンケートをとりました。結果から、親しい友情を大切にする人は、問題を避けたり関係を切ったりするのではなく、懸念を建設的に伝えており、それにより友情への満足度が高くなっていることが示唆されました。[*209]

こうした研究は、私たちが取り入れるべきなのは、希望の怒りであることを示唆しています。希望の怒りのおかげで私たちは、相手にとってよりよい存在になるべく互いを啓蒙しあい、友情を永遠に高め続けられるのです。

怒りを共有することで、自分は正直に向き合うに値するほど信頼できる人物であること、そして問題点を指摘するほど真摯に向き合っていることを相手に伝えられます。

友達との衝突は、友情を回復させることも、深めることさえも可能です。

ではなぜ、人は衝突を避けてしまうのでしょうか？

友情に関しては、特にみんな怒りを我慢しがち

友情に関しては、ほとんどの人が、怒り、そして怒りの兄弟分である動揺、イライラ、不満、激怒も一緒に表に出さずに抑えつけます。**人は、恋愛相手との問題と比べ、友達との問題を避けがちであることが、複数の研究でわかっています。**[*210]

恋愛関係と比較すると友情は気軽で楽しいものなので、問題が起きても、怒ったり、傷つい

たり、期待を持ったりする権利を自分は持たないと考えるのです。こうした思い込みを下支えするのは、「友情はたいしたものではない」という考え方です。

第4章で登場したスカイラー・ジャクソン博士は、こう説明します。

「〝まぁ友達だから、いいか〟と考える人はたくさんいます。友達とけんかなど誰がするでしょうか？　でも、友達に傷つけられることだって十分あり得ます。それは何かとんでもないことをされたからではなく、友情だって人間関係のひとつに変わりがないからです」

友情でも、問題を修復できなくなるほど悪化するまで放っておかずに、しっかりと向き合うこともできます。

ただ難しいのは、友達に不満があっても、なんとかなるよ、と忘れようとしてしまいがちだという点です。自分は気にしすぎだとか、つまらないことで騒ぎすぎると考えるのです。

しかし、ある問題について指摘する価値があるか否かを判断する唯一のリトマス試験紙となるのは、その問題が気に障り続けるか否かです。

いつも遅刻してくる、名前の読み方を間違える、無神経な発言をするなど、何であれ自分の気に障っているということを、友達に伝えたっていいのです。**気に障っているという以外に、相手と話し合う価値のあるものか否かを客観的に判断する基準はありません。**

問題を指摘したら、あなたが思う以上にありがたいと友達は思ってくれるかもしれません。私の友達のジーニーは、私の家で一緒にラーメンを食べながら、直接的な対話をせずに壊れてしまう友情を嘆いていました。

しかし、結婚に関しては、ジーニーは夫との間に問題が生じたら、いつもつぼみのうちに摘み取っていました。ふたりは、著名なカップル・カウンセラーであるジョンとジュリーのゴットマン夫妻が発行する週刊ニュースレターを購読までしていた上に「私たちは波長が合っていない」とか「あなたとつながろうと努力していたのに気づいてくれなかった」のような仰々しい言葉遣いを好んで使っていました。

ジーニーは言います。

「結婚は大変で衝突は当たり前だって話は、よく聞くよね。**でも友情が大変で衝突は当たり前って話は聞く？　聞かないよね。**友達はいい気分にさせてくれるものだって、元気をくれるものだって話ばかり。だからお互いに腹が立つと、どうしていいかわからなくなるんだよ」

友達が腹を立てた場合は、距離をおくなどたいていは間接的に表現してきます。

科学ジャーナリストのリディア・デンワースの友達は、デンワースが発行しているメルマガの購読をやめることで、関係を絶とうとしました。友情の専門家のデンワースでも、そんな経験があるのです！

私の友達は、自分の友達がふたつめのインスタグラム・アカウントをつくり、そこでブロックされて初めて、自分がその友達に「キャンセル」されていることに気づきました。

人はまた、友達に腹を立てたとき、完全に連絡を絶つ代わりに、友達を「格下げ」することもあります。

嬉しいことがあったときにかつては真っ先にテキストメッセージを送った相手だったのに、問題が起きたあとは、年に1度の「フレンズ・ギビング」〔家族と祝う感謝祭の時期に友達に感謝する行事〕のときに、おいしそうなコーンブレッドやクランベリーソースを横目に「ハロー。元気？」とよそよそしく挨拶するだけになります。

ジャクソン博士によると、私たちは「手術をして4週間かけてリハビリし、人生を取り戻してより満たされた日々を送るよりも、生涯続く痛みに耐える方を選びがちです。問題に対処できるにもかかわらず、友情をしおれたまま放置してしまうのです」

念のため書くと、怒りを無視するのは必ずしも悪いわけではありません。一時的な問題であれば、そのまま忘れてしまえばいいのです。

でも、慢性的だったり、忘れられなかったり、友情がしおれてしまったりするなら、問題を直視しなければいけません。

友情を終わりにする方が妥当な場合とは

それでも、心を開くよりも、関係を終わりにする方が妥当なときもあります。友情を維持するためには、相手との衝突も必要ですが、しかし友情ならすべて維持するべきというわけではありません。あなたを大切に思ってくれる人ならば、問題に取り組み、許し、そして何かあっても気にしないというのもよいでしょう。でもそうでない相手なら、そこまでする必要はありません。**どんな状態でも普遍的にすべき行動などありません。**

まずは衝突して問題に対処しようと決める前に、その友情が健全か否かを査定しましょう。悪意を持った友達にしがみつく理由など何もありません。

私が聞き取り調査をした人に、デボラという女性がいました。離婚経験があり、新しくつきあい始めた彼氏の家に頻繁に泊まりに行っていました。

デボラには信心深いメルという友達がいましたが、彼氏の家に泊まりに行っているデボラがコミュニティの風紀を乱していると言って、**共通の友達にデボラを避けるように働きかけてい**

ました。

こんな扱いを考えれば、デボラはメルとのつきあいをやめた方がいいでしょう。

ほかに注意すべきポイントとしては、「あなたの成功を応援してくれない」があります。

ある友達が新しい仕事を見つけたとき、お祝いの言葉を言う代わりに、「今回はちゃんと働いた方がいいよ」と言うような友達です。

それから、「自己中心的な友達」もあります。

相手に会うためにこちらが車を2時間運転するのは当然と思いながら、こちらの誕生日には車を走らせて会いに来てもくれない人です。**ちっともこちらに関心を示してくれないからか、それとも話した内容を批判されるかもしれないという不安からか、その人と話したあとはぐったりしてしまうかもしれません。**

概して、友情とは、気分が害されるのではなく気分がよくなるべきです。

どのような友情にも、問題は起こります。

しかしそこで一歩下がって大局的に精査し、助けになるよりも害になると気づいたら、修復ではなく終了する必要があるかもしれません。

最高の友情でも「話し合い」が必要なときがある

とはいえ、普段は最高な友達（思いやってくれ、こちらのニーズを考慮してくれ、概して大事にしてくれる友達）との間に何か問題が起きたときは、『最高の集い方』（プレジデント社）の著者プリヤ・パーカーが言うように、「不健全な衝突と同じくらい、不健全な平和も人のつながりを脅かす」ものです。

怒りは、表現しなければいけません。なぜなら、**あまりにも長いことため込んでしまうと、ある日突然、最高の友情でさえも手放したいという強烈な衝動と共に目覚める可能性もあるためです。**

もっと早い段階で怒ることを自分に許していたら、こんな状態になる前に手を打てたかもしれません。自分の怒りを許していたら、友情を修復して再調整するためのきっかけを手にできたでしょうし、さらに深い「動的な安全性」に到達することもできたでしょう。

怒りを抑えつけてしまうと、絶望的になるまでその問題に注意を向けません。そのため、そこにあるがん細胞が友情という名の体全体に広がることになってしまいます。

私は、このプロセスを実際に経験しました。親友のビリーに、ちょっとしたイライラがたまっていました。

大切な書類にフィードバックをくれるようお願いしたのに忘れたり、私が参加できない友達のディナーに、一緒に参加すると勝手に答えてしまったり、ジェンガで遊んでいたときに、プレッシャーをかけないでと怒鳴ってきたりしたのです。

今考えるとバカバカしいですが、そのときの私は腹を立てました。気づくとこちらからビリーにあまり連絡しなくなり、向こうから連絡がきてもそっけない反応をしていました。

友情のためにも、こうした問題を自力でなんとか消化しようとしていたのです。でもビリーと距離をおこうとしている自分を見つめ、消極的な怒りの処理では、お互いにとってよくないと気づきました。

愛着理論と衝突について研究しているミネソタ大学のジェフ・シンプソン教授は、**友達と問題が起きたときは、「自分の人生に、その友達だけがもたらしてくれるものは何か」を考えるといいとアドバイスします。**

この考えは、友情を矮小化しがちな私たちの傾向に、本当にそれでいいのかと疑問を突きつけます。自分は何を失うことになるのかに気づけ、そのおかげで、友達と別れる代わりに問題に向き合えるようになります。

ビリーとの場合、私はあまりにも多くを失うことになるところでした。ビリーは私にとって、腎臓と同じくらい大切な存在なのです。

誰よりも理解してくれるし、本心を聞いてほしいときに連絡する相手でもあります。

ビリーの静かな思いやりと見識のおかげで、私はこれまで以上に自分らしくなれました。わだかまりを積もり積もらせたからといって、この関係を手放すなんて正気の沙汰ではありませんでした。

とはいえ、「怒りを抑制する人」である私にとって、困った点がありました。

衝突を避けることで、自分が友情を損ねているのは理解していましたが、話し合うことが果たして助けになるのか確信が持てなかったのです。当時の私の知識では、怒りと衝突は「癒し」というより「破壊」でした。

ビリーと話すべきか悩んだ私は、ジーニーに相談したり、職場で行われた職業訓練のセッションで、どんな議論になるかをロールプレイしてみたりしました。

そしてようやく、話し合おう、とビリーにテキストメッセージを送りました。

ビリーは緊張すると言いました。私もだと答えました。

緊張は攻撃性ではなくもろさであるため、彼女の言葉を聞いて、私は安心しました。

実際の対話でも攻撃よりもろさが勝るよう、私は祈りました。なぜ腹を立てていたのかを伝えると、ビリーは謝ってくれ、泣き始めました。

怒りの涙ではなく、感動の涙でした。

彼女にとって、ここまで愛情深く誰かと衝突したことがなかったのです。私にとっても同じでした。

私たちはお互いに、今まで以上に親しくなれたように感じるね、と言葉を交わしました。

ビリーとの経験から、話し合わない限り乗り越えられないものもあること、そして、怒りを認めることで、本来なら愛情あふれる友情につきまとい続ける、過去の傷跡を解放するための対話ができるようになると学びました。

怒りは、友情にポジティブな変化をもたらします。ただし、怒りの扱い方を心得ていれば、です。

友達に怒りをどう伝えるか

希望の怒りが表せるかどうかは、愛着スタイルによって異なります。

不安定型（不安型および回避型）の人は、絶望の怒りに苦しみます。過去に怒りで失敗しているので、人との衝突に臨戦態勢で挑みます。そして、彼らが人と衝突したときにいつも使う戦術――攻撃か退避――は、人間関係を損なうことが、研究で明らかになっています[*211]。

不安定型は、自分が相手にひどいことをしたかではなく、いかにひどいことをされたかばかりに焦点を当ててしまい、相手の視点に立って考えることができません。

ハリエット・レーナーはその著書『こじれた仲の処方箋』（東洋館出版社）の中で、友人の出版記念イベントに遠方から飛行機でかけつけたときの出来事を書いています。

ハリエットは、そのイベントの間ずっと、会場の片隅に座って昔の同僚と近況報告をしあっていました。

後にその友人は、ハリエットがほかの出席者と会話をしなかったことに激怒して連絡してきました。というのも、ハリエットには知らされていなかったものの、会場にいた多くの人たちは、有名な著者であるハリエットに会うのを楽しみにしていたというのです。

友人は、ほかの出席者と話してほしいという希望を本人に伝えなかったことや、ハリエットが遠方から飛行機でわざわざ駆けつけてくれたことを認めもせず、謝罪を求めてきました。さらにその友人はハリエットに、「自分のことしか考えていない」「言語道断」だと言いました。

この言葉から、友人にとっての最優先事項は関係修復ではなく、ハリエットを責め、罰することだったことがわかります。さらに、ハリエットが単にうっかりしていたのではなく、悪意があったと決めつけていたこともわかります。**不安定な人がしがちな思い込みです。**

不安定型の人は、人と衝突したときに感情に飲み込まれてしまいます。**なぜならこの人たちは、衝突を和解と見るのではなく、戦闘と混同するからです。**衝突に対して反射的に反応し、ボロボロにすり減った感情の言いなりになって振り回されます（回避型の人の場合、自分の感情にそこまでの自覚はありません）。

不安定型の人は、怒りを感じたら怒鳴ります。

自分の身が脅かされていると感じたら、心を閉ざします。

また、対立に勝とうとしたり、相手を犠牲にして自分のニーズを満たそうとしたりします。

人間関係における力学を研究している、マサチューセッツ大学アマースト校の心理学名誉教授ポーラ・ピエトロモナコ博士は、こう話しています。

「私たちは、非常に個人主義的で競争の厳しい社会に生きています。そのせいで人間関係もそう捉え、議論は勝つべきものだと考えるようになりました。しかし長い目で見ると、これは友情にとっていいことではありません。**勝つことに焦点を当てるのは危険信号です**」

怒りを上手に扱える人は、相手のもろさに対処している

安定型の人は協力的で、人との衝突は互いのニーズをすり合わせる手段だというアプローチのしかたをします。怒鳴ったり責めたりはしません。怒りはニーズの存在を知らせる合図だと認識し、それを声にして伝えます。

前述のシンプソン教授は、安定型の人は「ネガティブな感情を脇へ置き、相手との関係を一歩進めるためには何をすべきかを考える」と説明します。「長い目で見て自分は最終的にどこに落としどころを見つけたいのか、何を達成したいのか、衝突のあとにその関係がどう改善していてほしいのかを大局的に考えるのです」

もしハリエットの友人が安定型のアプローチを取っていたら、最終目標は、傷ついたことを伝えてハリエットとの友情を修復することであり、攻撃が最善の戦略でないことに気づいたかもしれません。

誰かを必要以上に非難すると、自分は謝罪してもらいたいにもかかわらず、相手が謝罪しにくくなってしまう、とハリエット・レーナーは指摘します。

ハリエットの友人は、こんなふうに言えたかもしれません。

「あのね、私のせいでもあったって気づいたの。ちゃんと伝えていなかったし（自分の非を認める）。でも、出版記念イベントであなたがほかの出席者と話していなかったから、私は気分を害したの（相手を責めずに感情を伝える）。出席者と話してほしいって私が思ってたの、たぶん気づいていなかったんだよね（悪意はなかったと仮定）。わざわざ飛行機で駆けつけてくれて感謝している（相手の視点から見る）けど、出席者ともっと話してくれたら嬉しかったな（相手を責めずに自分のニーズを伝える）」

「安定型の人は衝突の際に、不安定型を悪者に見せません」とシンプソン教授は教えてくれました。安定型の人は、自分の感情だけでなく、相手の感情もなだめるという「共調整」（互いに調整するプロセス）を行っています。

第4章で、自分の中にある感情の引き金にどう対処するかについてすでに学びましたが、**人との衝突においてはさらに一歩踏み込み、友達の引き金にも対処する必要があります**。安定型の人は、相手の怒りが高まっていると感じると、その怒りをなだめることができるのです。

そんなこと絶対できないと感じる人もいるでしょう。

トラウマを受けた経験がある人であればなおさらです。トラウマによって、自分の中にある引き金のコントロールが非常に難しくなるのに、他人の引き金のコントロールなどできるわけがないと思うでしょう。

共調整は、今すぐできるようにならなければいけないものというより、長期的な目標かもし

れません。

それでいいのです。

安定型の人は、共調整を実行しても、自分のニーズを撤回したりしません。**ほかの人は、謝るべきでないところで謝ることもあるかもしれませんが、安定型の人はそういったことをしません。**

たとえ友達に「気にしすぎだよ」と言われても、安定型の人は「違う。これは私にとって大事なことだから」と言うでしょう。

相手の視点も考慮しつつ、自分の意見をきちんと主張します。相互性を大切にし、こんなふうに自問します。

「もし私たちがチームで、お互いのニーズが同じように重要だったら、どちらのニーズも尊重する形で問題を解決するにはどうしたらいいだろうか?」

感情を落ち着かせる

人とうまく衝突するには、相手の視点から物事を見ると同時に、自分の視点も相手に示す必要があります。**あまりにも怒っていたら、これをうまくできません。**

感情を鎮めるために少し時間をおきましょう。セルフ・コンパッションも役立ちます。そして自分の感情にラベルづけをし、感情の正当性を認め（「こんなふうに感じたっていいんだ」）、誰だってその感情を抱くことはあるという事実を受け入れます。信頼のおける第三者に話してうっぷんを晴らしたり、瞑想したりするのもいいでしょう。

気にしすぎだとか、こんなふうに感じてはいけない、などと自分に言ってはいけません。**あなたの怒りは、変化が必要であることを示す、大切な感情です。**しっかりと感じて尊重しましょう。

いったん感情が収まり、問題を相手に切り出す心の準備ができたら、敵対的ではなく協力的になるよう自分に言い聞かせましょう。

友達にアプローチする前に、次の質問を自問してみましょう。

1. 私はこの衝突から何を得たいのだろうか？
2. この問題における私の役割は何だろうか？　友達の役割は？
3. この衝突は、友情を改善するためのものだろうか？
4. 落ち着いて友達にアプローチできるだろうか？

5. 自分の視点と相手の視点をバランスよく取れる準備は自分にできているだろうか？

建設的に衝突するよう友達に水を向ける

直接顔を合わせて問題を話し合う時間を決めるために、友達にテキストメッセージを送りましょう。こうすることで、友達も心の準備ができます。

ふたりの友情が大切だからこそ問題を話し合うのだ、と相手に伝わるような表現を使いましょう。たとえばこんな言い方があります。

- 「あなたとの友情は私にとってとても大切だから、ずっと引っかかっていることをオープンに話して解決したいなと思って。あなたの考えも聞きたい」
- 「あなたとの友情が大好きだから、関係をダメにしないためにも、ずっと気になっていることについて話がしたいんだ」

自分の視点をシェアしよう

友達と会ったら、何を感じているかを伝えましょう。**ただし、友達を非難したり責めたりしてはいけません。**

気になっていることを伝えるとき、「あなたが……」の代わりに「私は……と感じた」と言うようにします。相手を責めるのではなく、相手の行動が自分にどう影響したかに焦点を当てるのです。

ブレネー・ブラウンは自身のポッドキャスト「Unlocking Us」（私たちを解放する）の中で、非難とは、「自分が感じている不快感を他者に転嫁して耐えようとしていること」だと説明しました。

相手にどれだけの痛みを与えたいかは、あなた自身がどれだけの痛みを抱えているかに比例します。仕返ししたいという強い思いを手がかりにして、あなた自身の人生の何に注意を向ける必要があるのかを探りましょう。

自分の気に障っているものが何かわかったら、それを相手に伝えます。自分の心の内側に広がる世界を相手に伝えることで、友達の中で何かが変わる可能性もあります。

- たとえば「私は毎週金曜日、あなたの娘をサッカーの練習に迎えに行っているのに、あなたは一度たりともお礼を言ってくれたことがない。恩知らずだよ」と言う代わりに、「あなたの娘をサッカーに迎えに行っているのにお礼を言ってくれないので気になっているんだ。一言でも言ってくれれば嬉しいんだけど」と言ってみましょう。
- たとえば、「息子の誕生日のお祝いに来てくれないなんてひどいじゃん。もっとまともな友達かと思っていた」と言う代わりに、「息子の誕生日に来てくれなくて傷ついたよ。一緒に祝えたらすごく嬉しかったのに」と伝えましょう。

友達の視点を聞いても、相手の言うことを受けいれなければいけないわけではない

自分の言い分を伝えたら「あのとき、あなたはどうだったの？」と尋ねてみましょう。**友達の視点を理解するといっても、あなた自身の立場を弱くしたり、相手に責任回避の言い訳をさせたりするわけではありません。**

相互理解を深める上、友達の行動の背景に何があったかをより広い視点から理解すれば、決

してあなた個人への嫌がらせだったわけではないと理解できるようになります。たとえば、息子の誕生祝いに来れなかった理由は、友達が骨折するほどの大けがをしたからだったと判明するかもしれません。

また友達と話し合うことで、あなた自身の行動も問題の要因をつくっていたことがわかるかもしれません。

心を開いて受け入れましょう。自分の責任を認めるからといって、あなたの懸念が矮小化されたり、この問題があなたのせいになったりするわけではありません。

人間関係は（虐待的な関係を除き）多くの場合、ダンスのようなものです。**たったひとりのせいではなく、お互いの行動が相手に影響を与え、さらに大きな問題となって表面化してきます。**

相手の言い分がもっともだと思ったら、責任を受け入れて謝りましょう。

もしそうとは思えなければ、謝る必要はありません。

たとえば、私がとても困っていたのに友達が手を貸してくれなかったとき、突き放された気がして、こう言ってしまいました。

「あなたって精神的な支えとしては心強いけど、実際に手を動かしての支えは得意じゃないんだね」

彼女との衝突は悪化してしまいました。

後日、このときのことを私は再び話題に出しました。友達は、自分の友達としてのあり方を、たったひとつの出来事だけで私が決めつけたことに腹が立ったと言いました。その言い分はもっともだと思い、謝りました。

引き金をなだめよう

人と衝突したときに、自分の中の引き金が引かれてしまうのはよくあることです。

ウソ偽りのなさについて取り上げた第5章でも学んだとおり、自分の引き金を無視すると、引き金にコントロールされて、守りに入ったり、相手を攻撃したりします。

そうならないために、人と衝突したときは、自分の中にある引き金が支配権を握らないように、常に監視してなだめる必要があります。立ち止まり、深呼吸し、引き金の奥にある不快感を認識し、体のどこにその引き金が姿を表すのかを見つけましょう。

自分で自分をなだめる方法は、もうひとつあります。


人と衝突したときに、ふたつに分割された自分を想像するのです。

ひとつは自分自身を経験し、もうひとつは自分を観察します。相手とケンカしたい衝動を持っている自分を観察しながら、自分のボクシング用グローブは果たして役立つのだろうかと考えてみましょう。

自分の身を守ったり相手を攻撃したりしたいという衝動を感じるかもしれませんが、問題はそれでは解決しないと気づき、解決できるようなアプローチを選ぶでしょう。

しかし、衝動をないがしろにしてはいけません。**そこには、「守りたい何かが自分の中に存在する」というメッセージが含まれているからです。**コックピットで怒りを認め、インターコムを通して反応しつつ、より高次の自分が飛行機を操縦するのです。

友達が、あなたが攻撃してくると思ってしまったときは

人との衝突は難しいものですが、普段はぶつかることのない友達が相手となるとなおさらです。

間違ったことを何ひとつしていなくても、友達が絶望の怒りのエネルギーを抱き続けることもあります。たとえあなたには攻撃しているつもりはないと伝えても、友達は自分の過去の経験から、自分は攻撃されているのだと思い込んでしまうのです。

あなたの最終目標は友情を癒すことですが、相手が守りに入ってしまってはどうにもできません。

でもあなたと友達はここではチームです。片方が足りないところは、他方が補強しなければいけません。戦略的になって状況を落ち着かせましょう。

なぜなら、あなたの最終目標は勝つことではなく、解決することなのです。

以下のような選択肢があります。

- 衝突をふたりの「間」ではなく「目の前」に置いてみましょう。
  自分の視点と相手の視点を述べ、互いを満足させるには何が必要かを尋ねて、ふたりは同じチームの仲間であることを思い出してもらいます。
  「私たち」という言葉を多く使いましょう。
  たとえばこんな感じです。
  「私がお給料のいい仕事をクビになったとき、プライドを捨てて最低賃金の仕事をしなきゃダメだって言ったよね。あのとき、ショックだった。でもあなたは、私のために言ったって言ってたね。何が〝私のため〟か同じ理解になるように、私たち、どうしたらもっとうまくコミュニケーションできるかな？」

・相手の言い分がもっともだと思ったら、それを認めましょう。**お互いに同意見であるところを無視し、意見が異なるところに意識を向けると、衝突は悪化します。**悪いと思っていないことを謝るべきではありませんが、友達の言い分の中で、これは事実だなと思えるものを探してみましょう。

自分のものとして受け入れられそうなちょっとした学びは何ですか？

・質問しましょう。

友達が守りに入るときは、相手が耳を貸してくれるまで自分の意見を主張し続けるよりも、いったんとまって、相手の視点からの意見を聞いてみましょう。

たとえば、いつも遅刻してくる友達に腹が立つ気持ちを伝えたところ、「3人の子どもを育てながら、それでもあなたに会う時間をつくっているのに、感謝すらしてくれないんだね」と言われてしまったら、こんなふうに返せます。「わかった。大変なんだよね。時間通りにくるのが難しい理由を詳しく聞かせて」

・いったん休憩しましょう。

もしどちらかの感情がたかぶってしまったら、互いに相手の視点から物事を見る余裕はなくなっています。そのため、一度話し合いをやめる提案をしましょう。

「解決するのって難しいよね。とりあえず今はこの話やめて、お互いが落ち着いたときにまた話さない？」

将来的にどうしてもらいたいかを伝える

解決したいと思っている慢性的な問題が衝突の原因になっていることもあるものです。そんなときは、将来的にどんな行動を期待するのかをしっかりと伝えましょう。

- 「私たちの友情にもし問題があったら、今後は距離を取るのではなく、はっきりと言ってくれると嬉しいな」
- 「あなたにとって大切なことがあったら、次回は言葉で教えてね。そうしたら私もそれを尊重するから」

友達の怒りを受け取る方法

ここまで、自分の怒りをどう伝えるかを学んできました。それでは、友達の怒りを受ける側だったらどうすればいいでしょうか？　友情を傷つけるのではなく強化するには、どう反応したらいいでしょうか？

教訓として、ジャンビという女性のエピソードをご紹介します。

ジャンビとマッケンナの友情が終わってから、5年が経ちました。それなのに今でも、インスタグラムでマッケンナの写真を見ると、ジャンビは泣き出してしまいます。マッケンナは、友達との旅行、外食、赤ちゃんを連れての交流の写真を投稿していました。すべてジャンビとマッケンナが一緒にしようねと話していたことです。

友達との破局は、悲しみから一息つける逃げ場がないため、とりわけ孤独に感じてしまうものです。私たちは通常、友達の重要さを矮小化しているため、失ったときの痛みも矮小化します。しかしジャンビにとっては、その痛みは耐えがたいほどでした。

「ソウルメイトは必ずしも恋愛相手とは限らないと悟りました。マッケンナは私のソウルメイトだったんです」

ジャンビとマッケンナは、ふたりの出身地であるケニアで、共通の友達を通じて知り合いました。ふたりは大学進学を目的にアメリカへと移住し、ジャンビはアーカンソー州にある大学、マッケンナはテキサス州にある大学にそれぞれ通いました。ふたりはお互いのライフラインとなり、毎日のように話すようになりました。

ある日ジャンビがテキサスに引っ越してきて、一緒に暮らし始めました。それからはいついかなるときも一緒でした。

この安心感は、とりわけジャンビには重要でした。自称「考えすぎる人」というほど、人づきあいに激しく悩むことがしょっちゅうだったのです。失言などしようものなら、何日も、ひどいときは何カ月も頭の中でぐるぐる考えてしまうのでした。

でもマッケンナとなら、無条件に愛されていると感じられ、自意識過剰になってしまう癖も消えました。「私が何かばかなことを言っても、マッケンナなら、単なる言葉のあやで悪気はないって理解してくれました」

ふたりはまた、お互いに恋愛相談もよくしました。マッケンナは彼氏と2年ほどつきあっており、そろそろプロポーズしてくれるんじゃないかとそわそわしていました。

ある春の日、マッケンナの彼氏がジャンビに連絡してきて、マッケンナの指輪のサイズを聞いてきました。ジャンビは喜び、プロポーズする日が決まったら、マッケンナの親友として教えてもらえるものだと思っていました。

ある週末、マッケンナは彼氏とワシントンDCへ旅行に行きました。そして戻ってきたときには、婚約していたのです。

ジャンビは、事前に聞かされていなかったことで、怒る相手が違うにせよ、マッケンナに腹を立てました。マッケンナが婚約旅行から戻ったとき、ジャンビは怒りのあまり、「おめでとう」さえもまともに言わないまま、自室にこもってしまいました。

マッケンナにしてみたら、喜んでもくれずに自分を優先するジャンビの行動はあり得ませんでした。

マッケンナは、自分が傷ついたことや、どれだけジャンビと一緒に祝いたかったかを伝えることもできたでしょう。でもしませんでした。

マッケンナはジャンビに心を閉ざしました。自室にこもり、外出するときはジャンビがいないうちにそそくさと出かけました。ふたりはこのあと8カ月間一緒に暮らしましたが、ずっとお互いを避け続けました。

「これが私だから」というセリフでは、友情は育めない

ふたりの友情が壊れた原因は、マッケンナの婚約に対するジャンビの反応のまずさのように見えるかもしれません。しかし実はこの出来事の前に、ふたりの友情を絶望的な軌道に向かわせた、もっと面倒なことが起きていました。

ジャンビは単刀直入で、ときに配慮に欠けることもある人でした。マッケンナが服装チェックをしてもらおうとジャンビに聞くと、「暗闇の中で着ちゃったの？」などと返してしまうのです。マッケンナが眉毛を整えに行ってきたときには、「鉛筆で自分で描いたみたい」と言いました。

こうした言葉にマッケンナは、肩を落として黙ってしまうものでした。

ジャンビは、「私は正直なの。これが私だから」と言って正当化しました。マッケンナはジャンビのそんな態度のせいで、何か問題があっても、伝えたところで一蹴されて終わりだと確信していたのです。

これは、ふたりの友情にとってまわりの遅い毒薬のようなものでした。なぜならそれはつまり、「ふたりは問題を解決できない」ということだからです。

このときの記憶からマッケンナは、何か新しい問題が起きたときは、「我慢するか離れるか」の二択しかないと強く思いました。マッケンナは、離れなければならなくなるそのときまで、我慢することを選びました。アパートの賃貸借契約期間が終わると同時に、ふたりの友情も終わりました。

健全な関係なら、お互いに相手のニーズを満たしたいと思うものです。ひとりが何かに問題を抱えていたら、他方はその問題を軽減するべく自分を友達に合わせようとします（このあとの気前のよさに関する第7章では、これを自分を失わずにする方法を学びます）。

「これが私だから」のような反応は、友達のニーズに取り合わないばかりか、自分が自分でいる限り、相手のニーズが満たされることはないと予告していることにもなります。

たいていの友達は、あなたに傷つけられたとき、何も言わず去っていく

それでも、反射的にジャンビのような反応をしてしまうことはよくあります。

「要求が多すぎるよ。じゃあ、あんたは完璧なの？　あんただって同じことをしたと思うよ！」

など、自分の落ち度を否定したり、怒っている方がおかしいとさえ相手に言ったりするのです。でも、ウソ偽りのなさの第5章で学んだとおり、こうした反応を避けるために、反射的に行動に出すのではなく、気をつけて意識を向ける必要があります。

なぜなら、こうした反応は、友情のみならず私たち自身にとっても有害だからです。人と衝突したときに守りに入ってしまうと、学びの機会を見逃すことにもなります。傷つけられたとき、ほとんどの人は何も言わずにそっと離れていくものです。そのため、まるで自己破滅的な行為がぐるぐると続くメリーゴーランドのように、私たちは問題行動を繰り返すようになってしまいます。**いつも友達が自分から去っていくことを感じながら、その理由ははっきりとはわからないままです。**

しかし、自分がどんなインパクトを与えたかを誰かが教えてくれるときは、メリーゴーランドから離れるために手を差し伸べてくれているのです。

ジャンビはやがて、やはり友達とひどい終わり方をした別の女性と仲よくなりました。お互いに友達とけんか別れになった原因はいったい何だったのか分析したとき、ジャンビがマッケンナに正直でいたとしても、傷つける必要はなかった、とその友達は指摘しました。ジャンビはもう、単刀直入でいるのをやめました。

友達と私は違う人間である

友達からのフィードバックを、中傷ではなく学びの機会だと受けとめれば、フィードバックに感謝し、責任を取り、成長することで相手に応えられます。

実際に何をするかというと、友達の怒りに敏感に反応するのです。敏感な反応が人間関係を改善することは、多くの研究が証明しています。[*212]

敏感な反応は、3つのパートで構成されています。

①理解を示す（友達に言われたことを自分の言葉で言い換えて相手に言う）
②妥当性を認める（相手が気にしていることはもっともだし理解できる、と相手に伝える）
③思いやる（改善するために自分が何をするかを伝える）

です。たとえば次のような感じです。

- 「つまりあなたが言っているのは、あなたの誕生パーティに私が遅刻してきて悲しかった理由は、私があなたにとって大切な友達だからってことだよね（理解）。その気持ちはわかるし、大切な存在だって言ってくれて嬉しい（妥当性）。これからは、特に大切なイベントのときは、時間を守るようにもっと努力するね（思いやり）」
•「パーティで私があなたの奥さんとばっかり話してたから不快だったんだね（理解）。そんなふうに感じるのも理解できるよ。逆の立場だったら私もそう感じたかも（妥当性）。次回はグループのみんなで話そうね（思いやり）」

ただ、敏感に反応するからといって、友達の感情に同意する必要はありません。パーティであなたが自分の奥さんと会話しているのをそこまで気にするなんて、あなたとしては見当違いもいいところだと思うかもしれません。

でも、この例では友達に「その通り」だとは言っておらず、「理解できる」と言っただけです。相手の感情は理にかなっていると言ったのであり、自分も同じように感じるとは言っていません。

敏感に反応するからといって、同意しなくてはいけないわけでは必ずしもないのです。それにあなたが同意するか否かはさておき、友達の視点や感情は大切です。

ジャンビは最終的に、この点について学びました。

ジャンビは当初、もしもマッケンナが自分のようにぶっきらぼうな反応をしたとしても自分は気にならないため、マッケンナが小さなことを気にしすぎているだけだと思っていました。でも、「私がしてほしい対応じゃなくて、相手がしてほしい対応をしなければいけない」と気づきました。

「なぜなら、私たちは同じではないから。なので、もし友達が私に何かをしてほしくて、それが無理な話でなければ、やらない理由はないと思います」

最高の友達を演じたいという思いから、友達の要求には何でも応えたいと思うかもしれません。しかし、自分の妻が3人目を出産するところなのに、外国で新たに仕事を始める友達に「もちろん会いに行くよ」とは言わないことです。

その代わりにできることとして前述のジェフ・シンプソン教授は「友達のニーズがどこにあるかを探り、自分にとって合理的にそれを満たせる具体的なアイデアを出す」といいと提案しています。たとえば、あなたのお昼休みに毎日電話してくる友達には、こんなふうに思いやりを伝えられます。「職場でさみしいんだよね、わかる。水曜日に私から電話するのはどうかな？」

敏感でいるには、失敗するのが普通だと思えるようにならなければいけません。

何か悪いことをしてしまったからといって、あなたが悪い人なわけではありません。

過ちと自分の価値を結びつけてしまったら、自分の過ちを絶対に認められなくなってしまいます。**過ちを認めると、自分はまったく価値のない人間なんだ、と最悪な気分になるでしょう。**

しかし、人間は失敗するものです。

私の同僚は、会議に出られなかった、締切も守れなかった、と1日のうちに何度も失敗した日のことを、「人間の日」と言っていました。誰にだって、「人間の日」はあるものです。

人との衝突は、そもそも簡単なものではない

健全に人と衝突するヒントとしてこうした点を友達に話したら、「すごく大変そう」と言われました。

「ムカついているのに、いきなり衝突の調停役にならなきゃいけないの？」

よく考えて行動するなんて、かなりの労力に思えるでしょう。

そして実際にそうなのです。

人との衝突なんて簡単なはずだというイメージを捨てましょう。人間関係は、私たちの人生でもっとも大切です。**努力と最高の自分をもって取り組むだけの価値があるものなのです。**

とはいえ、それでも失敗はするでしょう。

うまく衝突する方法を研究している私でも、よく失敗します。人と衝突したときにどう頭を

使うかを理解しているからといって、実際にカッとなっているときに、適切なことを言えるわけではありません。

それでも、努力すれば誰だってもっとうまく衝突できるようになります。やればやるほど、簡単になっていきます。

長い目で見たら、新しい友達を見つけるよりも労力はずっとかからないはずです。

DJイベントで友達とけんかした前述のファンは、当時をこう振り返ります。

「その友達とは、3年間疎遠になっていました。二度と取り戻すことができないその3年で、どれだけ一緒に楽しめたか、どれだけたくさんの思い出をつくれたか、計り知れません」

友情を救済する

正直にお伝えしたいことがあります。

衝突は、たとえうまくやったとしても、手の施しようがないほどぐちゃぐちゃになる可能性もあります。友達同士の破壊的な衝突の話は、これまでたくさん聞いてきました。

ある女性は友達に、共通の友達のうわさ話をするのをやめてほしいと言ったところ、「あんただって大した人間じゃないくせに」と言われてしまいました。

別の男性は、秘密にしてほしいと言って打ち明けた話を、人に話してしまった友達を問い詰めました。

相手はどんな反応をしたと思いますか？

「秘密なんてくだらない」

これまで取り上げてきた研究は、衝突が友情を破局から救い、深める可能性もあるとしていますが、常にそうであるとも限りません。**危険な賭けなのです。**

では、衝突が物別れに終わったらどうなるのでしょうか？

友情は終わってしまうのでしょうか？

必ずしもそうとは限りません。失敗は、相手とこの話を再びする必要があることを意味する場合もあります。

これは、前述の友達、ジーニーがしてくれたアドバイスです。私が友達とひどいけんかをして以来気まずくなったとジーニーにグチったら、衝突はまだ終わったわけではないかもよ、と言って、この友達に再び連絡してみるよう背中を押してくれました。

相手と1度話してダメだったら、それで相手との衝突が終わりというわけではありません。衝突が終わるのは、ある程度の相互理解と解決を見て、お互いに心の中にもう腹立たしさがなくなったときです。そこに至るには、何度か衝突する必要があるかもしれません。

でも、衝突したときのことをもう1度改めて相手と話し合ってみたら？　というジーニーのアドバイスに、私はイラっとしてしまいました。

「衝突したときのやけどがまだ治っていないのに、またあの火の中に戻れって、本気で言っているの？」と。

しかしジーニーの言葉の背後にある理論は、理にかなっていると認めないわけにはいきませんでした。

気まずさが残っているのなら、衝突は終わっていません。

相手に連絡を取り、こう言いました。

「この前にぶつかったとき以来、なんだかもやもやしてるんだ。あなたとの友情を大切に思っているので、元通りになれたら嬉しい。もしまだ誤解があるなら解きたいから、話し合えないかなと思って」

改めての話し合いは、前回よりもうまく行きました。それは、私が前回よりもうまくアプローチできたからでした。耳を傾け、謝り、友達の正しい点に感謝を示すだけの心構えが、前よりもできていたのです。

もしあなたが改めて話し合いに臨んだとして、それでもやはり言い合いになったとしましょう。

友達との関係を切る前に、考えてほしいことがあります。

人は、ぶつかったときにこそ本当の姿を見せると考えてしまいます。

特にけんか別れとなると私たちは、その友情はもともとうまくいっていなかった、その友達はずっと信用ならなかった、自分こそ正直だった、とその友情自体を書き換えてしまう傾向にあります。

これは、ポジティブな情報よりもネガティブな情報の方が重要だと考える人間の傾向「ネガティビティ・バイアス」によって引き起こされています。

でも私は、この点には気をつけるべきだと考えます。なぜなら、ウソ偽りのなさの章で書いたことをもとに考えると、**人と衝突したときに見せる姿は、本当の姿ではないからです。**そこで見せるのは多くの場合、引き金がもっとも強く引かれた姿なのです。

ネガティビティ・バイアスに対抗するには、衝突してうまく解決できなかったあと、その友達を再び人間として見ることです。

また、衝突のときに相手が見せた姿をその人そのものとして捉えるのではなく、もっと広い目で見る必要もあります。

著名司会者オプラ・ウィンフリーと精神科医ブルース・ペリーは、ふたりの著書『*What Happened to You?*』（『あなたに何が起きたのか』、未邦訳）の中で、**自分をコントロールできる能力は、特権であると指摘しています。**できない原因は多くの場合、トラウマにあるからです。

私の場合、自分をコントロールする能力をこのように考えることで、衝突が悪化したときに、自分や友達にもっと思いやりを持てるようになります。

相手との関係を切る前に、その友情をより広い視点で、よい点と悪い点を俯瞰的に考えてみましょう。

もしかしたら、物別れに終わったその衝突は、友達のいいかげんな姿勢を映し出しているのかもしれません。

その場合、その人と関係を切ってもいいでしょう。私が許します。

でも、そうではないかもしれません。そうでないのならば、その友情を切り捨てずに救済するだけの価値があるかもしれません。

友情を救済するとはつまり、絶対的なものなどないと考えることです。

その友達とつきあいたいか否かを考えるのではなく、**どの程度つきあいたいかを考える必要**

があります。これにより、その友情を終わらせるか耐え抜くかという究極の選択から解放されます。その友情がしっくりくるグレーゾーンがあるかもしれない、と認めることです。

作家のシェリル・ストレイドの言葉は、救済するとはどういうことかをうまく表しています。「ほとんどの問題への答えはたいてい、正しいか間違っているかという二択以外のところにあります。怒っていたり、怖がっていたり、つらかったりするときに、私たちはその二択に固執しがちです。人間は、複雑な存在です。人生には、絶対的なものなどありません」

衝突しているときに友達が一触即発で今にも爆発しそうなら、その関係は正直なコミュニケーションを伴う「動的な安全性」にはならない、と諦めた方がいいかもしれません。とはいえ、少し距離があればうまくいく可能性もあります。

すべての友達が、親友である必要はありません。もしかしたら相手から多くを望まず、あまり自分を見せないことにして、一番しっくり感じるところにその友達を区分した方がいいかもしれません。

ジェフ・シンプソン教授は、「ある人とうまくつきあう最善策は、その人との関わりを減らすことである場合もある」と話します。

私はこうした友達を表現するために、「低用量の友達」という言葉をつくりました。**友達の**

中には薬と同じように、適切な「服用量」なら最高なのに、多く服用しすぎるとむかつく人がいるものです。友情において、距離は必ずしも悪いものではなく、特定の友達に関してはむしろ、距離が関係を救ってくれる可能性もあります。

衝突したところで、期待したような仲直りや癒しがもたらされなかったとしても、あなたの行動は間違っていません。

連絡をせずに関係を切ったり、陰で悪口を言ったりするのではなく、できる限りのことを誠実にしたのですから。

そのうえ、友達の反応がどうであれ、難しい対話をすることで人間として成長できるのです。安心して眠りましょう。

Chapter 07

気前のよい人は友達が多い

本当の友情のためには「いつ、だれに、気前よくなるか」を判断しなければいけない

メロディは、母親が国連で働いていたため、ネパール、モロッコ、フランスなどなど、さまざまな国で育ちました。大学入学試験の小論文テストで、旅を通じて成長できたこと、そのおかげで、どの大学の研究室もメロディの哲学を聞きたがるであろうほどの、折衷主義で偏見のない人物になれたことを綴りました。

この小論文は、意外な結果をもたらしました。

第一希望の大学が、1年次にイタリアのフィレンツェへ留学する機会を与えてくれたのです。メロディは、大喜びでイエスと答えました。イタリア語で「ピザをください」と言えるよう勉強したり、一生モノの親友をつくったり、などとヨーロッパを満喫している自分の姿を想像しました。

メロディがフィレンツェのキャンパスに到着したのは、8月の蒸し暑い日でした。大理石に囲まれ、オリーブの木が点々と生えています。まさに夢に描いていたとおりでした……ルーム

メイトに会うまでは。

ルームメイトはみんな、お金持ちで魅力的な女性で、おしゃれなヨガウェアのモデルになれそうでした。彼女たちはメロディに興味を示すよりも、隣の部屋の男子に興味津々です。メロディはラオス人ですが、ほかのルームメイトはみんな白人でした。あるときそのうちのひとりが、自分のいとこのルームメイトが韓国人女性で、壁に十字架の形にうんちをなすりつけたらしい、という話をしました。「彼女、キリスト教徒で韓国人だからこんなことしたんだと思う」と言ってメロディのことをじっと見ると、「でもあんたは同じアジア人でも、こんなことしないよね」と言いました。

「うんちを壁になすりつけるのとアジア人と、何の関係があるの？」とメロディは返しました。

状況は悪化の一途をたどります。ルームメイトと隣の部屋の男子が、メロディの部屋で「ファイトクラブ」を始めたのです。ほぼ毎晩のように部屋でボクシングをしては、メロディのシーツを血で汚しました。

また別のパーティでは、誰かがメロディのノートパソコンに水をこぼしました。文句を言うと、「デスクにノートパソコンを出しっぱなしにしてる方が悪い」と言われました。

お人よしなメロディは、さらにお人よしになることでこうした仕打ちに対処しました。「人によくすれば人から好かれる」という、友情について当然と思える考えを抱いて大学1年目をスタートさせたからです。

そのためメロディは、ルームメイトや男子学生からどれだけいじめられて無視されても、寛大でいました。男子がお腹を空かせていれば、生ハムとモッツァレラチーズでパニーニをつくってあげました。宿題を手伝ったり、友達と上演するコメディショーに招待したり、カフェテリアから持ってきたクロワッサンを分けてあげたりもしました。なんとかうまくやっていこうとしていたのです。

でも、効果はありませんでした。部屋でのボクシングの試合は続き、失礼な発言もひどい扱いも相変わらずでした。

人に気前よく接することが友情にとって良いものであるのなら、なぜメロディの行動はうまくいかなかったのでしょうか？

こんな言葉があります――「はちみつの方が酢より多くハエがとれる」――人を動かしたいときは、攻撃的にするよりやさしくした方が効果的だというたとえです。

でもメロディははちみつを使っても、一向にハエを捕まえられませんでした。

本章で詳しく学びますが、「気前のよさ」は複雑です。そのおかげで友達になれることもあれば、傷口を開いたり、険悪になったり、圧倒されてしまったりすることもあります。

愛情表現に思えることもあれば、メロディのように、ただ必死なだけに見えることもあります。人との距離が縮むこともあれば、その過程で仲たがいしてしまう可能性もあります。

気前のよさは、ほかの多くの友情スキルとは異なります。

なぜなら、そこには限界があるからです。**与えれば与えるほど、手元の残りは少なくなります。**

気前のよさとは、シーソーに乗った愛なのです。

バランスをうまく保つには、気前のよさを形づくる輪郭の部分に働きかける必要があります。

つまり、いつ、どのように、誰に対して気前よくするかを学ぶということです。

これにより、自分自身を失うことなく友人をつくることができます。

気前がいい人ほど、友達が多い

気前のよさとは、見返りを期待せずに人に与えるということです。

ギフトカードをプレゼントする、デートでディナーをごちそうするなど、物質的な何かをあげることもできるし、友達の母親の葬儀に参列する、引っ越しの手伝いをするなど、時間や思いやりをあげることもできます。

多くの研究によると、気前をよくすれば友情が育つというメロディの考えは、間違ってはいませんでした。実際に友情を育てます。

投資会社のモトリー・フールが、千人以上のアメリカ人を対象に調査を行ったところ、**気前がいい人ほど、人間関係の距離感が近く、友達も多く、つらいときに多くのサポートが得られることがわかりました。**[*213]

別の研究では、子どもの場合も、気前がよい子ほど同級生から好かれ、受け入れられていることがわかりました。[*214] 5年生のときに親友がいなくても、社交的になったり、思いやりを示したりすれば、6年生になって親友ができる可能性が高くなることが示されたのです。[*215]

気前のよさは、友情を維持する鍵にもなります。

高校生2803人を長期間にわたって追跡した調査では、社交的な人ほど多くの友達を長い間維持し、心身がもっとも健康であることがわかりました。[*216] ある実験で、実験参加者がコンピューターのトラブルに見舞われ、別の参加者（実は実験協力者）から手を貸してもらった場合、手を貸してくれた人とまた一緒に作業したいと報告する傾向が見られました。[*217]

人は、自分を大切にしてくれる人と友達になりたい、友達でい続けたいと思うものであり、大切にしていることを表現する方法のひとつが、気前のよさなのです。

意地悪な人はステータスは手に入るかもしれないが、友達はできない

残念なのは、下品で、利己的で、意地悪な方が人気者になれるという誤解が存在することです。

私はニューヨークのスタテン島にあるザ・マイケル・J・ペトライズ・スクールの中学校に通っていましたが、そこでの人気者は、親切で知られた子ではありませんでした。

人気者の女子はたいてい私を無視していたし、人気者の男子はあからさまないじめっ子でした。ぽっちゃりしたおてんば娘だった私が通りかかると、同じくらいぽっちゃりしたいじめっ子が、「地震だ」とささやいていたのを今でも覚えています。

そして今でさえ、世界的な著名人や会社経営者、政治家は、気前のよさよりも自己愛が強いことで知られています。

でも実際のところ、意地悪でいればステータスが手に入ったり、魅力的でおもしろいリーダーだと思ってもらえたりすることも時にはあるかもしれませんが、**友達ができることはありません。**

ある研究では、友情がどのような軌跡をたどるかについて、攻撃的な人と社交的な人とを比較しました。[*218] 結果、社交的な人の方が質の高い友情をつくりました。**意地悪でいる方が友達ができやすいと思い込んでいるとき、それはステータスを手に入れることと、友達を手に入れることを混同しています。**

映画『ミーン・ガールズ』〔意地悪な女子たち〕の中で、リーダー的存在で人気者ではあるものの1番の「ミーン・ガール」であるレジーナのことを、あるクラスメイトが陥れようとしていた計画を告白すると、全校生徒が歓声を上げるシーンがありました。

レジーナがバスにひかれたときも、生徒たちはそこまで悲しそうではありませんでした。

こうしたありとあらゆる研究から、気前のよさが美徳とされるのも当然です。

イタリアの哲学者トマス・アクィナスは、気前よくいることが正しい道であると強く確信していたため、気前のよさによって人は神に近づくと主張しました。アクィナスによると、神の愛は、私たちが人をどう扱うかに表れるのです。

気前のよさの特徴はまた、マザーテレサからキング牧師に至る、もっとも偉大なヒーローたちにも見て取れます。

キリスト教からユダヤ教、イスラム教、シーク教に至るほぼすべての宗教が、気前よくいることを称えています。ユダヤ教初期の教義では、「慈善活動とは、ユダヤ教の全戒律を合わせたものと同じくらいの重要性を持つ」と説いていました。[*219]

人が気前のよさに価値をおくのはすばらしいことです。気前よくいることで、今よりも友達をつくったり維持したりできるようになります。

どうすれば人により気前よくなれるのか、誰もがもっと深く考えるべきでしょう。

近所に住む同僚と友達になりたいなら、会社へ行くとき自分の車に一緒に乗らないかと提案してみましょう。持ち寄りの食事会で、最近仲よくなった友達が遅れてくるなら、食べ物を取っておいてあげましょう。

私は親友のビリーと仲よくなったばかりの頃、一緒に旅行に行きました。空港で重たい荷物を引きずっていたビリーに手を貸したのですが、ビリーはそのとき、私が特別な存在だと確信したそうです。

しかし、まれではあるのですが、気前よくしても友達に感謝されないケースもあります。詳しくは第8章で説明します。

友達に気前よくするには、ほかにもこんな例があります。

- 友達のためにお菓子を焼く。
- カードを送る。
- 友達にとって役に立ちそうな人を紹介すると申し出る。
- 友達が目標を達成するために手伝うと申し出る（例：もっと運動したいという友達と一緒にウォーキングする）。
- 友達と一緒にいる時間を増やす。
- 友達が好きそうなものを見つけたら買ってプレゼントする。
- 友達の雑用を代わりに済ますと申し出る（犬の散歩、食料品の買い出しなど）。
- コーヒー代や食事代をごちそうすると言って電子マネーを送る。
- 空港まで車で送る。
- 服や本を貸す。
- 友達の子どもの子守りをする。
- 役立つ情報を教える。
- 旅先でお土産を買う。

「気前のよさ」にはマイナス面がある

気前のよさはすばらしいもので友情には欠かせませんが「本当の気前よさとは、最後のひと絞りまで与えなければならない」という**自己犠牲と混同すると、多くの問題をはらんでしまいます。**

混同する原因は、アメリカの精神「自分の欲求を抑え、休むことなくすべてを与えよ」を生んだ、プロテスタントの労働倫理の痕跡です。何かを求めるなんて、身勝手だとされるのです。殉教者は、気前よさの手本となりました。しかし殉教者のように自分を差し出すことは、大きな負担となります。

小説家のヴァージニア・ウルフは1931年1月12日、女性のための組織に宛てたスピーチの中で、このように表現しています。

彼女は、とても思いやりのある人でした。
非常に魅力的で、徹底的に利他的で、家庭生活という難しい技にも長けていました。
毎日、自分を犠牲にしていました。

鶏肉があればもも肉を取り、隙間風があればそこに座る――一言で言うと、**自分の考えや希望はなく、他人の考えと希望を常に思いやりたいというのが彼女の気質だったのです。**

(中略)私は、彼女を殺すために全力を尽くしました。

もしも裁判所に呼ばれたら、自己防衛だと言い訳するでしょう。彼女を殺さなければ、私が彼女に殺されていたのですから。

私たちは小さなころから、人のために自分を犠牲にするよう教えられます。

前述の『GIVE&TAKE「与える人」こそ成功する時代』の著者アダム・グラントたちはニューヨーク・タイムズ紙の記事“We Need to Talk About 'The Giving Tree'”(『おおきな木』について話をしよう)の中で、子ども向けの人気の絵本『おおきな木』(あすなろ書房)が、健全な気前のよさではなく自己犠牲に価値をおいていると指摘しています。

物語の中で、木は少年を愛し、さまざまなものを与えます。しかし少年は成長すると、木に来ることはほとんどなくなりました。そして次に姿を見せたとき、木で遊びはしませんでした。

少年はお金がほしいと言うので、木は少年が売れるようにと、りんごの実をすべて振り落としました。

次に少年は家を欲しがりました。そこで木は、枝を使って家をつくるようにと言いました。

やがて年老いた少年は、ボートでどこか遠くへ行きたいと言いました。木は、幹を使ってボートをつくればいいと提案しました。

もはや少年でなくなった男性は最後にまた木のもとへ戻ってくると、木はこう言いました。

「何かをあげたいけれど、もう私には何も残っていません。ただの古い切り株だから」

男性は静かなところに座りたいと言うと、木は自分の切り株に座るように招き入れました。

「そして男性が座ると、木は満足しました」

この木が気前よさの鑑であるなら、正しく与えるとは、自分が破滅するまで与えることだと学んでしまいます。

境界線を設けようものなら、罪悪感に駆られ、自分は道徳心が欠けるとさえ感じてしまうでしょう。

やっとの思いでノーと言ったとしても、罪悪感と恥に苛まれ、与えたい思いに限界がある自分は、どこかおかしいのではないかと悩みます。自分が境界線を持っていることで嵐のような罪悪感に見舞われたとき、イエスと言って我慢する方が楽に思えるかもしれません。

無私無欲から私利私欲へ

こうした自分を犠牲にする「気前のよさ」のせいで、人々が燃え尽き、怒りに満ちたとき、振り子は反対側へと振れました。1980年代に自尊心を高めるムーブメントが起こり、無私無欲から自分のことしか考えない私利私欲へとシフトしたのです。

カリフォルニア州の議員だったジョン・バスコンセロスは1986年、自尊心や、自己責任・社会的責任を促進するための対策本部をカリフォルニア州に立ち上げました。バスコンセロスは、カリフォルニア大学群から複数の教授を採用し、自尊心の低さと児童虐待、十代での妊娠、薬物乱用などの社会的な問題とを結びつけた報告書「尊重の状態へ」を作成しました。

報告書は6万人以上が読み、大成功を収めました。バスコンセロスは自尊心の大切さを訴えるために、著名司会者オプラ・ウィンフリーの番組に出演しました。データは後に、相関関係を示すものであって原因を示すものではないと指摘されたものの、1995年までにはアメリカの30州で、自尊心を促進する法令が合計170以上、制定されました。[*220]

これが、自己犠牲をするほどの「気前のよさ」とどういった関係があるのでしょうか？

この報告書「尊重の状態へ」では、自尊心を「自分と他者に対する責任」と定義していましたが、途中で「他者に対する責任」の部分が失われてしまいました。

自尊心のムーブメントが始まって以来、学校は大きく変わりました。全体的に点数を高めにつけたり、12位の子にまでトロフィーを渡したりするようになったのです。**他者への説明責任なしに自尊心だけを高めることは、ナルシシズムを生む要因となりました。**[*221]

メタ分析によると、ナルシシズムはここ数十年で上昇の一途をたどっています。

自尊心を研究しているロイ・バウマイスターは、こう説明しています。

「ヒトラーの自尊心は非常に高かったが、それが倫理的な行動を保証するものにはならなかった」

「自尊心の高さの代償は、他者が負担することになる」[*222]

そして、ナルシシズムの急増によって、人より自分を優先させることが当たり前となり、それは友情にまで広がってきました。

私たちは、友達に少したりとも与えたいと考えておらず、私はこれを「新時代の気前よさ」と呼んでいます。

人間関係のコーチでありインフルエンサーでもあるメリッサ・A・ファベロはX（旧ツイッ

ター）にした投稿の中で、友達の精神的な支えとなることを「感情的労働」と表現しました。そして困っている友達にノーと言うためのテンプレートを提案し、この投稿は拡散されました。

「今いっぱいいっぱいなの。また連絡取り合わない？　相談できる相手、ほかに誰かいる？」という具合です。この投稿は文化的な琴線に触れ、VICE、TIME、ハフポス、ガーディアンといった大手メディアに取り上げられました。

「新時代の気前よさ」は、自分が利用されることと混同しています。

「もしお隣さんがお砂糖を少し分けてほしいと言ってきたら、未精製の高品質な砂糖を買っているから分けられないとはっきり断りましょう」

「友達が夜中の3時に電話をしてきて自殺をほのめかしたら、こんな時間に電話をしてくるのは非常識だと言って、朝10時から10時19分までなら話せると伝えましょう」

こうした傾向は、インターネットによって悪化しています。

フェイ・バウンド・アルバーティはその著書『私たちはいつから「孤独」になったのか』（みすず書房）の中で、インターネットは私たちに、互いへの説明責任はないけれど、共通の関心事によって成り立つ人間関係を与えたと主張しています。

フェイはこう書いています。

「コミュニティをコミュニティたらしめる特徴は、歴史的にはずっと、現代にも使われている〝共通の特徴を持つこと〟のみならず（中略）、〝他者に対して責任感を持つこと〟でもあった」

インターネット文化のせいで私たちは、友情を分割してしまいました。**楽しみは招き入れるけれど、労力は避けるのです。**私たちはポジティブなノリだけに夢中になり、お願いごとはすべて負担であり、困っている友達は避けるべき友達で、絆は過去にないほどもろいものになっています。

では、ここからいったいどこへ向かったらいいのでしょうか？

世の中は、全か無かの「おおきな木の気前よさ」がまずあり、そのあと気前よさの否定にシフトしました。

私たちは気前よさとのつきあい方を正す必要があります。

しかしそれにはまず、気前よさとの不健全な関係の根源を、もっと深く探らなければいけません。

自分が我慢すれば人に好かれる？

メロディには、ずっと引きずっている子ども時代の思い出がいくつかあります。父親に算数を教えてもらっているとき、理解できないでいるとバカ呼ばわりされたこと。メロディを助けようと割って入った母親に対しても、父親が怒鳴ったこと。父親の調理器具を壊してしまったので、のろまだと怒鳴られないように、お風呂場でこっそりと瞬間接着剤でくっつけたこと。そこを父親に見つかってしまい、接着剤を吸引していると勘違いされて怒鳴られたこと。

子どもの頃のこうした経験から、メロディは自分が無能なこと、自分の身を守ろうと言い訳するとさらに怒られること、人間関係での問題はすべて自分のせいであることを学びました。

フィレンツェでルームメイトに向けたのも、同じエネルギーでした。

意地悪されるなら、そうされるだけの理由が自分にはあるのだろう。**意地悪をされたら、自分の落ち度を償い、愛されるために一層の努力をして、クロワッサンやパニーニ、さらには自分の魂さえも差し出さなければいけない……父親にしたように。**それがメロディの解決法でした。

トラウマの専門家ベッセル・ヴァン・デア・コークは、こう述べています。

「家族から不適切に扱われると、（中略）別のタイプの心理パターンをつくり出します。その人のアイデンティティは、〝自分がしたことのどこがダメだったんだろう？〟や〝どうすればよかったんだろう？〟という疑問を中心に形成されていき、その人の人生で最大の関心事となるのです[＊223]」

つまり、成長していく過程でついた傷のせいで、私たちは、自分をねじ曲げて相手に合わせさえすれば、人を変えられる、と思い込むようになります。

これは、誤った全能感〔自分は何でもできるという感覚〕が生み出す問題です。トラウマに対する反応として、「闘争・逃走・凍結反応」は聞いたことがあると思いますが、最後には「媚び」という反応もあります。自分に危害を加えなくなるようにするため、相手に好かれようとするのです。**「人の言いなりになる」とも言えます。**

媚びは、生き残るための戦略です。

メロディのように媚びる人は、安全でいるため、あるいは価値があると思ってもらうためには、相手の必要なものを差し出さなければいけないと学びました。

ほかにどんな選択肢があるというのでしょうか？

子どもは、出て行くことなどできません。メロディは、家族をやめることなどできなかったのです。抵抗はできたかもしれませんが、父親の怒りの激しさが増すだけだったでしょう。**媚びることで、父親の激憤を和らげられたのです。**

とはいえ、媚びることの問題は、果たして自分が相手を大好きだから与えるのか、それとも好かれたいから与えるのか、わからなくなってしまう点です。

媚びるときはたいてい、自分は好きでさえないけれど好かれたい相手に与えます。安定型の人は、相手を大切に思っているからこそ与えます。

不安型の人も同様なのですが、**研究では、自分が大切にされたいから与える場合も多々あることが、明らかになっています。**[*224] 不安型の愛着スタイルは、純粋な利他主義や他者への愛情から与えるのではなく、下心からの「利己的な施し」との関連が指摘されています。

オランダ、イスラエル、アメリカでの実験をもとにしたボランティア活動に関する研究では、不安型の人は純粋な利他主義からではなく、自分がよい気分になりたいという理由で、ボランティアを行っていました。[*225]

メロディはこう説明します。

「誰からも好かれないことや、なじめないことが怖かったんです。誰も私から離れていかないように、誰よりも賢くて、おもしろくて、楽しい人になりたかったし、人を笑わせたり、モノをあげたりしたかった」

このように不安から何かを与える行為は、心理的な健康状態が乏しく、不安に駆り立てられて気前がよくなるのなら、自分を傷つけかねません。[*226]

自分が我慢して相手に尽くしている関係は、支配しあう関係と同じ

メロディの幼少期と同じような力の動きは、高校時代の友達との間にもありました。その友人に食事をごちそうし、愛情を注ぎ、時間を惜しみなく使っていたのです。

しかし、その友人はそれを当然と思っていました。ふたりでランチに出かけても、彼氏から電話がくると、彼女はランチをほっぽり出して彼に会いに行ってしまいました。メロディは残りのハンバーガーをひとりで食べ、会計もすべて負担しました。

でもあれは、その友人だけが悪いんじゃない、とメロディは言います。

メロディは彼女が好きだったから与えていたのではなく、自分にとって彼女が象徴していたもの——自分の救済——が理由でした。

彼女に好かれれば、「私にとってとても大切な、どうしても本当であってほしいこと――私は事足りる人物だってこと――を証明できたことになります。この愛情は、エゴに覆い隠されていました」。

その友人がサッカーチームのキャプテンになったときや、第一希望の大学に受かったとき、メロディは嬉しくありませんでした。

「本当の愛情だったら、私とまったく関係なくても、活躍するのを喜んだはずです。私にしてみたら、彼女にとって最大の成功は、私の親友でいることでした」

人は、自分自身に対する愛情が欠如しているとき、他者に自分を愛してもらうことで、自分には価値がないという感覚を埋め合わせます。

気前のよさは、すばらしい友情を特徴づけるものではありますが、メロディのエピソードから、有毒な友情の特徴であることもわかります。

一方は与えることによって自分という存在を失い、他方は奪うことで支配します。

メロディはこう言います。

「愛情からではなく、恐怖から与えました。**恐怖から与えるときは、見返りを求めます。**通常は、好きになってもらうことが見返りです。そのため、たとえつらくても与えると思います。自分を大切にしていないから」

愛情を得るために与えるとき、そこに自己を愛することはなく、そのため自分がダメになるまで与え続けます。

問題は、愛情を表現するためでなく得るために与えているのなら、与えるべきでない人に与えてしまうという点です。

でも、自分を責めてはいけません。あなたを不当に扱う人からの愛情を得たいという衝動は、何もないところから湧いてくるわけではありません。恐らくメロディがそうだったように、育った環境で生き延びるために、あなたを手助けしてくれたのでしょう。

しかし今のあなたは、ただ生き延びればいいわけではありません。輝かなくてはいけないのです。

輝くとはつまり、愛情を得るチャンスをあなたにくれるからといって、あなたを傷つけるような人物を人生に招き入れることなどしないということです。

あなたを思う存分愛してくれる人をもう疑わず、愛情を惜しむ人を振り返らせたいとは思わないということです。

あなたが気前がよいのは、大切な人に思いを伝えたいからであって、**愛してくれない人を振り返らせたいからではないということです。**

相手があなたを愛さないのは、あなたのせいでも、あなたの何かがおかしいわけでもありません。

あなたには、お互いが気前良くなれる人間関係を手にする価値があります。メロディがこれに気づくには、「自分はダメな人間だという思い込みを手放す必要がありました。自分の人生は自分で変えられるんだと気づく必要があったんです」。

健全な気前のよさで友情を築く

自分をひどく扱う人に対して気前よくすることは避けるべきです。また、自分が気前よくしているのは、愛情を示すためなのか、愛されていない気持ちを何とかしたいからなのか、見極める方法を知っておくべきでしょう。

これまで、気前よさの落とし穴は何かを学んできました。ここからは、どうすれば正しく気前よくいられるか、デリックとパークのエピソードを通じて見てみましょう。

デリックは、大学院に進むためにニューヨークに越してきたばかりの頃、いつもひとりでした。

人間との触れ合いを切望していましたが、ついにひとり、見つけました。恋人のディナです。仲間はさらに増えました。ディナがデリック、親友のシェ、そしてシェの彼氏パークをディナの小さなアパートに招いたのです。

デリックにとって、当初パークは特に印象に残りませんでした。

パークはデリックの印象を、「静かでのんびりした、なんとなく自信がありそうな人」だったと言います。2組のカップルは一緒に過ごすようになり、パークとデリックは「ばったり会ったら嬉しい相手」という程度の好意を抱くようになりました。

デリックは市の中心地から離れたところに住んでいたため、ニューヨークの友達は誰も来たがりませんでしたが、パークはわざわざ遊びに来てくれました。デリックに会うためだけに、ないお金を大道芸人にせがまれつつ、電車に1時間半揺られてきたのです。

生粋のニューヨーカーのパークは、デリックにとってニューヨークのよき相談相手となりました。

パークはスケートパークでほかの人に、「俺の兄弟分のデリックだ。最近この辺に越してきたばかりだよ」と紹介してくれました。「もしパークに会ってなかったら、今みたいに自分の街としてニューヨークになじめていなかったと思う」とデリックは言います。

20代の前半をニューヨーク市で暮らしたことがある人なら誰も驚きはしませんが、デリックとディナは別れてしまいました。そしてほぼ同じ時期、パークとも連絡が取れなくなってしまったことに、デリックは驚きました。

パークにテキストメッセージを送っても、返事がないまま何カ月も過ぎ、パークのSNSは明らかにまったく更新されていませんでした。ようやく更新されたとき、誰もパークの近況を知らなかった理由が明らかになりました。刑務所にいたのです。

デリックは、いても立ってもいられなくなりました。そこで、新しい恋人のターシャと、牧師であるターシャの父親と一緒に身を寄せ合い、パークのために祈りました。「自暴自棄になってしまったものの、本当は心やさしい男性」が、もう一度チャンスを与えられますようにと。パークも自分のために祈りました。

こうした祈りが、判事の耳に届いたに違いありません。告訴がすべて取り下げられたのです。この結果はとても深遠でスピリチュアルで、「まるで、祈りが宇宙の流れを変えたかのようだった」とデリックは振り返ります。

デリックは、ターシャと一緒に住むためにハーレム地区に寝室ひとつのアパートを借りたのですが、ターシャが引っ越してくる前にフラれてしまいました。アパートには、デリックの悲しみと、そこから逃げるために食べたテイクアウトの食べ物のにおいが染みついていました。パークの悲しみも染みついていました。

というのも、パーク自身も恋人と別れたうえに、いつも失業中で、さらには一緒に住んでいた祖母にがんが見つかったので悲しみから逃げるために、デリックの家に遊びに来ていたのです。

ある夜、パークが祖母のアパートに戻ると、家の中に入れなくなっていました。パークのおじさんが、継続的な看護を受けられるようにと祖母を介護施設に入居させ、どうやらアパートの鍵を変えてしまったのです。

パークが最初に頼ったのは、デリックでした。

「お前を助けるよ。お前のために祈っていたんだし、手を差し伸べる立場にいるのには、何か特別な意味を感じる」とデリックはパークに言いました。

「うちに泊まればいいよ。不思議な偶然が重なることってあると思う。まるで宇宙がお前を通じて意思表現したみたいだ」

でもデリックにとっては正直なところ、パークに手を差し伸べるのは、単に不思議な力を感じたからというわけではありませんでした。実用的でもあったのです。

デリックは彼女と破局後、空っぽのアパートで孤独感に苛まれて落ち込んでいたため、心のよりどころとしてシーンという名の犬を飼い始めました。シーンが元気いっぱいの子犬だと気づいたデリックは、慌ただしい自分の仕事のスケジュールでは、シーンの面倒をみる時間が取れないと思ったのです。誰かの助けが必要でした。

「シーンの世話をするために、誰かの助けが必要でした」とデリックは言います。

そしてパークが手伝ってくれるであろうこともわかっていました。

というのも「パークは電車代を出したり食べ物をおごったりはしないけど、全力で支えてくれる奴だから。手だろうが脚だろうが心だろうが、持っているものなら何でも差し出してくれるんだ」。

徳のある人生のためには「自分の利益」と「相手の利益」が重なることをするべき

デリックの行為は本当に気前がいいのかと、疑問に思った人もいるはずです。

そんな人たちは彼を称賛する代わりに、エヴァン・リーディ[227]のような人を称賛したでしょう。彼は、34キロ弱先まで歩いて仕事に行っていた男性が車を買えるよう、募金活動をした男子大学生です。

または、エステラ・パイフロム[228]のような人を称賛したでしょう。貧困層の子どもたちのために、移動式のコンピューター教室をつくった女性です。

あるいは、ケアリング・カナディアン・アワードの受賞者たちを称賛したでしょう。彼らは、「仲間である市民に多くを与える、思いやりあふれた人たちであり、人助けに時間、労力、さらには人生のさまざまなものを捧げた無名のヒーローであり、見返りに何も求めない人たち」だと説明されています。同アワードの受賞者に贈られる襟章には、「境界線のない惜しみなさを象徴する、差し出された手」[*229]が描かれています。

ところが、研究者たちがケアリング・カナディアン・アワードの受賞者たちと、対照群として人口統計学的に似た層の人たちとにそれぞれ聞き取り調査を行ったところ、興味深いことがわかりました。

受賞者たちは、単に与える傾向が強いだけではなかったのです。**研究者らの言葉を借りると、「他者の利益を増すことで、自らの利益も増す」べく、人と自分自身とが共に恩恵を得られるような形で与える傾向にありました。**たとえば、慈善活動の資金集めのためにボクシングの試合を開催したとしても、そこには、ケアリング・カナディアン・アワードを受賞したいという思いもあるかもしれません。[*230]殉教者のように自分を犠牲にする惜しみなさはどうやら、私たちに間違ったことを教えたようです。

先ほどの聞き取り調査を行った研究者たちは、徳のある人生を生きるためには、ゴールを無私無欲ではなく「自分の利益が他者の利益と重なる、〝啓発された自己利益〟」とすべきだとしています。**言いかえれば、友達を泊まらせてあげなければいけないと同時に、犬の世話を手伝ってくれるよう頼まなければいけないということです。**

でもなぜ、単に無私無欲ではダメなのでしょうか？
なぜ、自分にも利点がなければいけないのでしょうか？
人間は社会的な生き物です——与えることが好きなのではないでしょうか？　確かにそのとおりです。

実際にある実験では、人にお金を渡して自分のために使えと言われた場合と、他人のために使えと言われた場合では、他人のために使ったときの方が満足度が高いという結果が出ています。

この実験は、アメリカ、カナダ、南アフリカ、バヌアツと、世界のどこでも同じ結果になっています。

他者のためにどうお金を使うかは、場所によって様子が異なります。[*231]

ウガンダでは、直近で20カナダドル相当の金額を人のために使ったときのことを聞くと、裸足の弟のために靴を買ったとか、潰瘍が痛む友達のために薬を買ったとの返事が返ってきました。カナダでは、母親の誕生日にコストコでバラを買ったという答えでした。

しかしほぼどの国においても、人は与える喜びを経験しました。

調査会社大手のギャラップ・ワールド・ポールは、「人生にどれだけ満足しているか」「ここ1カ月でお金を寄付したか否か」をそれぞれ尋ねる調査を行いました。**世界のどの地域においても、他人のためにお金を使うことが、その人の幸福度を上げていました。**

友達に手を貸すときに、それが自分を犠牲にすることならやめておく

与える行為は気分が良くなるし、自分のためにもなります。

友達が私たちの何かを必要としているとき、そしてそれがこちらとしては大したものではない場合、手を貸すと、自分のためにも相手のためにもなります。

しかし与えるときに自分を犠牲にしてしまうと、与えることからの影響にゆがみが生じます。

合計3万2053人のデータのメタ分析から、恋愛関係において自己犠牲を払う人は、幸福度が若干低いことがわかりました。

さらに、とりわけ大きな自己犠牲を払う人の場合は、幸福度が低いのみならず、恋愛関係も

また、犠牲になっていました。[*232]

与えているのに見返りが何もない状態が続いてしまうと、「純粋に与え続ける人」になります。純粋に与え続ける人は、「他人のニーズの方が自分のニーズよりも常に大事」とか「自分と人のニーズがかち合ったら、自分のニーズは満たすことができない」などの言葉に同意します。

こうした無私無欲な人たちは、ほかの人よりもストレスを抱え、気分が落ち込んでいることが、研究で明らかになっています。[*233]

あるメタ分析によると、人に与えたいというモチベーションがある人は幸福度が高く、その恋愛パートナーも同様でした。[*234]

ところが「純粋に与え続ける人」とその恋愛パートナーの場合は、これがあてはまりませんでした。

無私無欲から私たちが手にするのは、「燃え尽きの街」への片道切符です。そこでは誰もが落ち込み、いっぱいいっぱいで、我慢しています。

とはいえ、自己犠牲は魅力的でもあります。他人のことで夢中になれれば、悩み、気分の落ち込み、自己肯定感の低さといった、忘れたい部分を手放せるからです。あまりにも他者のことで頭がいっぱいになり、人として存在することの重みを一瞬だけ忘れてしまえます。

当然ながら、この束の間の空白、小さな死が、悩みを解決してくれるわけではありません。

単に一時的に砂をかけて隠すだけです。**自己を犠牲にする人が唯一、悩みを解決できるのは、自分を犠牲にすることで何から逃れようとしているのかを自覚することです。**

というのも、自己犠牲は悩みから救ってくれるどころか、悩みを悪化させるからです。恨みや苦しみといった感情がふつふつと湧いてきて、**自分が利益を得ない限り人に何も渡してはいけない、と訴えてきます。**

慢性的に自分を犠牲にするとすっかり疲弊してしまい、体が求めているのは「純粋に与え続ける」ことではないとわかります。さらに、自分で与えると決めたにもかかわらず、相手を腹立たしく感じてしまい、そのために、その相手もまた、不快感を抱くことがよくあります。

イギリスのロンドン大学ゴールドスミス校で講師を務めるマドカ・クマシロ博士は、気前のよさのバランスをとるこのプロセスを「平衡」と呼んでいます。

クマシロ博士の研究により、**人は、人間関係に集中しすぎると、自分に集中したいという欲求を自然と抱くことが明らかになりました。**一方で、自分に集中しすぎると、人間関係に集中したいという欲求も自然と抱きます。

人間は、バランスの生き物なのです。

これは、好ましいことです。

クマシロ博士らが行った実験では、参加者のうち平衡を経験した人たち（「つきあっている人とのニーズと自分個人としてのニーズ、どちらも人生の最優先事項にしている」という文章に同意すると答え、互いに利益のあるウィン・ウィンの状態にある人たち）は、実験から半年後、気分の落ち込みや不安が少なく、人生にも満足していました。

まだあります。**その人たちは、「自分のことばかりになっていたせいで人間関係にしわよせがきた」ということもありませんでした。**デリックがそうであったように、平衡を維持できる人ほど、人間関係が健全であることが研究からわかったのです。[*235]

クマシロ博士の研究が示すのは、自分と他人の両方の利益を追求することは、気前のよさを汚すと思われがちなところ、実際はそのおかげで気前よくいられるということです。

デリックはまるまる1年間、パークを居候として自分の家に住まわせました。腹を立てるどころか、喜んで与えていました。

なぜならパークも、デリックに与えていたからです。

パークの手を借りられてよかったのは、デリックのみならずパークにとっても同じでした。パークとの暮らしがデリックの得になれば、パークはもっと長く住めることになるからです。

このように、デリックはもともと、無理せず人に与えられる人です。

もっと気前よくなりたいという人へのデリックからのアドバイスは、自分も友達に何かお願いすることだと言います。

「純粋に与え続ける」ことと「健全な気前よさ」が異なるのはこの点です。

ある研究によると、純粋に与え続ける人は、そうでない人と比べて気分が落ち込んでいました。理由は、自分からなかなか助けを求められず、ニーズを素直に主張できないからです。与えるだけでなく何かを求めれば、腹立たしさの芽を取り除き、もっと多くを与えられるようになります。[*236]

クマシロ博士の研究が示唆しているのは、自分が必要としているものを求める行為は、自分のみならず自分の人間関係のためでもあるということです。

友達が何かを求めてくれた方が、こちらの心理的な負担も軽くなるし、友達に手を差し伸べやすくもなります。もっとも気前のよい人たちは、必要なものを求めることを自分に許してあげています。

パークとデリックは一緒に過ごした1年間で、ふたりが楽しめるある習慣ができました。パークは立体駐車場で夜勤をしており、朝食を手に帰宅しました。

「朝目が覚めると、親友がそこにいるんですよ」とデリックは話します。

デリックが出勤する時間まで、ふたりはゆっくり過ごしました。

デリックが帰宅するときにふたり分の夕食を買って帰ってくることもあれば、近所のバーに出かけて5ドルのチキンウィングとカクテルを楽しむこともありました。パークは可能なときに、デリックに数百ドル渡していました。食器を洗い、シャワー室を掃除し、シーンのうんちの片付けもしました。

「金銭的には僕の方がたくさん払っているかもしれないけど、パークは僕が本当に必要としていたものを提供してくれました。お互い、人生が最悪なときに支え合ったんです」

絆を深めるために境界線を活用する

「平衡」のコンセプトを読んだとき、私は長続きしなかったある友情を思い出しました。相手の女性を、ここではマーガレットと呼ぶことにします。

ふたりでウォーキングをしていたある日、マーガレットは引っ越す予定だと言いました。彼女は車を持っていなかったけれど私は持っていたので、引っ越し用のダンボール箱を調達するのを手伝うと申し出ました。申し出を受け入れたマーガレットと、車でお店に行きました。

翌週の引っ越し当日、マーガレットは手伝ってほしいと再び連絡してきました。私が当時つきあっていた、体格のいい彼氏も一緒に連れて来てほしいとも言いました。

彼氏はマーガレットと顔見知りではなく、知らない人のために土曜日を犠牲にする気になれず、しぶしぶでした。でも私は、人助けはよいことだと言って、彼氏を説得しました。

マーガレットのマンションに着くと、私の車を使って新居に荷物を運ぶつもりだと言われました。私はその後に予定があったので、午後1時半までなら大丈夫だと伝えました。

しかし、マーガレットが荷物を車に詰め終えたときには、ほぼ1時半になっていました。私はイライラしましたが、彼女を見捨てたくなかったので、そのまま続けました。そして、ようやく荷物を乗せて新居に到着したとき、2時になっていました。マーガレットは、新居についたあと、荷物を車から降ろすだけでなく、エレベーターで部屋まで運んでほしいと言い出しました。そのまま予定が始まる10分前になり、彼氏を自宅に送ってから予定に向かうつもりでしたが無理だったので、彼氏には私がタクシー代を持つと説明しました。

与えすぎた苦々しさをまだ引きずっていた翌日に、またマーガレットが連絡してきました。残った荷物を運ぶのを車で手伝ってほしい、というのです。今回は、忙しいからと断りました。

マーガレットと私は、その後どうなったでしょうか?

私は、彼女に会うモチベーションをすっかり失ってしまいました。連絡が来ても、「いいね」

「そうなんだ」か、忙しいという返信しかしなくなりました。

その後何度も連絡が来ましたが、空気を読んでくれないのなら、自然消滅を狙うのではなく、正直に伝えなければいけないと思いました。

自分の境界線が侵害されてしまったように感じること、この友情はうまくいかないと思うことを伝えました。マーガレットから返信はありませんでした。

この出来事の間、私はずっと大きな罪悪感を抱いていたし、自分が自分勝手だとも感じました。でもこうした感情は、2日目にマーガレットを手伝わなかったから感じているわけではないことに気づきました。

手伝いたくないと思っている自分に、罪悪感を抱いたり、自分勝手だと感じたりしていたのです。

人間が本来、喜んで気前よさを発揮する生き物であるのなら、私はいったいどんな人間なのでしょうか？

今ならわかります。クマシロ博士の研究によると、私は平衡を欠いていました。そしてバランスを取り戻すために、距離をおこうとするのは当たり前なのです。

私が無私無欲でなかったからといって、自分勝手だったわけではありません。**単に私は人間だった、それだけです。**

また、自分がどれだけ気前よくありたいかは、相手によって変わると言った方が正確です。

マーガレットに対しては、手伝いたいとも思えませんでした。

彼女のことが嫌いだからではなく、そこまで親しくなかったからです。もしも、仲のいい友達が引っ越し2日目に困っていたら、なんとか都合をつけて手伝ったでしょう。


では、気前よさのルールは、親しい相手か否かで変わるのでしょうか？

境界線はその友達によって変わる

インスタグラムである投稿をたまたま見つけ、複数の友達に送りました。

その投稿には、こう書かれています：「次のようなことは、臆せずに言うべきです」

1. 今ちょっとひとりになりたいので、またあとで連絡するね。
2. 今手が離せないんです。手助けが必要ならほかの人に連絡してみてください。
3. 疲れてるんだ。また元気になったら返事するね。

私はその後、友達にこう聞きました。「落ち込んでいるときに友達に連絡したときに、このどれかの返事が来たらどう思う？　忌憚《きたん》のない意見を聞かせて」

前述の投稿に書かれていたような返事が来たら、私の友達の場合、こう感じるとのことでした。

・なんか怒らせちゃったのかなとか、私を避けようとしているのかなって思うと思う。
・傷つくし、この人にはたぶんもう連絡しない。
・落ち込んで連絡したのに余計に落ち込むと思う。

境界線を引こうとするこうしたメッセージに対する私の友達の反応からは、友情における根本的なものが見えてきます。**自分が困っているときには、友達とは手を差し伸べるべくベストを尽くそうとしてくれるものだと、私たちは期待しているのです。**

ある研究では、ウェブサイト www.authentichappiness.com に掲載されている質問「仲良しの友達には、どのような性質を求めますか？」に対する491件の回答を分析しました。[237]上位3つのうちのひとつは「支えになってくれること」でした。

1984年に行われた別の研究では、友情の「ルール」を人がどう捉えているかを分析しました。複数の文化で高く支持されているルールは4つあり、そのうちのひとつは、友達は「困っているときに自発的に手を差し伸べてくれるべきである」でした。**この研究では、困っているときに支えてくれるか否かが、友情の質のよし悪しの決定打となりました。**[238]

境界線を、よく知らない相手やそこまで思いやりを持てない相手との間におくのは妥当ですが、親しくなれば、気前よさのルールは変わります。

心理学の世界ではかつて、どんな関係であれルールは一緒だと考えられていました。私たちは、見知らぬ人でも親しい友達でも、自分本位に、自分自身が受け取れるだろうと思う範囲までなら与えたいと考える、とされていたのです。[239]

「新時代の友情」が示唆するのはまさにこれです。スターバックスのバリスタに対しても親友に対しても、同じくらい毅然とした態度を取るべきだというものです。

しかしイェール大学の教授、マーガレット・S・クラーク博士は、人間関係において何が妥当かは、どんな関係であるかによるとする、すばらしい研究を行いました。人は互いに親しくなっていくと、相手が困っていれば、たとえ自分に負担がかかっても手を差し伸べる、クラーク教授が「共同関係」[240]と呼ぶ間柄へと変化します。（別の研究者C・ダニエル・バトソンは、関係性の深さによって人間関係のルールが変わるというクラーク博士の考えは間違っていると反論しました。ふたりは学術的に対立しましたが、いかにも学者らしく、論文をいくつも書いてそこで口論を展開しました。以降、共同関係を検証する研究は数多く行われています）

クラーク博士は、共同関係とは、「相手を気にかけていることを示すために、ニーズに応えて、相手のためになることをすること」だと言います。**その関係が強ければ強いほど、相手が自分を必要としているときに自分を犠牲にしたいと考えます。**

共同関係は、私たちの人生において、もっとも深く、もっとも重要な人間関係です。

人は共同関係の中で、幸せや悲しみを表現するために、自らもろさをさらけ出すことが、研究によってわかっています。[241]

共同関係は、人にとってもっとも親しい人間関係だとする研究も複数あります。[242] ある研究者は、共同関係を愛と同じに定義しており、[243] また「最適な人間関係が機能するための鍵であり、親しい人間関係の必須要件でもある」とも定義しています。[244]

そして、私たちが待ち望んでいるのは、こういった友情です。

困っているときに支えてもらえた人は、心が強くなる

こうしたことから、共同関係を維持しているのは、境界線ではないと定義できます。それは、相手を支えることです。

ある研究では、困っているときに友達が反応してくれると、自分もその友達をしっかりと支える（たとえば、「そのままのあなたでいいと思う」と相手に言ったり、相手の話を聞いたり、元気づけたり、親近感を感じると伝えたりなどする）傾向にあることがわかりました。[*245]

別の研究でも、友達に支えてもらえればもらえるほど、自分も相手を支え、相手に安心感や親しみを抱くことが明らかになっています。[*246] 言い換えれば、共同関係は自分が提供すれば見つけることができるのです。

困っている友達に対して責任ある行動を取らないまま、深い友情を築くことなどできません。たとえ友達が困っているのが、あなたが不快なほどお腹いっぱいなときだったり、コメディ番組の再放送を見ているときだったり、ゲームをしているときだったとしてもです。

友達でいようと決意するとき、あなたは相手のために全力で手を差し伸べようと決意します。

困っているときに支えてもらえることは、人がやがて安定型になるために重要な要素である

ことが、研究からわかっています[*247]。そして別の複数の研究でも示されているとおり、逆に、安定型であればあるほど、人を支えるようになります[*248]。

困っているときに、（自分のニーズが満たされたり、安全が考慮されたりして）自分を優先してもらえたと感じると、相手にも同じようにします。つまり、友情が花開くには、仕事をクビになって泣きながら友達に電話をしたとして、相手が「今、手が離せません」とテキストメッセージを送ってくるような人ではないと知っておく必要があります。

友情にとってよくない、個人主義的な境界線を築くと、共同関係も壊すことになります。なぜなら、このような発言は、自分を最優先にして、何よりもまず自分のことを考え、たとえ友達が窒息しているときでも自分が酸素マスクをつける、と物語っているからです。

こうした人たちは、友情とはオプトイン、つまり事前に了解を得ているべきものであり、十分な休息を取り、エクササイズをこなし、健康で、元気で、栄養たっぷりの食事をとってお腹が満たされて準備万端のときにだけ、提供できるものだと考えています。

彼らは、負担を感じたり、不便をかけられたり、気分を害されたりすべきでは絶対なく、そうなるかもしれないと感じたらすぐに、最重要の防御として境界線を引くことが責務である、と暗に言っています。

つまり境界線とは、自分を大切にする手段だという見せかけで正当化された、個人主義をもっとも深く表現したものだと理解することができます。

その友達のためなら、どのくらいゆずれるかを考える

それでは、もっとも親しい友情の間には、境界線などないのでしょうか？　そんなことはありません。境界線は必要です。

とはいえ、愛に包まれた共同的な境界線は、タイプが異なります。この境界線は、より思いやりにあふれ、クリエイティブで、流動的で、お互いを尊重するために持つものです。つまり、片方が広々としたスペースを手にしつつ、他方が狭いところで身もだえするなどということはありません。

「新時代の友情」での境界線の場合、友達が困っているとき「今の私の状況だと、あなたに差し出せるものは何もありません」という、全か無かの条件がデフォルト設定になっています。

共同的な境界線の場合、相互性を実践しているため、大変な状況にいる友達を全力で支えます。その友情を評価するために一歩下がり、自分と相手のニーズのうち、どちらが急を要するだろうか、と自問します。

相手に屈服することではなく、自分のために相手を支配することでもありません。**共同的な**

境界線は、団結であり、協力であり、共同作用なのです。

共同的な境界線は、状況によって変わります。さもなければ、単なる壁になってしまいます。共同的な境界線の場合、友達がテレビ・ドラマの最終回について語り合いたくて電話をかけてきたときに、自分は仕事でイヤな思いをしたので話したい気分でないのなら、「また別のときに話そう」と言うことができます。

でも、もし友達の電話が、子どもが自傷しているという相談だった場合は、そんな返事はしません。**相互性とは、自分にとって大切な人が大変な状態にいるとき、自分自身も大変な状態でない限り、相手を優先するということです。**

共同的な境界線や相互性は本来、自己を守るためのものではありません。人間関係を守るためのものです。

ヒーラーであり、ソマティックのコーチであり、著者でもあるプレンティス・ヘンフィルの言葉を借りるなら、「境界線とは、相手のことも自分のことも同時に愛せる距離」なのです。

危機的な状況ではないときは、友達に求められたとおりに、手を差し伸べなければいけないというわけではありません。なぜなら、自分のニーズを満たすことも友情のためになるからです。

友達に、留守中に子どもの面倒を見てほしいと言われたけれどデートの予定がすでに入っているとき、あるいは1時間離れたところに住んでいる友達が飼い犬の散歩をしてほしいと言ってきたときは、ノーと答えましょう。

なぜなら、自分のニーズを満たすために今断っておけば、長い目で見ればその友達にもっと多くを与えられることになるからです。

メロディの親友であるチェルシーは、メロディのそばにいるためにセントルイスに引っ越してきたとき、メロディと毎日一緒に過ごしたがりました。チェルシーには恋人がおらず、仕事もしていなかったのです。

一方で、1日12時間勤務の仕事と彼氏との時間をやりくりしていたメロディは、そこまでの余裕はありませんでした。

チェルシーをがっかりさせてしまうといつも心配していたメロディは、ふたりのニーズが相反することを指摘して、お互いにとってうまくいくような時間配分を交渉したいと考えました。

「〝知らない街に引っ越してくるって大変だとは思うよ。だからそばにいてあげたい。仕事でストレスが溜まっているけど、あなたは私にとって大切な人だし、会いたいし。たとえば週1回、一緒に夕飯を食べるのはどう？〟って提案することもできたと思います」

一方で、自分のニーズを100パーセント満たすようにすると友達を傷つけてしまうため、自分を友達に合わせることも意味します。友達にどのくらい譲るかを決めるのは簡単ではありません。**科学というより人的なスキルであり、自分と友達のニーズがそれぞれどれだけ急を要するか、自分に正直になる必要があります。**

ケイシーという女性は、友達から相互性を得られませんでした。コロナ禍が始まった頃、ケイシーは突然、毎日のように失神するようになったのですが、医者は原因を突き止められませんでした。

ちょうどその頃、友達のエルマが、ダンスの大会に一緒に出ようと誘ってきました。原因不明の失神もあり、コロナ禍を理由にケイシーは断りましたが、友達がいがない、もう連絡しない、と言われてしまいました。

皮肉なのは、ケイシーの人生が文字通り危機に瀕しているのに、エルマはそれを考慮せずに、自分のニーズを満たしてほしいと求めるというゾッとするような行動を取ったということです。

相互性を考えたとき、人は友達に自分の身を自分で守ってほしいと考えると同時に、自分も自分の身を守りたいと考えます。どちらも大切です。

友達が元気を取り戻すためには境界線を引く必要があることを、私たちは理解できます。**つまり友達の境界線とは、究極の気前よさなのです。**

友達に、自分が何を期待しているのかを伝えるのも大切

相互性がうまく機能するには、自分にとって大切なニーズがあるときには、それを親しい友達にはっきりと伝えなければいけません。

作家のニール・ストラウスはこれを、「言葉にしない期待は、あらかじめ計画された恨みである」――つまり、期待を相手に伝えない時点で、のちに恨まれることは明らかだ、と説明しています。

こちらから「これは私にとってすごく大切なの」と言わなければ、今は自分を優先したいときだなんて、友達はわかりようがありません。主張しなければいけないときにはきちんと主張できるようになる必要があります。

相手が自分のニーズを臆せずに主張してくるのに、こちらがしないのならもっとも健全な友情でさえ、バランスを欠いてしまいます。

自分を理解してもらうには、相手に時間や労力をかけて理解してもらうだけではいけません。こちらから、相手にわかってもらえるようにする必要もあるのです。

この研究を知っていた私は、恋人と別れたあとに、複数の友達に次のようにテキストメッセージを送りました。「今の私に必要な支えは、一緒に過ごしてくれることと、食べ物を持ってきてくれることだよ」

重要な点は、相互性が、常にというわけではないものの、困ったときに不平衡と自己犠牲を生み出すことです。

デリックがパークを1年も居候させたときのように、自分の方が多くを与えることもあります。また、自分の方が多くを受け取るときもあります。

しかし、もっと長い目で物事を見れば、気前のよさのレベルは、いつかはほぼ等しくなります。してもらったからお返しするといった帳簿合わせの平等さだけでなく、**お互いに全力で相手を支えることに専心すれば、それがやがては平等な結果になるだろうと信じるということです。**

お互いにとっての「ウィン・ウィン」を見つけるのもまた、ひとつの形です。

メロディは、自宅近くのカフェをコワーキング・スペースのようにして週に何日かチェルシーと一緒に働けば、ウィン・ウィンになることに気づきました。

チェルシーはメロディと一緒に過ごせるし、メロディは187通も来る仕事メールを片付けることができます。

私の友達のアリー・デイヴィスは、心温まるウィン・ウィンのアイデアを教えてくれました。大きな悩みを抱えた友達が相談の連絡をしてきたときに、自分も大変な悩みを抱えていてとても話せる状態じゃない場合、それをそのまま友達に伝える代わりに、こんなふうに言うのです。

「メッセージありがとう。大変だね。実は私もつらいところなの。フェイスタイムで一緒に泣かない？」

個人主義的な境界線	共同的な境界線
自分のニーズを優先させる。	自分と相手のニーズ両方を考慮し、重要な方を優先させる。
疲れていたら何も差し出さない。	疲れていても何が差し出せるかを考える。
相手が誰であれ、ニーズの緊急性が何であれ、境界線は変わらない。	相手との関係性やニーズの緊急性によって、境界線は変わる。
境界線は自分を守るために使う。	境界線は相手との友情を守るために使う。
相手の境界線を顧みずに、自分の境界線を考える。	友達の幸せは自分にとっても大切なので、友達の境界線は歓迎する。
絶対に自分を犠牲にしない。	親しい友達が困っていたら自分を犠牲にする。
自分のニーズが友達のニーズとかちあったら、自分のニーズを優先させる。	自分のニーズが友達のニーズとかちあったら、どちらも満たす方法はないか考える。

「相手によって」尽くすかそうでないか決めよう

友情の重要な注意点は、それが誰に対しても差し出すことができるものではないという点です。

ある研究によると、友人知人が多ければ多いほど、それぞれの人と過ごす時間は短くなります。**この研究からはまた、交流ネットワークが広ければ広いほど、人間関係の結びつきが弱くなる傾向にあることもわかっています。**[*249] すべての人に全力を注ごうとしたら、結局は誰にも注げないまま終わる可能性もあります。

相互性を実践するにはまず、自分にとって誰が友達かを判断する必要があります。会ったばかりの人に向かって実践できるものではありません。

「自分が友達だと思っている人の半数は、こちらを友達だとは思っていない」[*250]という研究結果を考えると、誰が本当の友達かを判断するのは、思う以上に難しいものです。

友情の専門家であるシャスタ・ネルソンは、もうひとつの難題「ひとりの友達の方が他方よりも親しみを感じる」ことについて説明します。

あなたとあなたの友達が、それぞれ自分の友達を1位から10位までランク付けしたとします。

1位は親友で、10位は知人です。

しかし、あなたが5位にした友達は、あなたを1位にする可能性もあります。あなたは月1回一緒にランチをしたいなと思う程度でも、相手は毎日あなたと一緒に過ごしたいと思い、悲しいことがあったら話を聞いてもらいたがり、ご飯を食べに家においでと誘い、同じことをあなたにも期待するのです。

友達が自分ほど熱意を注いでくれないと感じたときは不安になり、相手にもっとこっちを見てほしいと無理強いしたい気持ちになるかもしれません。

でも、愛情の章で学ぶとおり、力づくで愛を手に入れることはできません。愛は自由に与えられるものなのです。

性的な行為に同意が必要であるのと同じように、新しく友達になった人に対しても、どのくらい親しい間柄でいたいかについて、感情面で同意が取れている必要があります。そのため、相手が同意をする気がないのなら、それを受け入れ、同意してくれる友達を探しましょう。

誰かが気前よくしてくれたとしても、それが無理強いされたからであったなら、その人は恨みつらみを抱く可能性が高くなります。

ある実験では、2週間の間に「与える行為」と「なぜ与えたか」について、実験参加者に報告してもらいました。与えるのが楽しかったからという日には、実験参加者は気分がよくなり、元気が出て、自己肯定感も上がりました。

義務感から与えた日には、与えた結果も芳しくありませんでした。[*251]

また、そこまで親しくない人に気前よくするよう求められたときに発揮する気前のよさは、自分が元気が出るからというよりも、義務感からになるものです。

ある実験で、強い絆（親友、家族、恋人）あるいは弱い絆（知人、同僚、クラスメイト）のために20ドルを使ったときのことを思い出してもらいました。

強い絆に対して気前よさを発揮したことを思い出したとき、実験参加者は気分が良くなりました。[*252] 別の研究では、つきあいたいと思った相手を手助けした場合は気分が上がったけれど、つきあいたいと思わなかった相手を手助けした場合は上がりませんでした。[*253]

親しい相手に与える行為には、さらに大きな影響もあります。ある研究では、親しい人からお金を受け取るときの方が、親しくない相手から受け取るよりも幸せに感じることがわかりました。[*254]

もっと一般的な話で、イェール大学のクラーク博士によると、人との距離が縮まれば縮まるほど、人は「自動的に相手に共感するようになり、相手の目を通じて相手の環境を見る」ようになります。[*255] **そのため、相手に与えることは、自分に与えることのように感じるようになるのです。**

自分の大切な人に与えるとき、気前のよさが「自分を大切にする」ことの邪魔になるどころか、むしろ大切にするひとつの形となり、長い目で見てもっと多くを与えられるようになります。

こうした研究は全体的に、相互性はあらゆる人に対して実践するものではなく、本気で大切にしたい友達に実践すべきであることを示唆しています。

気前よくなりましょう。

でも気前よくいることを負担に感じるなら、その友情の深さに見合ったものにしましょう。そして、そこまで重要でない友情であれば、罪悪感を抱かずにノーと言えるようになりましょう。

一方でどの程度を相手に期待するかですが、最初から期待するのではなく、少しずつにすべきです。友情がもっと確かなものになったら、友達は何かしらを与えてくれるようになるはずです。

でももし、芽生えたばかりの友情に強いプレッシャーをかけてしまったら、相手は愛情からではなく、がっかりさせるのが怖くて気前よくしているだけなので、離れて行ってしまうかもしれません。**双方が「したいと思う」必要があります。**

友達というよりは利用されている関係とは

ケイシーという女性は、友情の深さに合わせて気前の良さの程度を変えることの重要性を、身をもって学びました。

もともと共感力が高く、人の話を真剣に聞くため、多くの人に慕われていました。そのせいで彼女の電話は、まるで24時間365日稼働中のお悩み電話相談のようでした。ある夜、ケイシーの気前の良さは限界に達してしまいました。知らない人から電話がかかってきて、「マットが今病院にいるの。大腿骨を骨折して。あんた、どういうつもり？　どうして病院に行かないの？」と言われたのです。

ケイシーは病院に向かって車を走らせながら、とても複雑な思いがしました。これまでの人生でマットと話をしたのは、3回くらいでした。病院に到着したとき、また別の電話がかかってきました。また別の危機的状況にある人です。

ケイシーはもともと気前が良く、人助けに喜びを見出す人です。

ケイシーの問題は、危機的状況にある人を全力で支えてしまうことではありません。誰に対してもそうしてしまうことです。友達に対するのと同じレベルで、単なる知り合いにも手を差し伸べてしまうのです。まるで「おおきな木」のように、ケイシーから奪うだけ奪って何も与えない人に対して、多大な犠牲を払って繰り返し与えてしまうのです。

ケイシーは、睡眠も食事も十分に取れていませんでした。携帯に通知が来るたびに、ビクリとしました。返信しないまま1時間経つと、「なんで返事くれないの。助けてほしいんだってば！」という怒りのテキストが何通も送られてきました。本当に友達と呼べるのかさえ怪しい「友達」たちは、ケイシーに新しい友達ができると腹を立てました。ケイシーは、自分のニーズをおろそかにしていたのみならず、ケイシーのニーズをおろそかにする人たちを自分の人生に招き入れていたのです。

「友情というより依存でした」とケイシーは振り返ります。

人間関係における依存は一方的です。やり取りは常に依存している人から始まり、たいていは悩み相談です。単に元気か連絡してみた、ということはほとんどありません。

依存している人は境界線を尊重せず、常に自分が面倒をみてもらって当然だと思います。また、自分が癒されるか否かは相手の責任だと考え、自分で責任を負うこともありません。

ケイシーの友情はまるで、本の中から、悲劇的なクライマックスが起きる章だけが取り出されたようなものでした。ケイシーの友情の物語には、はじまりがなかったのです。

通常は、一緒に映画を見に行ったり、桟橋《さんばし》でホットドッグを食べたりして、時間をかけてじっくりと友情が育っていき、お互いへの思い入れが大きくなっていくことで、この人は支えるべき相手だと識別していきます。

ところがケイシーの友情には、こうしたありふれた時間がありませんでした。

「一緒にボードゲームで遊べるような、そういう友達がほしかった」とケイシーは言います。

つまり友達とは、悲劇の瞬間だけでなく、平凡な日々も一緒に過ごすものなのだ、ということです。大変なときだけ求めて来て、平穏なときには存在を忘れるような人に気前よくしないよう、ケイシーは学ばなければいけませんでした。

自分が友達との境界を決めよう

気前のよさは、自分の奥深くにはどのような懸念があるかを教えてくれます。

人も自分も満足させるとは具体的にどういう状態だろうか？

愛情の行為としての境界線は一体どんなものだろうか？

人のニーズを受け入れつつウソ偽りのない自分でいるとは、どういうことだろうか？与えるべきだからという理由で常に与えなければいけないと考えると、やがて燃え尽きてしまいます。一方で気前のよさを出し惜しみすると、そこからの喜びを経験したり、絆を築いたりできません。

気前のよさを、「常に与える」か「何も与えないか」の0か1だという考え方をやめる必要があります。そのときどきの自分の意図と相手との関係をもってアプローチする必要があるのです。

気前のよさは、自分にとって何と誰が大切かという「自己認識」と、友達にとって何が大切かという「他者認識」を軸にして生まれなければいけません。自分自身、自分の境界線、自分の交友関係を見定める誘《いざな》いなのです。

先ほどの、友達に尽くしてしまうケイシーはこの点に最終的に気づきましたが、まだ学びの最中だと認めています。ケイシーが相互性とは何かを初めて味わったのは、タマラという名の友達のおかげでした。

「お互いに、常に悩みがあったわけではありませんでした。一緒にアイスクリームを食べに行ったり、テレビを見たり、電話でおしゃべりしたりしていました」

ケイシーとタマラはルームメイトでした。期末試験の勉強で静かにしたいとき、ケイシーがいつもよりも食器洗いに時間がかかっていても、タマラは気にしませんでした。タマラが忙しいときにケイシーが部屋に来ると、部屋を出ていくよう命令するのではなく、「あとでね」とお願いの口調で言ってくれました。

ある日、タマラの車が故障して、道路わきで動かなくなってしまいました。タマラの婚約者がケイシーに電話をかけてきて、自分は遠いところにいるのでタマラを助けてあげてほしいと言ってきました。

ケイシーはタマラのもとに1時間以上も車を走らせましたが、その道のりずっと、タマラを助ける喜びを感じていました。ケイシーは言います。

「そこまでの仲じゃない人が多くを求めてくると、助けるためのエネルギーを自分の奥底からかき集めるか、別のところから持って来なくてはいけません。でも相手が大切な人、親しい人なら、エネルギーが湧き出てきます。まるで〝あぁ、そんな思いをしているなんて。今行くからね。そばにいたいから〟という感じです」

Chapter

08 親友とは

「仲のいい知人」より先に進む方法

レイチェルとギャビーは、友達になって20年以上経ちますが、いまだに一緒にいると気分が上がります。

ふたりの友情では、相手を傷つけないためにウソをつくことはありません。たとえば、ギャビーが「このドレス、似合う?」と聞くと、レイチェルは「ちょっとだらしないみたい。違うのにしたら?」と答えます。お互いに、心の底から正直でいられるほど安全な友情を、大いに楽しんでいました。

ふたりが別々の都市に住んでいたとき、ギャビーはレイチェルの誕生日にサプライズで会いに行きました。レイチェルはあまりの嬉しさに、へたり込んでしまったほどでした。親友であり、何でも打ち明けられる相手であり、緊急の連絡先である場合もありました。ギャビーとレイチェルは、これ以上親しくはなれないというほど仲よしです。

さらに絆を深めるためにできることと言えば、家族みんなの前で正式な儀式として、お互いにプロポーズすることくらいでした。そしてふたりはまさに、それをしたのです。

そもそもの始まりは、ギャビーがある日、レイチェルにこう言ったことです。「いい考えがある！　お互いの手の輪郭をなぞってみない？」レイチェルは眉をひそめて「なんでそんなことするの？」と尋ねました。レイチェルの誕生日がもうすぐだったこともあり、ギャビーが鉛筆で人差し指をなぞったところで、レイチェルはギャビーの狙いを悟ります。「指輪のサイズを測ろうとしてるんでしょ！　誕生日に指輪をくれるなら、プロポーズしてよね」とレイチェルは冗談を言いました。

翌週、レイチェルの誕生日のために、親しい友人10人がふたりのマンションの居間につめかけました。その中で、ギャビーは注目してほしいと呼びかけます。そして片膝をつき、プロポーズをしたのです。指輪にはふたりのイニシャルが刻まれており、中央にはお互いの誕生石であるアメジストとペリドットが埋められていました。

ギャビーは別の友達に、儀式を取り計らってくれるよう頼んでいました。「レイチェル・ジェイン・スタイン、あなたは命ある限りいかなるときもギャビーと共におり、永遠にギャビーの親友でいることを誓いますか？」「誓います！　誓います！」とレイチェルは言いました。ギャビーは、コーヒーテーブルの下に手を伸ばし、リサイクルショップで見つけたフレームに入れた証明書を取り出します。そこには「友情証明書」と書かれており、ギャビーとレイチェルは署名しました。

レイチェルが新しい指輪を見せびらかしながら「公認の仲になったよ！」と言うと、友達はふたりの写真を撮りました。この経験を振り返りレイチェルはこう言います。「いかにもギャビーらしかったです。型破りっぷりに笑っちゃうくらい。ほんと滑稽で最高。ギャビーのこと大好き」

反対に、ギャビーの誕生日には、ふたりはセブン-イレブンにスラーピーを買いに行きました。車に戻り、暑さをしのぎながら、ギャビーがワイルドチェリー味のスラーピーを半分ほど食べたとき、レイチェルはポケットから箱を取り出しました。

ギャビーが開くと、ネックレスが入っています。レイチェルは、「このネックレスで、ふたりの誓いを新たにしたい」と言い、お互いへの誓いの言葉が書かれた10枚の紙を取り出しました。

副業として美容師をしているレイチェルは、「絶対に自分で自分の髪を切りません」と書かれた紙を、ギャビーにサインさせました。レイチェルがサインした紙には、「ギャビーの髪は必ず私がカットします」と書かれていました。

プロポーズは冗談でしたが、まったくの冗談というわけでもありません。レイチェルとギャビーは実際に、この先ずっとお互いの友達でいると約束しているのです。**ギャビーが最初に、レイチェルの誕生日にプロポーズしたとき、レイチェルは、お互いに約束することを書き残そうと提案しました。**

ギャビーは当時を振り返り、ふたりは心から大切に思い合っており、このときの誓いを全うするべく全力を注いでいることを実感します。友情証明書と指輪がある今、絆をさらに深めるためにできることは、ほかにそうありません。

レイチェルとギャビーのような友情をはたから見ている人は、なぜそんなに親しくなれるんだろうと不思議に思います。人と親しくなるための暗号を解読したのではないかと思わせるほどです。

その一方で多くの人は、友情のみならず本当の意味の親密さもない「仲のいい知人」レベルからすらも先に行けずにいます。一緒に映画を見に行く人はいるかもしれませんが、病院から電話をかけられる相手がいないのです。私たちが渇望しているのは単に「人」だけではありません。意味のあるつながりなのです。でも、どうやったら見つけられるのでしょうか？　レイチェルとギャビーが示すように、愛情があればたどり着けます。

友情では、相手も自分を好きなのかわかりづらい

愛情とは、大切にされており、愛されていると相手に感じさせる表現です。心のこもった挨拶、褒め言葉、励まし、称賛、感謝などがあります。

レイチェルとギャビーは、一般的には恋人や配偶者などだけに向けられるレベルの愛情をお互いに注いでいます。

レイチェルの母親がプロポーズの話を聞いたとき「奇妙な話だけど、いいんじゃない」と言いました。ふたりは指輪を交換し友情の儀式を取り計らっただけでなく、体を寄せ合ったり抱き締め合ったりもします。

レイチェルとギャビーにしてみたら当たり前のことですが、多くの人にとっては、友達同士がハグ以外で抱き締め合うことはあまりありません。

でも、なぜなのでしょうか?

友達に深い愛情がないというわけではありません。ただ、愛情を表現することを気まずく感じてしまうこともある、ということでしょう。

私は以前、職場でどう友達をつくるかについて講演を行った際、本人に伝えたことはないけ

れど友達に対して抱いている、ポジティブな感情を聴講者に書き出してもらいました。

「友達になって以来、どれだけたくさんの刺激を与えてくれたかを伝えたい」

「友達のおかげで、自分がいい人間になれたことを伝えたい」

「友達の心がどれだけ美しいか、本人に知ってもらいたい」

「電話で話していても相手が笑顔なのが伝わってきて、こっちまで嬉しくなる」

などです。こうした声は温かくもあり、同時に苦々しくもありました。**彼らの愛情を温かく感じましたが、まだ相手に伝えていないというのが、苦々しく思えたのです。**


友達に対する愛情を、私たちはなぜ黙っているのでしょうか？　配偶者や恋人には、愛情を伝えるために記念日やバレンタイン・デー、そして結婚の誓いの言葉があります。友達には、「国際フレンドシップ・デー」がありますが、誰も聞いたことなどないでしょう（7月30日です）。バレンタインの代わりに女友達と祝う「ガレンタイン・デー」は、2010年にできたばかりです。「ガレンタイン・デー」はもともと、アメリカのコメディ・ドラマ「パークス・アンド・レクリエーション」で、主人公のレスリー・ノップが女友達への愛情を表現する日をつくったことで、人気になりました。その後、性別に関係ない「パレンタイン・デー」も誕生しています。

友情には、愛情表現を難しくさせるという独特の性質があります。

友情は本質的に、恋愛関係と比べるとそこまで「正式」ではなく、もっと自然で多目的です。**何かを書類に記す関係でもないので、相手も自分と同じくらい友情を大切に思っているか否かはわかりません。**

気前のよさの第7章でもお話ししたとおり、こちらが友達と呼ぶ人の約半数はこちらを友達とは思っていません。[*256] 一方誰かと結婚するときは、相手と固く結ばれていることがわかっています。家族も、「血は水よりも濃し」という言葉どおり、お互いに深く関わり合っているのは間違いありません。でも友達の場合、相手も同じように思っているとは限らないため、**愛情を見せるのはほかの関係よりもリスクが伴うのです。**

また、テクノロジーのせいで、誰が本当の友達か判断するのはさらに難しくなってしまいました。「友達」という言葉が本来の意味をあまりにも失ってしまったため、いったい誰が友達なのかの判断はなかなかできません。

フェイスブックの友達は友達に含まれるでしょうか？

X（旧ツイッター）でリポストしてくれる人たちは？

ここ5年間会話をしていないけれど、忘れた頃にお互いの投稿に「いいね」をする友達は？

友情の方が愛情よりも確実な時代があった

テクノロジーとSNSは、ゆるいつながりの文化をつくり出しました。いわゆる「友達」は増えたのに、親しく感じる友達の数は、かつてないほど少なくなっています。その数少ない友達が誰かを見極め、彼らに感謝して思い入れを注ぐ代わりに、私たちはアルゴリズムにこの作業をさせ、必ずしも本当の友達にではなく、たまたまSNSのフィードに喜ばしいニュースを流してきた人に声援を送ります。

SNSがなければ、「私は誰と意図的につきあい続けたいだろうか？」と自問せざるを得なかったかもしれません。

（恋愛の相手と比べて）友達に向けて愛情があまり表現されないもうひとつの理由は、どんな愛情であれ性的な愛情とないまぜにされてしまうためです。

友達に愛情を表現すると、相手に恋しているのだろうと非難されるリスクがあるため、怖くてできないのです。しかしここから、人はみんな、さまざまな愛の形を混同していることがわかります。

アンジェラ・チェンは、その著書『ACE：アセクシュアルから見たセックスと社会のこと』（左右社）の中で、人はプラトニック（ある人に対する感謝と好意）、ロマンティック（ある人に対するうっとりとした情熱と理想化）、セクシュアル（ある人とセックスしたいという欲求）という愛情を別々に抱くことを明らかにしています。

これはつまり、友情の範囲内で、ロマンティックな思いを抱くことは可能だという意味です。これを表現する「ロマンティックな友情」という言葉もあるくらいです。

過去の歴史でも、ロマンスはずっと、結婚の一部というよりも友情の一部でした。愛が初めて定義されたときは**「喜ぶこと。好意を抱くこと。我々は、自分のために何かしてくれた人を愛する」**[*257]**となっており、友達であることを示唆しているようです。**

18世紀以前には、ヨーロッパとアメリカの人たちは（主に白人ではありますが）、必ずしも配偶者を愛していたわけではありませんでした。

結婚相手は、実用的な理由により家族が選んでいました。味方につけたい家族や、リソースを提供してくれそうな家族から相手を選んだのです。

歴史家のステファニー・クーンツは、こう説明しています。

「人が結婚相手を選ぶ際に、愛情ほど壊れやすくて不合理なものにもとづくなどとは、歴史上のほとんどの時代においては考えも及ばないことでした」[*258]

クーンツは著書『*Marriage, a History: How Love Conquered Marriage*』（『結婚の歴史：愛はいかにして結婚を勝ち取ったか』、未邦訳）の中で、ビクトリア朝時代に恋愛結婚が一般的になったときでさえ、愛情は友達からもらうものだったと説明しています。

当時よくあった考え方は、男女はまったくの正反対であり、お互いを補完するために一緒になる必要があるのだ、というものでした。男性は理性的で分析的。女性は道徳的で純粋。しかし男女の違いがあまりにも大きいためになかなか理解し合えず、それぞれ自分と同じ性別の友達との方が、理解し合えるとするものでした。[*259]

クーンツの言葉を借りると、「多くの人は、文字どおり〝異性〟――異質な性――とされる人よりも、自分と同じ性別に対しての方が、ずっと親しみを感じました」。ルーシー・ギルマー・ブレイクインリッジという女性が1863年に書いた日記（後年、出版されました）には「このままずっと男性を愛することができないのだろうか」と不安な気持ちが綴られていました。「女性はとても愛らしくて、天使のようにやさしい。あぁ、奥さんが欲しい！」

友情でのロマンティックな愛情は、斬新なものというわけではありません。歴史を十分さかのぼって紐解けば、昔ながらにある考えだとわかります。

一般的には配偶者だけに向けるのが適切だとされている、うっとりするような情熱を親しい友達に抱いたり、その人を理想化したりはよくあります。

私がこれまで聞き取り調査を行ったり、本や論文で読んだりした親友同士たちはほぼすべて、先ほど定義した「ロマンティックな愛情」をある程度、お互いに抱いているようでした。**彼らは友人の存在にワクワクしたり、相手は自分のものという縄張り意識を持ったり、相手を理想化したり、常に一緒にいたがったりします。**

友情におけるロマンティックな愛情は異常であると主張すると、人は、友達に対して抱いている深い愛情を恥じ、混乱してしまいます。そうなると愛情を表現せずに、胸の奥にしまい込んでしまうのです。

1970年代に、ある女性はフェミニズム誌『*Ain't I a Woman?*』(私は女性じゃないのか?)の中で、複数の友達に対して互いに深い愛情を抱いていたものの、こうした感情は精神科のカウンセリングを必要とすると書かれていたと綴っています。

なぜ現代では、友達と深い愛情を分かち合うことに不快感を覚えるようになったのか?

私たちは、セクシュアルな愛とロマンティックな愛をひとつに考えています。さきほどのギャビーもまた、レイチェルに抱いている自分の感情がよくわからなかったことがあるそうです。

「一度、自問したことがあります。〝恋愛対象としてレイチェルに魅力を感じているのかな？〟って。いや、違うと思いました。私はレイチェルと体を寄せ合ったりもしますが、でも、性的に惹かれているわけではないんです。ただ、レイチェルのことが大好きなだけ」

ロマンティックな魅力は、セクシュアルな魅力を感じていなくても生まれます。

現代の私たちはなぜ、友達と深い愛情を分かち合うことに、これほどまでに不快感を覚えるようになったのでしょうか？

友情における愛情に対する不快感は、今の時代でいう「ホモフォビア」〔同性愛への嫌悪感〕の高まりと時を同じくして起きています。1900年代以前には、今の時代のように、人の性的な行動がその人のアイデンティティとして捉えられることはありませんでした。『*Straight: The Surprisingly Short History of Heterosexuality*』（『ストレート：驚くほど短い異性愛の歴史』、未邦訳）の著者ハンナ・ブランクによると、1868年以前には、ストレートもゲイもなかったのです。

同じ性別の人と性行為をすれば、その人は厳しく汚名を着せられはしましたが、性的指向はその人のアイデンティティを意味するものではなかったため、同性愛者だから、あるいは同性愛者と思われるから、が理由ではありませんでした。木にふたりのイニシャルを彫ろうが、友達と抱き合おうが、一緒に寝ようが、こうした行為はどれも性的なものではなかったため、汚名を着せられることはなかったのです。

友達同士で情熱的なラブレターを書き合いもしました。たとえば19世紀の女性は友達に向けて、こう書いていました。「あなたの顔をまた見られるのかと思うと、体が熱くほてってしまいます[*260]」

ジークムント・フロイトやリヒャルト・フォン・クラフト＝エビングのような著名な精神科医が、同性愛を性的障害と見なし、そのプロセスの中でセクシュアル・アイデンティティという概念をつくり上げ、現在の私たちが知るホモフォビアが高まり、友情における愛情が衰退したのです[*261]。

19世紀末、産業革命により人が都市部へ集まるようになりました。小さな町での噂話は減り、匿名性が高まる中、人は小さな町での暮らしでは禁じられていた、さまざまな性行為に関わるようになりました。そこには、自分と同じ性別の人とセックスすることも含まれます。

そして人は、クラフト＝エビングやフロイトによる、セクシュアリティに関する疑似科学を受け入れるようになります。都会で急増していた、同性間での性行為の増加抑制を正当化する方法を探していたためです。（詳しくは『*Straight: The Surprisingly Short History of Heterosexuality*』に書いてあります）

ホモフォビアの増加、もっと具体的にいうと、ホモヒステリア〔ホモフォビアによる影響から、同性愛を疑われるような言動を避けようとすること〕の増加はとりわけ、ストレートの男性の友情を蝕みました。ホモヒステリアとは、ストレートの男性が抱くゲイだと思われることへの恐怖だとされており、こうした恐怖が、男性同士が感情面で親密になることを妨げている、と研究者は主張しています。[*262]

ある研究では、とりわけホモフォビアの傾向が強い男性は、ストレートの男友達にあまりもろさを見せず、そのせいで友情における満足度や親密度が低下することが明らかになりました。[*263]

男性同士の性行為は禁止されていたものの、19世紀以前の社会はホモヒステリアではなかったことから、男性は互いにもろさを見せ合っていました。当時の女性と同じように、お互いへのラブレターをしたため、体を寄せ合っていたのです。

今の時代では、男性の中には、たとえ友達にちょっとした愛情を示すときですら、それが同性愛的なものではないと伝えるために、ハグしたり感謝したりする際に、「同性愛ではない」と明示しなければいけないように感じる人もいます。

私たちは、配偶者を愛するように友達を愛しているわけではいない、ということではありません。

実際にある研究では、女性は同性の親友との方が、恋人とよりも親密になることがわかっており[*264]、男女どちらも、恋人より親友との方が共通点が多いと報告しています。

とはいえ相手が友達となると、その愛情を包み隠さなくてはいけないというプレッシャーを強く感じるのです。ホモヒステリアを乗り越えるとはまた、いかに深く愛しているかを友達に表現することを、自分に許してあげることでもあります。

愛情を表現することは、友情を深める

愛情を表現しないと、友情そのものを失う恐れがあります。

愛情とは、つながりと親密さを育むとてつもなく大きな力であることが明らかになりました。「友情の発展と維持」というタイトルがついた研究で、ユタ大学のロバート・ヘイズ教授は、芽生えたばかりの友情における行動を追跡調査しました。

友達になる見込みのあるふたり組を12週間にわたって追跡し、さらに数カ月後にフォローアップの調査を行い、どの組が最終的に友達になるかを予測できるか調べました。

友情が築けたふたりとそうでなかったふたりとの違いは何だったのでしょうか？　**友情が築**

けたふたりは、お互いにたくさんの愛情を表現し合ったのでした。[*265]

ヘイズ教授は、友達との距離を縮めるさまざまなことは多くの場合、友情が始まってすぐか、お互いを知った直後という段階でとりわけうまく作用することに気づきました。

しかし、愛情は、どの段階においても距離を縮めました。

たとえばテレビを一緒に見るなど何かを一緒にする行為は、すでに友達である人たちについては距離を縮めましたが、友達になりたての段階ではそこまでの効果はありませんでした。一方で愛情は、その時点での距離にかかわりなく、人を近づける効果があったのです。

愛情は、まだ胎児のような初期段階の友情にも力を発揮しますが、その友情が白髪まじりになり、仕事と生命保険を手にして慎ましく年金を積み立てるくらいの段階になっても変わりません。

相手にどれだけ感謝しているか、大切に思っているか、どれだけよい点があると思っているかを伝えることで、そのときの距離にかかわりなく友情は育ちます。**愛情を示せば示すほど、単に新しい友達ができるだけでなく、すでにある友情も深まるのです。**

別の研究で、大学生にアンケートを2セット渡し、1セットは自分が知っている人で他人への愛情表現が豊かな人、もう1セットはあまり豊かでない人にそれぞれ渡すようお願いしました。

すると、愛情表現が豊かな人の人物像は、あまり表現しない人とはまったく異なることがわかりました。気分の落ち込みが少なく、幸せで、自信があるばかりでなく、人からの愛情も多く受け取り、人づきあいが盛んで、あまり孤立していなかったのです。[*266]

人とつながろうとしてすることは、全部健康にいい

愛情を表現することは、単に友情に恩恵をもたらすだけではありません。私たち自身にも恩恵をもたらします。

人間は社会的な生き物であるため、人とつながるように駆り立てるべく、人間の体はあるルールに沿っています。つまり、「人とつながろうとして行うことは何であれ、健康にいい」というルールです。

愛情表現が豊かな人は、気分の落ち込みが少なく、自己肯定感が高く、コレステロール、コルチゾール、血圧の数値が低いことが、複数の研究で示されています。[*267] 愛情表現は人のためになると思うところですが、これらの研究から、実際には自分の中にポジティブなエネルギーを起こすことがわかります。

人は誰かを批判するときにネガティブなエネルギーに蝕まれますが、愛するときは、温かい感情で内側から豊かになるのです。

自分が人をどう見るかによって、自分の中で何を経験するかが決まります。

私はこの研究について知っていたので、悲観的なニュースばかりを追いかけてスマートフォンをスクロールし続ける「ドゥーム・スクロール」ではなく、その逆の「ラブ・スクロール」を、自分の友達に対してするようになりました。**ＳＮＳでニュースフィードをスクロールしていき、友達にすばらしいとか、誇りに思うとか、嬉しいなどと伝えるのです。**

そうすると、自分の中に湧いてくる温かみに気づきます。

どうやら、**ＳＮＳでの愛情表現は、友達をつくり、維持する戦略として効果があるようです。**ある研究では、フェイスブックで友達のウォールに投稿する行為（悲しい話題で支えたり、嬉しい話題でおめでとうと伝えたり）はすべて、より満足度の高い親密な友情につながることが示されました[*268]。

友達をつくるのが上手な人は、「あなたは重要な存在だ」と感じさせることができる人

それでは、具体的になぜ愛情が友情を強くするのでしょうか？

好意の返報性や推測される好意といった理論からヒントを得られます。こうした理論でもっとも重要なのは、人は自分を好いてくれる人を好きになるという点です。

１９５８年に画期的な研究が行われました。お互いに知らない人たちを集めて、授業を改善する方法について議論してもらいました。参加者は、到着前に性格検査を受けており、議論の開始時、実験用に準備された偽りの情報を渡されました。

内容は、性格検査の結果から、参加者のうち３人が、自分に好意を持つ可能性がもっとも高いと予測されると書かれてありました。議論の終了時、研究者らは実験参加者に対し、後でふたり組に分ける可能性があるので、誰と組みたいか教えてほしいと伝えました。

参加者は概して、自分を好きだと思い込まされた人をペアの相手として選びました。[*269]

ほかに、見知らぬ人たちをやり取りさせ、お互いにどれだけ好意を持ったか報告してもらう実験や、知っている人についてどのくらい好きか点数を付ける実験などで、同じ結果が出てい

ます。**人は、自分を好いてくれると思う人を好きになるのです。**[*270]

この結果は、友達づくりの誤解に異論を突きつけるものです。友達をつくるには、ジェームズ・ボンドのように洗練されていて、ビル・ゲイツのように賢く、クリス・ロックのようにおもしろくなければいけない、と私たちは考えています。**抗えないほどの人間性で人を魅了しなければいけないのだと思い込んでいますが、そうではありません。**

ある研究では、友達の要素として「楽しませてくれる」や「話し上手」は、もっとも重要でないと報告されています。[*271]

一方でもっとも重要な要素は、自分に自信を持たせてくれることでした。

友達づくりが得意な人には共通点がひとつありますが、それはその人自身が何者かというより、人をどう扱うかに関係しています。

その人たちは、相手に「自分は重要な存在だ」と感じさせるのです。世界屈指の好感度を誇る著名司会者オプラ・ウィンフリーは、番組のゲストが何か深いことを言ったときに、「目から鱗ですね！」や「この話はツイートすべき！」と言うことで、これを実践しています。

しかも「あなたは重要な存在」だと伝えるのに、新車を買ってあげる〔オプラ・ウィンフリーが番組で、観客全員に新車をプレゼントしたエピソードは伝説的な回となっている〕ほど効果的な方法はありません！

オプラの言葉を借りれば、「誰だって、自分の意見に耳を傾けてほしいし、自分が重要な存在だとか、自分の発言には意味があったと思いたいものなのです」

愛情表現は思うほど難しくない

友達への愛情表現を避けてしまう理由のひとつに、愛情を表現したら妙な感じになってしまうのではないかという不安があります。

私はこれを、「手助けのスキル」という履修科目を教えたときに気づきました。大学生がセラピストになるために基本的なツールを学ぶ授業です。

学生たちは概してこの授業を気に入ってくれてはいましたが、全員が確実に、不快な思いをする週がありました。人間関係の中で自分がどう考えるか、どう感じるかを直接的に表現する「直接性」というスキルを練習するときです。

「みなさんには今日、お互いに相手の好きな点を伝え合ってもらいます」――その日のアクティビティの説明として、クラスのみんなにこう伝えます。すると必ず、沈黙が広がり、学生たちは目を丸くしたり、椅子の上でお尻をもぞもぞ動かしたり、消しゴムを激しくいじったりするものでした。

そしてこんな恐れを口にします。

「相手を怖がらせてしまったら？」「必死だとか粘着しているとか思われたら？」

私は、学生たちがこうした思いを吐き出すのに耳を傾け、そのうち勇気あるひとりがアクティビティのために前に出て来るまで、クラスが静かになるのを待ちました。

「あなたの言葉はどれも賢明。いつもは静かなのに、いったん口を開くと鋭い言葉がほとばしる」「何気なくすごくかっこいいし、自信に満ちているから尊敬している」「毎日教室に入るたびに挨拶してくれて、とっても温かい気分になる」

学生たちはみんな、称賛の言葉を次から次へと口にしました。長年この授業をしましたが、最初の恐怖にもよらず、嫌な思いでこの週を終わらせる人は誰ひとりとしていませんでした。

アクティビティが終わると、クラス内の人間関係は永続的な変化を遂げました。この授業は変革をもたらすものだったのです。

学生たちは授業に積極的に参加するようになり、よく笑うようになり、廊下で会うと互いに挨拶するようになりました。まるで、クラス全体がそれまでずっとはめていたコルセットを、ついに外したかのようでした。

最後の授業ではコース全体を振り返りますが、学生たちはそこで、ほかでもない「直接性ウィーク」がみんなの距離感を縮めたと言っていました。ある学生はこう言いました。**「人間関係はこうやって強くなるんですね。相手が重要な存在だって、意図的に伝えるときに」**

本書ではここまで、人はなぜ友達に愛情表現をしないのか、詳しく見てきました。愛情表現をしないばかりでなく、相手に愛情を伝えないといかに多くを失うかを、私たちは過小評価しています。

ある実験では、実験参加者に感謝の手紙を書いてもらい、受け取った人がどれだけ喜ぶか、あるいは気まずく感じるかを、書いた本人に予想してもらいました。そして手紙を受け取った人たちは、実際に自分がどれだけ喜んだか、あるいは気まずく感じたかを報告しました。

結果はもちろん、実験参加者は、手紙の受け手が感じる気まずさの程度を実際よりも高く予測し、喜びの程度を実際よりも低く予測していました。

同じ論文で取り上げられている、この後に行われた別の実験では、自分の愛情が受け手にどれだけ影響があるかを軽視する人ほど、愛情を表現しない傾向にありました。[*272]

このバイアスは本当に困った問題です。

研究者は次のように記しています。

「感謝に対して受け手がどれほどポジティブに反応するかを誤解しているせいで、人は実際よりも感謝の頻度を減らすかもしれず、これがポジティブなやり取りに対する見当違いな障壁となる可能性がある」

愛情表現は安心感を与える

ギャビーは7年生〔日本の中学1年生〕のとき、ある秋の夕刻に、メリーランド州郊外の通りをふらふらと歩いていました。きょうだいが大声をあげてケンカを始めたので、レイチェルの家に避難することにしたのです。その日はユダヤ教の安息日だったために電話をかけたり車に乗せてもらったりできず、数キロの道のりを歩いて行かなくてはいけませんでした。

レイチェルの家のドアをノックし、お家へ帰りなさいと言われるのではないかと緊張しながら待ちました。レイチェルの母親が扉を開きます。

「レイチェルは……います……か？」と、泣くのを堪えようとするときによくなる、言葉を発しようとすると息を吸い込んでしまう状態になりながら、ギャビーは尋ねました。

「あらまぁ、どうしたの？」とレイチェルの母親が聞いてきます。

「いつだって電話してきていいのよ。迎えに行くから。安息日だってかまわないから電話してちょうだい」。ちょうど階段を降りて来たレイチェルは、顔を涙でぐしゃぐしゃにしてうつむいているギャビーに気づき、ハグしました。

ふたりはレイチェルの部屋へ行きました。ベッドに倒れ込んだギャビーが事情を説明するのを聞きながら、レイチェルはギャビーを抱きしめました。

その夜以降、レイチェルの家族はギャビーを迎え入れるようになり、まるで養子として引き取られたかのように、レイチェルの家で何泊も過ごすようになりました。レイチェルもまた、ギャビーに頼りました。大好きだったおばさんががんになったとき、不安な思いをギャビーに聞いてもらったのです。

家族から安全感をもらえなくても、友達がくれる

レイチェルとギャビーの友情の特徴であり、ふたりがここまで親しくなった最大の要因は、安心安全感です。

ふたりのどちらかが困ったときは、他方が支えてくれるとお互いにわかっています。

ふたりの安心安全感は明らかに、ギャビーがレイチェルの家に行ったときのように、もろさを見せて支え合うことによって育まれています。安心安全感はまた、「私はそのままのあなたを愛し大切に思っている。私と一緒にいれば安全です」というメッセージを伝える愛情によっ

ても、培われます。

愛情は人の価値を高め、自分はこのままでいいのだ、愛されるべき存在なのだと思わせます。

ギャビーは自分の家でこの感覚を抱いたことがありませんでした。**しかしギャビーは、この愛情を家族以外から得ることができました。**それが、レイチェルだったのです。

友達としてプロポーズし合ったのは、お互いにたっぷり見せてきた愛情表現の一部にすぎません。ふたりは思いをたくさん綴ったカードや、お互いがどれだけ大切かをしたためた作文を送り合ったりしています。第三者の前でも、お互いを称賛します。

レイチェルは別の友達に、ギャビーについて「元気の塊で、自分らしさを失わない、思いやりにあふれたすばらしい人間」だと話しました。

ふたりのやり取りには、言葉のはしばしに称賛の気持ちがすでに現れているため、相手に褒めてもらおうと水を向ける必要はまったくありません。

レイチェルが本書のためにインタビューされると話したとき、ギャビーは「あなたがどれほどすばらしい友達か、どれだけいつもみんなに自信を与えてくれるか、しっかり伝えてきてね」と言ったほどです。

難しい対話も愛情があれば容易になる

愛情は、相手に腹を立てているときにも友情を強化してくれます。**気になっていることを相手に伝える際に愛情を示せば、尊厳をもって話し合おうとしてくれているとか、自分は愛されているし対等に話し合う相手だと思われていると感じられます。**

ギャビーが大学時代、複数のルームメイトと一緒に暮らしていた家に、ギャビーの当時の彼氏ポールが引っ越してきました。そんなとき、ルームメイトのひとりのティナは、自分のベッドが洗濯物でいっぱいになってしまったので、いつもポールの部屋で寝ていました。

ギャビーは苦言を呈する際に、ティナのおでこにキスをして肩をさすりながらこう言いました。

「大好きだよ。でもね、ちゃんとしなきゃ。ベッドの上に服が積んであるよね。だから自分のベッドで寝ないんでしょ。私はこれから授業に行かなきゃいけないけど、戻ってきたら一緒にやろう。手伝うから。やらなきゃダメだよ」

ティナはこのときのことを振り返り、こう言います。

「ギャビーは、これ以上ないほど愛情のある言い方で、ちゃんとしなきゃダメだって言ってくれます。ほかの人に何かしろって言われたら〝うるせえ〟って思っちゃうけど、ギャビーの言い方だと、ちゃんと耳を傾けます」

ウソ偽りのなさをとりあげた第5章で触れたとおり、自分を守ろうとする行為は、たいてい人間関係を守ることができません。自分を守ろうとすることは、心を閉ざしたり、受け身になったり、マウントを取ったりすることになるので、たいていは人間関係を損ねてしまうのです。

よりよい友情を構築するには、単に自分が（自己防衛モードではなく）「人間関係モード」にシフトするだけでなく、友達の「人間関係モード」も発動させる方法を見つける必要があります。それにより、友達はリスクを冒してでも、ふたりの友情に情熱を注いでくれるようになるためです。そしてこれには、愛情が役に立ちます。

バッファロー大学の心理学教授サンドラ・マレーが提唱した「リスク制御理論」によると、「パートナーからのポジティブな関心や思いやりが確かなものであると自信を持つことで、人は相手に依存したりつながったりするリスクを負う」ようになります。

言い換えれば、[*273] **人が人間関係に時間や情熱を注ぐには、相手から拒否されないという確証が必要なのです。**

同様に、人に時間や情熱を注いでもらうには、依存したりつながったりしても安全だと相手に感じさせる必要があります。

愛情を示すことで、こうした安心安全感を与えられます。この人は自分を愛し、大切に思い、受け入れてくれているので、安心して親しくできる、と相手に伝わるのです。

愛情を示すと、あなたはその友達の安全な場所になる

本書ではここまで、どうすれば友情で、もっと安定型になれるかを学んできました。とはいえ、リスク制御理論によると、友達をつくりそれを維持するには、単に自分が安定していればいいわけではありません。**人のことも安定させる必要があるのです。**

友情のためには、私たちは愛着における安全な場所であり安心な地域にならなければいけません。愛情を示すことで、それが可能となります。

人を安心させるという行為は、単に友達のためにする無私無欲の行為ではなく、自分のためにもなります。

私たちは本書で、安定型の人はほかの愛着スタイルの人よりもいい友達になると学んできました。彼らはもろさを見せ、ウソ偽りなく、自らイニシアチブを取る人たちです。

自分は愛されているし受け入れられていると友達に感じてもらえるようにすると、その人た

ちは警戒を解き、安定型の「人間関係モード」になります。自然とイニシアチブを取ってくれるようになり、元気かと連絡をくれるようになり、私たちを肯定してくれるようになり、もろさを見せてくれるようになります。時間や情熱を注いでくれるようにもなります。

愛情を示せば、友情の最高の面を引き出す正のスパイラルが起こり、友達の最高の面を引き出し、友達も私たちの最高の面を引き出してくれるようになります。


誰かとの予定をドタキャンすると、相手を大切にしていないというメッセージを発することになるため、相手はさらに不安定になります。つまり、私たちに時間や情熱を注いでも大丈夫だと思わせるのとまったく逆の状態です。私たちは相手を人間関係モードにする代わりに、自己防衛モードにしてしまい、そのせいで相手はこちらに手を差し出すのをやめてしまいます。

もちろん、誰かとの約束をすっぽかすとき、相手を嫌いだと暗に伝えるためにそんなことをするわけでは必ずしもありません。**しかし、影響は常に同じです。**

私自身もこの罪を犯した経験があります。友達の友達が誕生パーティに招待してくれたのですが、寒い日の夜遅い時間でした。事前に出席すると答えていたものの、予定時間が近づくにつれ、寒い中わざわざ外出したくなくなりました。

この友達はその後、二度と誘ってくれなくなりました。そして共通の友達に、私にドタキャンされて傷ついたことや、きっと自分は嫌われているんだろうと思う、などと打ち明けていたそうです。

では、愛情をどう活用すれば、人が安心して時間や情熱を注いでくれるようになるでしょうか？

たとえば、バーのハッピーアワーで友達になれそうな人と出会ったとき、会話の最中にスマホをいじる代わりに、心のこもった挨拶をして、相手ときちんと会話をすることができます。新しくできた友達に誘ってもらいたければ、相手から元気かとメッセージが来たときに、ただ「元気だよ」と返事をする代わりに、「連絡くれてありがとう！　話したいことが山ほどあるよ」と返事するのもいいでしょう。

近況を常に聞かせてもらいたいなら、相手が何かを受賞したと話してくれたときに、単に「すごいね」と言う代わりに、「さすがだね！　あなた以上に受賞に適した人なんて私が知っている限りいないもの！」と言うことができます。

誰かとつながりたいとき、人は自分のニーズにばかり注意を向けがちです。**でも、私たちは仲間なのだろうかと考えるのをやめ、相手に仲間意識を抱かせるようにすることで、必然的に仲間になるのです。**

ギャビーは言います。「この友情のおかげで、ほかの人とのつながりにもオープンになれるようになりました。自分の価値を認識できるようにもなりました。自分は愛される価値があるって、今の私ならわかります。この友情がなかったら、外に出て行って人とつながろうとするとき、もっと慎重になっていたと思います。レイチェルとの友情は、自信を与えてくれました」

レイチェルのおかげで、ギャビーはほかのすべての友情にも、臆さずに情熱を注げるようになりました。

レイチェルとギャビーがお互いへの愛情を示す際に大切にしていることのひとつに、相手に何かいいことがあったとき、熱狂的に喜びを表現するというのがあります。ギャビーがひとりで子どもを産もうかと考えている、とレイチェルに伝えたとき、レイチェルは大興奮でした。

「もし本当に決めたら、未来の赤ちゃんにはすでに、その子のことをめちゃくちゃ愛しているおばさんがいるからね。赤ちゃんには家族がいるから。ラマーズ・クラスには私が一緒に行くよ。最高にワクワクするね。私が支えるから！」

「私の痛みをわかってくれて嬉しい。でも喜びをわかってくれてもっと嬉しい」というタイトルがついた研究では、**何か嬉しいことがあったとき、親しい間柄の人が一緒に喜んでくれると、その関係の満足度が上がることがわかりました。**この研究では、喜びに対する反応は、悩みへの反応よりも、その人間関係の質を正確に予測していました。[*274]
別の研究で行われた実験では、実験参加者に研究室へ来てもらい、ここ数年で自分の身に起きた一番嬉しかった出来事について「初対面の相手」(実はこの実験を行う研究者に雇われた人)に話してもらいました。
ある条件では、その初対面の相手は熱意のこもった反応をし(「え〜! それはすごい!」)、もうひとつの条件では、感情を込めずに、「あなたにとってその出来事がそれほど嬉しいのはなぜですか?」などの質問を投げかけました。
実験参加者は、熱意のこもった反応をしてくれた人に対して、より親近感と好意を抱いたと報告しています。[*275]
最後に、リスク制御理論の裏づけとなる、インタビューを使った実験では、インタビューされた人の話に聞き手がポジティブに反応したときの方が、実験参加費を「手違いで多く払いすぎた」(実は実験の一環として意図的に多く払った)際に差額を返してくれる傾向にありました。[*276]
人に愛情を示すと、相手はそのまま返してくれるのです。

相手を大切に思っていることを示そう

友情が浅いとき、私たちは相手のせいにしがちです。「あの人とは合わない」と自分に言い聞かせるかもしれません。

確かに、単に気が合わないことはあります。

でももし友情を改善したいなら、顕微鏡を自分の方に向け直し、「自分は人に安心感を与えているだろうか？　相手を大切に思っていることを示せているだろうか？」と自問することが役に立つ、とリスク制御理論は示唆しています。

私が本書のためにインタビューしたアンという名の女性は、自分の中に壁があるのはわかっているけれど、誰もその壁を乗り越えようと努力してくれない、と不平不満を口にしました。

しかし、ほかの人も自分の中に壁を持っており、むしろその方が健全であることに、アンは気づいていませんでした。

なぜ友達はもっと努力をしてくれないのかと聞くだけでなく、自分も相手に安心感を与えているだろうかと、自分自身を査定する必要もあります。

友達に愛情を示すには、たとえばこんな方法があります。

- 相手が自分にとってどれほど大切か伝える。

- 連絡をくれたときに、どれだけ嬉しいか伝える。
- 相手の嬉しいニュースを大喜びする。
- 褒める。
- 努力を称える。
- 心のこもった挨拶をする。
- 自分にとって意義深い何かを相手が教えてくれたら、そう伝える。
- 相手のことをふと思い出したら、それを伝える。
- あなたが相手をどれだけすごいと思っているかを、ほかの人に話す。
- 相手から感銘を受けたときはそう伝える。
- 相手の夢はかなうと励ます。
- 相手のアイデアがすごいと思ったらそう伝える。
- 心から微笑みかける。
- 相手と知り合えて嬉しいと伝える。

とはいえ、愛情は必ずしも、人に居心地のよさや安心安全感を与えるとも限りません。愛情がまったく通じなかったという経験がある人も多いはずです。友達に感謝の気持ちを伝えたら、相手が気まずそうに話題を変えたようなことがあるかもしれません。

愛情が友情においてそこまでパワフルなら、なぜそんなことが起こるのでしょうか？

答えは、愛情とは本当はいったい何かを知らない人が多いことが原因のようです。

次にご紹介するコリーのエピソードは、愛情を表現することが想像以上に難しいことを物語っています。

友達が受け取れる形で愛情を与えよう

コリーは、ワシントン大学の大学院生になったとき、研究室をあてがわれました。やがてもうひとりの大学院生スコットも、その研究室に加わります。

ある日、コリーが研究室に入ると、スコットがデスクの上に寝そべって何かを読みながら、息切れするほど大笑いしていました。コリーは、スコットがデスクから転げ落ちやしないかとハラハラしながら、おもしろい奴だなと思って見ていました。

コリーは、スコットと研究仲間としてだけでなく、友達として仲よくなりたいと思いました。そこで、スコットを夕飯に誘います。会話はよどみなく続き、研究室でふたりのデスクを隔てている邪魔な壁もないおかげで、お互いをよく知ることができました。

コリーは、日常的にハグやキスをしたり愛していると言い合ったりする家庭で育った、非常に愛情深い人です。彼にとっては、一粒の愛情が芽生えたことを示すために、別れ際にスコットを抱き寄せてハグをするのは自然なことでした。

ところが、コリーは自分の腕の中でスコットの体がこわばったのを感じ、お互いの体がはがれたときにはギクシャクした雰囲気になっていました。

コリーは、このときのぎこちなさが頭から離れませんでした。

コリーはつい熱くなって、取り返しがつかないほどふたりの関係をダメにするような何かをしてしまったのでしょうか？

コリーは、誤解を解く機会を待っていました。そしてふたりがサンディエゴでの会議に一緒に出席する際に、チャンスが訪れました。コリーは口火を切りました。このときのスコットの答えは、コリーの人生の方向性を永遠に変えました。

「僕としては、もっとしっくりくる愛情表現はほかにある。ハグは得意じゃないんだ。でもだからといって君を嫌いなわけじゃない」とスコットは言いました。

コリーは、これまで以上に愛情を理解できるようになりました。愛情とは人によってまったく異なること、そして誰もが自分と同じように愛情表現が好きだったり、ありがたいと思ったりするわけではないことを悟ったのです。また、愛情表現の動機となる温かい感情は歓迎するものの、愛情表現そのものを受け取るのはイヤだという人がいることも学びました。

コリー・フロイドは現在、愛情に関する専門家の第一人者であり、アリゾナ大学でコミュニケーションを専門に研究する教授でもあります。

自らの研究によって、何年も前にスコットとの間にあった出来事の意味を理解できるようになりました。

愛情には、3つの要素があることをコリーは突き止めました。

まずあなたが愛、感謝、あるいは好意を感じます（お世辞や人を操ろうとする行為は含まれません！）。こうした感情を表現しようと行動を取ります。

そして相手がその温かい感情を反映したあなたの行動を解釈し、受け入れます。

スコットをハグしたとき、スコットは愛情だと解釈しなかったため、厳密にいえばコリーは愛情を示したことにはなりませんでした。

愛情表現が失敗する典型的な事例に、人種面でのマイクロアグレッション〔無自覚な差別〕がある、とコリー・フロイド博士は説明します。

「アフリカ系アメリカ人に対してあなたは、話し方が上品だねと言ったとき、相手は〝なぜ上品じゃないかもと思われたんだろう？〟と反応するでしょう。このときのあなたは、相手の人種が本来は上品な話し方はしないはずだというネガティブなステレオタイプに相手を当てはめており、褒めていることになりません」

愛情を効果的に示すには、愛情表現の方法を受け手に合わせる必要があるとフロイド博士は主張します。

「人は愛情を差し出すとき、特定の視点から差し出しています。しかし、相手もそうだとは限りません。相手の視点に立って考えなくてはいけないのです」

私はある年のクリスマスに、複数の友達と一緒にテーブルを囲んでプレゼント交換をし、その後、お互いの好きなところを言い合ったことがありました。ほとんどの人は言われた言葉を喜び、中には、もっと褒めてもらおうと「このゲーム、楽しいね！　みんなほかに私のどんなところが好き？」と言った友達もいました。

でもカサンドラという人は、私が彼女の大好きなところや感謝したいところをあれこれ挙げても、まるでディベートでもしているかのように、一つひとつに反論してきました。私は拒絶されたような気がしたし、イライラしました。

後日、またカサンドラを褒めようとしたとき私は、「褒め言葉を拒否するなんて許さないからね！」と強く言いました。褒め言葉をはねつけるなんてカサンドラは間違っている、と私は思ったのです。

でも今になって、褒め言葉を無理に受けとめさせるなんて私が間違っていた、と気づきました。愛情を無理やり受け取らせようとするなんて、愛情あふれる行為などではまったくないと、フロイド博士やレイチェル、ギャビーのおかげで私は学んだのです。

一方で、人の境界線に敏感でいることは、愛情あふれる行為です。

また、カサンドラが愛情を受け取ってくれないのは自分のせいだ、などと感じる必要はないことも、フロイド博士が気づかせてくれました。

人はさまざまな形で愛情を受け取るものであり、もし相手が受け取らなくても、私たち自身を拒絶しているわけではありません。

愛情をうまく受け取れない相手にさらに押しつけると、その関係を壊してしまう

この理解は、愛情が受けとめられなかったときに、愛情表現の違いではなく拒絶だと思っていた（そして傷ついた）出来事について、腹立たしさを手放す役にも立ちました。

以前、友達が好きそうな仕事の求人が出ていたので、その情報を本人に送ったところ、「すでにいい仕事に就いているから」と返事がきたことがありました。

私は彼女のことを気にかけているよ、と伝えたかっただけなのですが、彼女の今の仕事は大したことない、と言っているように伝わってしまったのでした。そんなふうに思われたことにショックを受けましたが、どう受け取られるかをもう少し考えればよかったと気づきました。

また別のとき、私は当時の彼氏の親友に会ったことがありました。私は会えたことを大げさに喜んでしまいました。

しかし相手は私の熱意にまったく応じず、もしかして私、嫌われているのかな、と思ったのを覚えています。今思うと、私のあまりのエキサイトぶりに、相手は圧倒されてしまったのかもしれません。

フロイド博士は、特に不安型の愛着スタイルの人が、相手の受け取り方に対して、愛情表現を臨機応変に調節できない人が多いと指摘しています。

愛情をうまく受け取れない相手に対し、さらに強く押しつけてしまうのです。

「不安型の人は、愛情がいくらあっても足りないと感じます。そのため息苦しくてもう無理だというくらい、相手に愛情を押しつけてしまうのです」とフロイド博士は説明します。

「そうすると相手は、圧倒されてしまいます。不安型の人は関係を強化するつもりだったのに、逆に壊してしまいます」

フロイド博士の愛情に関する知識はまた、友情における関係性について、より大きなものを明らかにしています。

私たちはときに、友情は「こうであるべきだ・はずだ」という点に意識を向けすぎて、「実際に起きていること」に注意を払いません。

「褒めたら友達は喜ぶはずだ。ハグしたら嬉しいはずだ。実績を称賛してほしいはずだ」と私たちは自分に言い聞かせます（ほかにも、「私が困っているときはいつだってそばにいてくれるべきだ」「もろさを見せるべきだ」などがあります）。

私たちは、相手が一切同意していないこうしたルールを相手に勝手に押しつけ、イライラを募らせます。

正しいはずだとの自分の考えをもとに、私たちは同じ方法で友情にアプローチし続けます。

もし人を個性的な花のままでいさせられることができるなら、そして友情において「はず」「べき」などほとんどないと認めることができるなら、私たちは、もっと調和を生み出すよう、自分の行動を素直に調整できるでしょう。

むしろ、そうすることができれば、相手はこちらが望むようなもっと愛情豊かで思いやりのある友達に変わることもあるかもしれません。**なぜなら、こちらが相手のニーズに合わせることで、相手は安心安全感を得られるからです。**典型的なリスク制御理論と言えます。

当然ですが、愛情を相手に合わせると、妥協させられたような気分を抱かずにはいられないこともあります。心理学者はこれを「自己の存在の否定」と呼んでいます。

こうした状況になったときは、友情を続けたいか、あるいはウソ偽りの感情を抱かずにどのくらいまで我慢できるかを自分で決めましょう。

ギャビーは、自分の愛情を受けとめてくれない友達とも、ある程度の友情を保っています。ギャビーにはタリという名の友達がいるのですが、あまりにも愛情表現が苦手なため、ギャビーはハグをするたびに、こんなジョークを言います。

「あなたの体に私が腕を回すでしょ。これがハグ。人はハッピーなときとか、大切に思っているよって相手に伝えたいときにするの」

タリは「腕を離して!」と冗談のように言いながら、払いのけます。

とはいえギャビーは、自分の愛情を不快に思う人がいるのも理解しています。

「そのような場合、どれだけ仲よくなれるかに影響します。相手への愛情を抑えると、私は本来の自分を発揮できません」

ギャビーは実際、自分が男性とそこまで仲よくなれない理由は、性的に受け取られずに愛情を表現することが自分にはできないと感じるからです。

その人とだけ共有している思い出があると、関係が強くなる

愛情を相手に合わせて調整しようと思ったとき、いったいどうすればいいでしょうか？フロイド博士のアドバイスは、どう愛情を受け取りたいか、友達と話すようにすることです。たとえば「あなたに感謝したいときは、どうすれば伝わりやすいかな？」と尋ねると言います。こんな質問は不自然に思えるかもしれません。

でも、こう聞かれてイヤな思いにはならない、と断言できます。私がアトランタに引っ越したとき、カサンドラは「あなたが一番好きな連絡手段は？」と聞いてくれました。わざわざ聞いてくれたことを嬉しく思いました。

また質問することで、相手との友情の特徴に合わせて、友達への肯定的な思いを表現できます。ちょうど、愛情の「内輪ネタ」のような感じです。

排他性は友情を深めることが研究から明らかになっています。つまりその人ならではの愛情表現は、愛情のインパクトを増幅させます。[*277] **言い換えれば、たったひとりとだけ共有している思い出、言葉、経験があるとき、その人との関係が強くなるのです。**

私はあるバーで、キャットとグィナというふたり組の友達と知り合いました。ふたりは出会った記念日を、お互いの名前を取って「キャットウィナ」と名づけ、毎年お祝いしています。中には、毎年一緒に友達と旅行に行く人たちもいれば、フレンズギビングを祝う人たちもいます。**どんな形であれ、友達への愛情を表現できるような儀式をつくるといいでしょう。**

愛情をうまく受け取るには

私たちの肩にかかっているのは、友達への愛情を示すことだけではありません。いい友達でいるには、友達の温かい思いを拒絶せずにすむよう、愛情をもっと広く受け取れるようになる必要があります。

これは、自分のためにもなります。

前述のとおり、拒絶されたと友達に思わせないような行動を取れば、相手は友情にもっと情熱や時間を注いでくれるようになるからです。**ということは、愛情を与えたり受け取ったりすることは、「むしろ交渉や譲歩といった方が近いです」とフロイド博士は説明します。**

「良好な関係では、私は相手が快適と感じるレベルに自分の行動を合わせます。すると同時に、相手も私の行動をもっと受け入れようと努力してくれるようになるのです」

回避型の人はとりわけ、愛情を交渉するのが苦手です。あまり愛情を与えず、受け取ることもうまくできません。

回避型を脱しつつある弁護士のダナはこう言います。

「生まれてからずっと、人に好かれるために、いかに自分は頭がいいかを見せるようにしてきました。〝わぁ、彼女、頭いいね。仲よくしたいなぁ〟って言ってもらえるように。それとなく、私は自分を人の隣ではなく上に置いていました。この、常に特別でいたい、頭がいいと思われたいというニーズのせいで、人をなかなか褒められませんでした。相手が特別なら、私はそこまで特別じゃないってことになってしまいますから。こんな風に、人とのつながりをつくるためにしていたことが、実際には人から自分を切り離していました。人に愛されるには、相手を圧倒するのではなく、受け入れなくてはいけませんから」

愛情を受け取ることに関しては、回避型の人は他人を信用しないため、愛情を示されると、何か魂胆があるのだろうと決めつけます。

ある実験で、友達から自分がどんな恩恵を受けたことがあるか、実験参加者に書いてもらいました。

参加者にはその2日後に研究室に来てもらい、友達が自分に恩恵をもたらしてくれたのは、相手がそうせざるを得なかったからだと思うか質問します。

ただし、この質問に答える前に、参加者の半数には「自分の近くにいる人で、あなたが信用できず、不快に思う人について書く」よう指示しました。これにより、潜在意識に働きかけ、回避型の条件となるように調整したのです。回避型に調整された参加者は、**友達が自分に恩恵をもたらしたのは、そうせざるを得なかったからだと決めつける傾向が強い結果となりました。**[*278]

ダナはこう加えます。

「私は以前、人がよくしてくれるのは、私から何かを得るためだろうと思っていました。それだと、相手がいい人でも意味はありません。嬉しいというより、プレッシャーに感じたんです」

当然、回避型が他人の動機に「魂胆がある」と手厳しい決めつけをするのは、自己防衛モードになっているからです。その決めつけのせいで、回避型の人は人間関係をダメにしてしまうことが多々あります。この研究の著者は、「相手が自主的に恩恵をもたらしてくれたわけではない、と解釈することで、相手にもっと依存したいという衝動から自分の身を守れるかもしれない、と思うことができます。しかし悲しいことに、そのような解釈が相手に伝わってしまう[*279]と、相手はイライラして、心から思いやる気持ちは下がり、自己成就予言となってしまう」としています。この点は、ある研究によって裏づけられています。その研究では、感謝してもきちんと受けとめてくれないだろうと思う相手には、人は感謝を示さない傾向にあることがわかりました。[*280]

もし誰かが愛情を表現してくれたら、何か魂胆があるという明白な理由がない限り、相手の意図は純粋であると考えるべきです。魂胆があると決めつけるよりも気持ち的に楽なだけでなく、友情や自己肯定感を育みます。

自己肯定感は、愛情の受けとめ方を左右するもうひとつの重要なフィルターです。

自分を愛する気持ちが少ないと、他人から向けられた愛情に気づけない

自己肯定感が低い人は、愛情がそこにあっても気づけないために、愛情を受け取るのに苦労します。

「受け取るのは本人次第」というわかりやすいタイトルがついた研究では、実験参加者に、いくつかのトピックについて話す自分の姿を撮影してもらいました。その後、実験参加者にとって「見知らぬ人」（実は俳優）が、その映像を見て同じトピックについて話す「返答動画」をつくり、それを参加者本人に見てもらいます。さらに実験の効果の確実性を高めるため、参加

者には、この見知らぬ人と後ほど直接顔を合わせることになるかもしれないと伝えます。見知らぬ人は動画の中で、参加者の意見にわざと同意し、「この点について、あなたと同じ意見です」と笑顔で言い、さらに「この実験の後半であなたにお会いできるのを楽しみにしています」と、参加者に対して関心があることをはっきりと言葉で伝えます。

実験参加者は全員、この見知らぬ人の同じ動画を見たのですが、**自己肯定感が低い参加者の場合、見知らぬ人が見せた愛情の合図に気づかないことが多く、自分に好意を抱いているか否かもあまり確信が持てませんでした**。[*281]

私たちは、他人が愛してくれることで自分を愛するようになるものですが、この研究からわかるのは、自分を愛さなければ、他人から愛されても、それを認識できないということです。

ちなみに、自己肯定感が低い人は、見知らぬ人と実際に顔を合わせることはないと聞かされた場合は、「あなたを受け入れる」という合図に気づくことができました。

これが示唆しているのは、自己肯定感が低い人は、「受け入れ」の合図に気づかないのではなく、「受け入れ」の合図を控えめに受け取る傾向にあるということです。最終的に相手に拒絶されても傷つかないようにです。自己肯定感が高い人はそこまで拒絶を恐れないため、こうした防御メカニズムを使う必要がありません。

自己肯定感の低さのせいで、他者からの愛を恐怖に感じる可能性があります。

自己肯定感が低い人は人から褒められると、**他人が自分をどう見るかと自分が自分をどう見るかのギャップのせいで、自己認識の危機（アイデンティティ・クライシス）を引き起こすのです。**

ある研究によると、自己肯定感が低い人は、「褒められると、自分がいったい何者かわからなくなる」や「褒められると、明らかにこの人、私のことわかっていないな、と思うことがある」といった文章に同意します。

誰かを褒めるときは、相手がいかにすばらしいかを伝えるものです。褒められた本人が「自分はすばらしい」と感じていないと、その人はその褒め言葉を、「誤解されている」「わかってない」と感じたり、褒め言葉に値するようもっと頑張らなくてはいけないというプレッシャーを感じたりします。

愛情を受け取ることは、できない人にはとても難しい

同じ研究では、自己肯定感が低い人は、褒め言葉を差し引いて受けとめがちであることも示されました。[*282] 彼らにとっては、自分が何者かという感覚そのものを拒絶するよりも、褒め言葉

を拒絶した方が楽なのです。

この研究の著者はこう述べています。「相手の好意を信用しないとき（自己肯定感が低い人にとっては慢性的に当てはまることだが）、人は自己防衛的なゴールを目指す。そのようなゴールは、満足のいく人間関係を実現するチャンスを台なしにしかねない行動をさせる」

パーソナル・トレーナーのマイルズは、愛情をなかなか受け取れないことが、いかに人間関係を損なうかについて、こう証言します。

「私は人間関係でいつも、自分ばかりが与えていると感じています。でも本当は、人は僕を愛してくれているのに、自分がそれを受け入れられないだけなんです。信用できないから」

マイルズは、ケンカの絶えない両親に育てられ、父親は気性が荒い人でした。成績が悪かったときのことを今でも覚えています。

父親はすぐに攻撃してきました。

「お前はなんでそんなできそこないなんだ？　ひとつくらい何かまともにやってみろ」

泣こうものなら、虐待は悪化しただけでした。瞬時に激しい怒りが爆発する可能性があるため、父親がそばにいるときは常に恐れ、薄氷を踏む思いでした。

幸せな瞬間でさえ、「愛情を感じるのは恐ろしいんです。自分から奪われかねない危険が常にあるから」とマイルズは言います。

人からの称賛の言葉や褒め言葉をうまく受け取れるようになるには、その言葉への自分なりの解釈に焦点を当てるよりも、**一度立ち止まり、なぜ自分を肯定してくれるのか、という相手の意図を考えるといいでしょう。**

ある実験で、恋愛関係のパートナーから褒められたときについて報告してもらいました。参加者の3分の1にはさらに、パートナーがなぜ褒めてくれたのか、褒められたことで自分とふたりの関係にどんな意味があったかを振り返ってもらいました。別の3分の1には、そのときの褒め言葉を表現してもらい、残りの3分の1にはさらに詳細を聞きました。

自己肯定感が低い人は、パートナーのポジティブな意図を振り返ったときに、より幸せを感じて安心感を抱き、その関係をこれまでよりも大切に感じました。[*283]

この結果から言えるのは、褒め言葉によって刺激される不安感に対してではなく、その下にある称賛の思いに意識を向けることで、愛情を否定したり、反論したり、低く見積もったりするのを防げるということです。そうすることで、もっと安心感を抱けるようにもなります。

心を開いて愛情を受け取れるようになるには、セラピーもよい選択肢でしょう。

マイルズはセラピーのおかげで、愛情は必ずしも恐ろしいものではないと気づき、また、誰かに愛していると言われたときに、本気で言っているのかもしれない、と思えるくらい自分に自信が持てるようになったと話します。

そのままの自分を愛する

レイチェルとギャビーが大学1年のときの陶芸クラスで、ギャビーはおぞましい家の作品をつくりました。壁は板張りで、屋根には穴が開き、銅色の錆が描かれていました。この「壊れた家」は、自分自身や自分の出自を象徴したものでした。

しかし最終学年になる頃には、ギャビーの家庭環境は健全になっており、主にレイチェルのおかげで、ギャビーは心も健康に感じられるようになっていました。もはやこの作品は自分を表現していないと感じたギャビーは、客間に置いてあった作品を、もうこれ以上見たくないと思いました。そこで、壊すのを手伝ってほしいとレイチェルにお願いしました。

ふたりはハンマーを持って陶芸店へ行くと、この家を隅々まで打ち砕きました。ふたりは盛大に祝い、ブルドーザーで埋めるところを写真におさめました。

「ギャビーとの友情で、このとき以上にギャビーを誇りに思ったことはありません」とレイチェルは言います。

ギャビーは帰宅したとき、粉々の破片を自慢げに親戚のおばさんに見せました。すると、そんなことするもんじゃない、せっかくつくった作品を台なしにするなんて、と叱られました。自分はもう壊れていないという意味なんだよ、と伝えても、おばさんは、ギャビーが自分のしたことを恥じるまで叱るのをやめませんでした。

レイチェルとは対照的なおばさんの反応のおかげで、ギャビーは、愛情のパワーとそれが本当に意味するところを理解できました。

「レイチェルはあのとき、私をとても誇りに思ってくれ、〝すべてを見た上で、それでも愛しているよ〟と言ってくれました。いい面も悪い面も愛してるって。レイチェルがこのままの私を愛してくれたおかげで、私は自分がダメなやつなんだってそこまで思わなくなりました」

おわりに

本書を読み終えようとしているみなさんの胸に、友達をつくり、維持するための新たな洞察が芽生えていたら嬉しいです。本書を読むことでじっくりと考え、方向性を得られたのであればいいなとも思います。

そして、孤独でなく思いやりにあふれた世界にするための責任を担うために、みなさんが少しだけ恐れなくなり、少しだけ愛情が豊かになり、少しだけ意図的になれるよう願っています。人に愛情をかけることは、受け取るのと同じくらいにすばらしい贈り物です。自らもろさを見せ、自分の人生にいる人達に、どれだけ元気をくれたかを伝えたいと思っていただけたでしょうか。

そして最終的に、そのままのあなたを愛し、あなたが必要なときには全力で支えてくれる友達を見つけて維持ができること、そしてあなた自身もそんな友達でいることを願っています。

このすべてを実現するために、もうひとつだけ、あなたにお伝えしなければならないアドバイスがあります。

ビリー・ベイカーは、アメリカの日刊紙ボストン・グローブで働くジャーナリストであり、父親でもあります。

彼は、友達をつくろうと努力した自分の経験を回顧録にして、書籍『*We Need to Hang Out*』(『一緒につるまなきゃ』、未邦訳)にまとめました。この本のアイデアは、ボストン・グローブ史に残るほどの人気を博したある記事がもとになっています。

記事は、男性、とりわけビリーにとって友達づくりがいかに大変かを詳述したものでした。あまりにも多くの人が、友達のいないビリーに共感し、この記事は拡散されました。

私はビリーにインタビューした際、友達づくりの道のりで何を学んだかを尋ねました。

「僕はこれまでずっと、条件を満たすという意味で、人間として善良な方でした」とビリーは答えました。

「朝目覚めると、今日もよき夫・よき父として過ごし、ジムへ行き、ブロッコリーもきちんと食べ、よき従業員になるぞ、という具合です。私がここでしたのは、この条件のリストに、〝よき友達でいる〟も加えたことでした」

このリストから「よき友達でいる」を外すのは簡単です。配偶者、子ども、健康、仕事など、やりくりすることはあまりにも多く、決して終わりはありません。

友情にかけるだけのエネルギーは、もう持ち合わせてないと思ってしまいます。友達が誕生日に何を欲しがっているかを考えたり、問題を伝えたり、夜中の1時にパニック状態でかけてくる電話に応えたり、その友達が自分にとってどれだけ大切な存在か、立ちどまって考え、それを伝えたりするのは、なかなか大変です。そんなことをする価値が果たしてあるのかは、常に明白とも限りません。

でも、いかにこれらに価値があるかを示す、多くの研究を本書でみなさんに示してきました。本書の冒頭で、社会的なつながりは、人の幸せを決めるもっとも強力な要因のひとつだとお伝えしました。うつに影響する106の要素のうち、信頼できる友達がいることは、最強のうつ予防策でした。

孤独は、食生活の乏しさや運動不足よりも命取りとなり、1日15本の喫煙と同じくらい健康を蝕みます。

友情は文字どおり、命を救うのです。

とはいえ、人のつながりからの影響は形として見えないため、直観的な理解はなかなかできないでしょう。アスパラガスを食べたり、腕から滴り落ちる汗を感じたりするような、知覚可能なインパクトが体にあるわけではありません。

目には見えない癒しであるため、リストに加える重要性をないがしろにするのは簡単です。

ただしそれも、そこまで目に見えない状態ではなくなるときまでです。

私が本書を書いたのはコロナ禍の真っ最中で、いつもの週末の予定は、無期限の「ステイホーム」に変わってしまいました。孤独は、ゆっくりと蝕んでいく毒薬でした。

失われた喜び、不調、「なんだか自分らしくない」という感覚。でも、ときおり友達と一緒にウォーキングできるようになると、人生は満たされていきました。温かみ、喜び、目的、そして私自身の活気も、すべて戻ってきたのです。

シンプルなやり取りから得られるインパクトは相当なものでした。

友情はまるで、心肺蘇生法であるかのように感じられました。一度は仕事や雑用の下に埋もれてしまったものが、むしろ仕事や雑用をこなす活力となったのです。かつてはよくわからないものだったその影響は、否定できなくなっていました。

読んだ論文はすべて、私の中で命を宿しました。「そう、友情は病を癒す」――一番つらかったときに友達にもろさを見せたとき、私の心は言いました。

「そう、友情は地に足をつけさせてくれる」――友達とハイキングに行ったとき、私の感情は言いました。「そう、友情は必要なもの」――真実を知っている、私のどこか深い部分が言いました。

ということで、友達をつくり維持するべく、本書で学んだことをあなたが実践に移し始めたら、最後にひとつだけお願いがあります。

友情を、当たり前のものだと思わないでください。

受け身になり、あなたから連絡するのを忘れてしまったせいで、友情が消えてしまうようなことにならないでほしいのです。

友達があなたを必要としているとき、無視しないでください。

何か悲惨な出来事が起きてようやく、友達がいかに貴重な存在か気づくようなことにならないでください。

あなたのリストに、友情を刻みましょう。

よき友達でいることを、あなたという人物の一部にしましょう。

なぜなら、真実を知っている奥深い部分では誰もが、何かに帰属したいという思いを抱いているのですから。

026540758900600102.

278 Lindsey A. Beck and Margaret S. Clark, "Looking a Gift Horse in the Mouth as a Defense against Increasing Intimacy," *Journal of Experimental Social Psychology* 46, no. 4 (2010): 676–79, https://doi.org/10.1016/j.jesp.2010.02.006.

279 Beck and Clark, "Looking a Gift Horse in the Mouth as a Defense against Increasing Intimacy."

280 Kumar and Epley, "Undervaluing Gratitude."

281 Jessica J. Cameron, Danu Anthony Stinson, Roslyn Gaetz, and Stacey Balchen, "Acceptance Is in the Eye of the Beholder: Self-Esteem and Motivated Perceptions of Acceptance from the Opposite Sex," *Journal of Personality and Social Psychology* 99, no. 3 (2010): 513–29, https://doi.org/10.1037/a0018558.

282 David R. Kille, Richard P. Eibach, Joanne V. Wood, and John G. Holmes, "Who Can't Take a Compliment? The Role of Construal Level and Self-Esteem in Accepting Positive Feedback from Close Others," *Journal of Experimental Social Psychology* 68 (2017): 40–49, https://doi.org/10.1016/j.jesp.2016.05.003.

283 Denise C. Marigold, John G. Holmes, and Michael Ross, "More than Words: Reframing Compliments from Romantic Partners Fosters Security in Low Self-Esteem Individuals," *Journal of Personality and Social Psychology* 92, no. 2 (2007): 232–48, https://doi.org/10.1037/0022-3514.92.2.232.

※掲載データは原著刊行時のものです

no. 1 (2007): 79–94, https://doi.org/10.1080/01463370600998715; Kory Floyd et al., "Human Affection Exchange: VIII. Further Evidence of the Benefits of Expressed Affection," *Communication Quarterly* 53, no. 3 (2005): 285–303k https://doi.org/10.1080/01463370500101071; Kory Floyd, Alan C. Mikkelson, Colin Hesse, and Perry M. Pauley, "Affectionate Writing Reduces Total Cholesterol: Two Randomized, Controlled Trials," *Human Communication Research* 33, no. 2 (2007): 119–42, https://doi.org/10.1111/j.1468-2958.2007.00293.x; Kory Floyd et al., "Human Affection Exchange: XIII. Affectionate Communication Accelerates Neuroendocrine Stress Recovery," *Health Communication* 22, no. 2 (2007): 123–32, https://doi.org/10.1080/10410230701454015.

268 Bree McEwan, "Sharing, Caring, and Surveilling: An Actor–Partner Interdependence Model Examination of Facebook Relational Maintenance Strategies," *Cyberpsychology, Behavior, and Social Networking* 16, no. 12 (2013): 863–69, https://doi.org/10.1089/cyber.2012.0717.

269 Carl W. Backman and Paul F. Secord, "The Effect of Perceived Liking on Interpersonal Attraction," *Human Relations* 12, no. 4 (1959): 379–84, https://doi.org/10.1177/001872675901200407.

270 Susan Sprecher et al., "You Validate Me, You Like Me, You're Fun, You Expand Me: 'I'm Yours!,' " *Current Research in Social Psychology* 21, no. 5 (2013): 22–34, http://www.uiowa.edu/~grpproc/crisp/crisp.html; Adam J. Hampton, Amanda N. Fisher Boyd, and Susan Sprecher, "You're Like Me and I Like You: Mediators of the Similarity–Liking Link Assessed before and after a Getting- Acquainted Social Interaction," *Journal of Social and Personal Relationships* 36, no.7 (2018): 2221–44, https://doi.org/10.1177/0265407518790411.

271 Brant R. Burleson, Adrianne W. Kunkel, Wendy Samter, and Kathy J. Working, "Men's and Women's Evaluations of Communication Skills in Personal Relationships: When Sex Differences Make a Difference and When They Don't," *Journal of Social and Personal Relationships* 13, no 2. (1996): 201–24, https://doi.org/10.1177/0265407596132003.

272 Amit Kumar and Nicholas Epley, "Undervaluing Gratitude: Expressers Misunderstand the Consequences of Showing Appreciation," *Psychological Science* 29, no. 9 (2018): 1423–35, https://doi.org/10.1177/0956797618772506.

273 Sandra L. Murray, John G. Holmes, and Nancy L. Collins, "Optimizing Assurance: The Risk Regulation System in Relationships," *Psychological Bulletin* 132, no. 5 (2006): 641–66, https://doi.org/10.1037/0033-2909.132.5.641.

274 Michael R. Andreychik, "I Like That You Feel My Pain, but I Love That You Feel My Joy: Empathy for a Partner's Negative versus Positive Emotions Independently Affect Relationship Quality," *Journal of Social and Personal Relationships* 36, no. 3 (2017): 834–54, https://doi.org/10.1177/0265407517746518.

275 Harry T. Reis et al., "Are You Happy for Me? How Sharing Positive Events with Others Provides Personal and Interpersonal Benefits," *Journal of Personality and Social Psychology* 99, no. 2 (2010): 311–29, https://doi.org/10.1037/a0018344.

276 Reis et al., "Are You Happy for Me? How Sharing Positive Events with Others Provides Personal and Interpersonal Benefits."

277 Robert B. Hays, "The Day-to-Day Functioning of Close versus Casual Friendships," *Journal of Social and Personal Relationships* 6, no. 1 (1989): 21–37, https://doi.org/10.1177/

252 Lara B. Aknin, Gillian M. Sandstrom, Elizabeth W. Dunn, and Michael I. Norton, "It's the Recipient That Counts: Spending Money on Strong Social Ties Leads to Greater Happiness than Spending on Weak Social Ties," *PLoS ONE* 6, no. 2 (2011): e17018, https://doi.org/10.1371/journal.pone.0017018.
253 Gail M. Williamson and Margaret S. Clark, "Impact of Desired Relationship Type on Affective Reactions to Choosing and Being Required to Help," *Personality and Social Psychology Bulletin* 18, no. 1 (1992):10–18, https://doi.org/10.1177/0146167292181002.
254 Wuke Zhang et al., "Recipients' Happiness in Prosocial Spending: The Role of Social Ties," *The Journal of Consumer Affairs* 55, no. 4 (2020): 1333–51, https://doi.org/10.1111/joca.12312.
255 Margaret S. Clark, Lucylle A. Armentano, Erica J. Boothby, and Jennifer L. Hirsch, "Communal Relational Context (or Lack Thereof) Shapes Emotional Lives," *Current Opinion in Psychology* 17 (2017): 176–83, https://doi.org/10.1016/j.copsyc.2017.07.023.
256 Abdullah Almaatouq, Laura Radaelli, Alex Pentland, and Erez Shmueli, "Are You Your Friends' Friend? Poor Perception of Friendship Ties Limits the Ability to Promote Behavioral Change," *PLoS ONE* 11, no. 3 (2016): e0151588, https://doi.org/10.1371/journal.pone.0151588.
257 Stephanie Coontz, *Marriage, a History: How Love Conquered Marriage* (New York: Penguin Books, 2006).
258 Coontz, *Marriage, a History.*
259 Coontz, *Marriage, a History.*
260 Coontz, *Marriage, a History.*
261 Brandon Ambrosino, "The Invention of 'Heterosexuality,'" BBC, March 15, 2017, https://www.bbc.com/future/article/20170315-the-invention-of-heterosexuality;Lillian Faderman, *Surpassing the Love of Men: Romantic Friendship and Love between Women from the Renaissance to the Present* (New York: Harper Paperbacks, 1998).
262 Mark McCormack and Eric Anderson, "The Influence of Declining Homophobia on Men's Gender in the United States: An Argument for the Study of Homohysteria," *Sex Roles* 71, no. 3–4 (2014): 109–20, https://doi.org/10.1007/s11199-014-0358-8.
263 Mark T. Morman, Paul Schrodt, and Michael J. Tornes, "Self-Disclosure Mediates the Effects of Gender Orientation and Homophobia on the Relationship Quality of Male Same-Sex Friendships," *Journal of Social and Personal Relationships* 30, no. 5 (2012): 582–605, https://doi.org/10.1177/0265407512463991.
264 Anna Machin, "Treasure Your Friends," *Aeon*, June 4, 2021, https://aeon.co/essays/treasure-your-friends-the-top-of-your-love-hierarchy.
265 Robert B. Hays, "The Development and Maintenance of Friendship," *Journal of Social and Personal Relationships* 1, no. 1 (1984): 75–98, https://doi.org/10.1177/0265407584011005.
266 Kory Floyd, "Human Affection Exchange: V. Attributes of the Highly Affectionate," *Communication Quarterly* 50, no. 2 (2002): 135–52, https://doi.org/10.1080/01463370209385653.
267 Kory Floyd, Colin Hesse, and Mark T. Haynes, "Human Affection Exchange: XV. Metabolic and Cardiovascular Correlates of Trait Expressed Affection," *Communication Quarterly* 55,

(1993): 684–91, https://doi.org/10.1177/0146167293196003.
241 Katherine R. Von Culin, Jennifer L. Hirsch, and Margaret S. Clark, "Willingness to Express Emotion Depends upon Perceiving Partner Care," *Cognition and Emotion* 32, no. 3 (2018): 641–50, https://doi.org/10.1080/02699931.2017.1331906.
242 Clark and Mills, "The Difference between Communal and Exchange Relationships"; Judson Mills, Margaret S. Clark, Thomas E. Ford, and Melanie Johnson, "Measurement of Communal Strength," *Personal Relationships* 11, no. 2 (2004): 213–30, https://doi.org/10.1111/j.1475-6811.2004.00079.x.
243 Margaret S. Clark, Jennifer L. Hirsch, and Joan K. Monin, "Love Conceptualized as Mutual Communal Responsiveness," in *The New Psychology of Love*, ed. Robert J. Sternberg and Karin Sternberg (Cambridge: Cambridge University Press, 2019), 84–116.
244 Margaret S. Clark and Edward P. Lemay, "Close Relationships," in *Handbook of Social Psychology*, ed. Susan T. Fiske, Daniel T. Gilbert, and Gardner Lindzey (Hoboken, NJ: John Wiley & Sons Inc., 2010), 898–940.
245 Edward P. Lemay and Margaret S. Clark, "How the Head Liberates the Heart: Projection of Communal Responsiveness Guides Relationship Promotion," *Journal of Personality and Social Psychology* 94, no. 4 (2008): 647–71, https://doi.org/10.1037/0022-3514.94.4.647.
246 Edward L. Deci et al., "On the Benefits of Giving as Well as Receiving Autonomy Support: Mutuality in Close Friendships," *Personality and Social Psychology Bulletin* 32, no. 3 (2006): 313–27, https://doi.org/10.1177/0146167205282148.
247 Catherine Cozzarelli, Joseph A. Karafa, Nancy L. Collins, and Michael J. Tagler, "Stability and Change in Adult Attachment Styles: Associations with Personal Vulnerabilities, Life Events, and Global Construals of Self and Others," *Journal of Social and Clinical Psychology* 22, no. 3 (2003): 315–46, https://doi.org/10.1521/jscp.22.3.315.22888.
248 Jennifer A. Bartz and John E. Lydon, "Relationship-Specific Attachment, Risk Regulation, and Communal Norm Adherence in Close Relationships," *Journal of Experimental Social Psychology* 44, no. 3 (2008):655–63, https://doi.org/10.1016/j.jesp.2007.04.003; Fritz and Helgeson, "Distinctions of Unmitigated Communion from Communion"; Mario Mikulincer and Phillip R. Shaver, "Attachment Security, Compassion, and Altruism," *Current Directions in Psychological Science* 14, no 1 (2005): 34–38, https://doi.org/10.1111/j.0963-7214.2005.00330.x.
249 Giovanna Miritello et al., "Time as a Limited Resource: Communication Strategy in Mobile Phone Networks," *Social Networks* 35, no.1 (2013): 89–95, https://doi.org/10.1016/j.socnet.2013.01.003.
250 Abdullah Almaatouq, Laura Radaelli, Alex Pentland, and Erez Shmueli, "Are You Your Friends' Friend? Poor Perception of Friendship Ties Limits the Ability to Promote Behavioral Change," *PLoS ONE* 11, no. 3 (2016): e0151588, https://doi.org/10.1371/journal.pone.0151588.
251 Netta Weinstein and Richard M. Ryan, "When Helping Helps: Autonomous Motivation for Prosocial Behavior and Its Influence on Well-Being for the Helper and Recipient," *Journal of Personality and Social Psychology* 98, no. 2 (2010): 222–44, https://doi.org/10.1037/a0016984.

https://www.cnn.com/2013/10/10/world/cnnheroes-top-10.

229 Governor General of Canada, "Governor General's Caring Canadian Award," updated March 26, 2018, accessed March 23, 2021, https://archive.gg.ca/honours/awards/cca/index_e.asp.

230 Lawrence J. Walker and Jeremy A. Frimer, "Moral Personality of Brave and Caring Exemplars," *Journal of Personality and Social Psychology* 93, no. 5 (2007): 845–60, https://doi.org/10.1037/0022-3514.93.5.845.

231 Elizabeth W. Dunn, Ashley V. Whillans, Michael I. Norton, and Lara B. Aknin, "Prosocial Spending and Buying Time: Money as a Tool for Increasing Subjective Well-Being," *Advances in Experimental Social Psychology* 61 (2020): 67–126, https://doi.org/10.1016/bs.aesp.2019.09.001.

232 Francesca Righetti, John K. Sakaluk, Ruddy Faure, and Emily A. Impett, "The Link between Sacrifice and Relational and Personal Well-Being: A Meta-Analysis," *Psychological Bulletin* 146, no. 10 (2020):900–21, https://doi.org/10.1037/bul0000297.

233 Sharon Danoff-Burg, Tracey A. Revenson, Kimberlee J. Trudeau, and Stephen A. Paget, "Unmitigated Communion, Social Constraints, and Psychological Distress among Women with Rheumatoid Arthritis," *Journal of Personality* 72, no. 1 (2004): 29–46, https://doi.org/10.1111/j.0022-3506.2004.00255.x; Vicki S. Helgeson and Heidi L. Fritz, "A Theory of Unmitigated Communion," *Personality and Social Psychology Review* 2, no. 3 (1998): 173–83, https://doi.org/10.1207/s15327957pspr0203_2; Vicki S. Helgeson and Dianne K. Palladino, "Agentic and Communal Traits and Health: Adolescents with and without Diabetes," *Personality and Social Psychology Bulletin* 38, no. 4 (2011): 415–28, https://doi.org/10.1177/0146167211427149.

234 Bonnie M. Le et al., "Communal Motivation and Well-Being in Interpersonal Relationships: An Integrative Review and Meta-Analysis," *Psychological Bulletin* 144, no. 1 (2018): 1–25, https://doi.org/10.1037/bul0000133.

235 Madoka Kumashiro, Caryl E. Rusbult, and Eli J. Finkel, "Navigating Personal and Relational Concerns: The Quest for Equilibrium," *Journal of Personality and Social Psychology* 95, no. 1 (2008): 94–110, https://doi.org/10.1037/0022-3514.95.1.94.

236 Heidi L. Fritz and Vicki S. Helgeson, "Distinctions of Unmitigated Communion from Communion: Self-Neglect and Overinvolvement with Others," *Journal of Personality and Social Psychology* 75, no. 1 (1998): 121–40, https://doi.org/10.1037/0022-3514.75.1.121.

237 Christopher P. Roberts-Griffin, "What Is a Good Friend: A Qualitative Analysis of Desired Friendship Qualities," *Penn McNair Research Journal* 3, no. 1 (2011), https://repository.upenn.edu/mcnair_scholars/vol3/iss1/5.

238 Michael Argyle and Monika Henderson, "The Rules of Friendship," *Journal of Social and Personal Relationships* 1, no. 2 (1984):211–37, https://doi.org/10.1177/0265407584012005.

239 Margaret Clark and Oriana Aragón, "Communal (and Other) Relationships: History, Theory Development, Recent Findings, and Future Directions," in *The Oxford Handbook of Close Relationships*, ed. Jeffry Simpson and Lorne Campbell (Oxford: Oxford University Press, 2013), 255–80, http://doi.org/10.1093/oxfordhb/9780195398694.001.0001.

240 Margaret S. Clark and Judson Mills, "The Difference between Communal and Exchange Relationships: What It Is and Is Not," *Personality and Social Psychology Bulletin* 19, no. 6

Social Behavior and Peer Acceptance in Early Adolescence," *Developmental Psychology* 29, no. 5 (1993): 819–26, https://doi.org/10.1037/0012-1649.29.5.819.

215 Julie C. Bowker et al., "Distinguishing Children Who Form New Best-Friendships from Those Who Do Not," *Journal of Social and Personal Relationships* 27, no. 6 (2010): 707–25, https://doi.org/10.1177/0265407510373259.

216 Joseph Ciarrochi, Baljinder K. Sahdra, Patricia H. Hawley, and Emma K. Devine, "The Upsides and Downsides of the Dark Side: A Longitudinal Study into the Role of Prosocial and Antisocial Strategies in Close Friendship Formation," *Frontiers in Psychology* 10 (2019): 114, https://doi.org/10.3389/fpsyg.2019.00114.

217 Monica Y. Bartlett et al., "Gratitude: Prompting Behaviours That Build Relationships," *Cognition & Emotion* 26, no. 1 (2012): 2–13, https://doi.org/10.1080/02699931.2011.561297.

218 Ciarrochi, Sahdra, Hawley, and Devine, "The Upsides and Downsides of the Dark Side."

219 Jon D. Levenson, Dudley C. Rose, Jocelyne Cesari, Chris Berlin, and Harpreet Singh, "Why Give? Religious Roots of Charity," Harvard Divinity School News Archive, November 26, 2018, https://hds.harvard.edu/news/2013/12/13/why-give-religious-roots-charity.

220 Will Storr, *Selfie: How We Became So Self-Obsessed and What It's Doing to Us* (New York: Overlook Press, 2018).

221 Jean M. Twenge et al., "Egos Inflating Over Time: A Cross-Temporal Meta-Analysis of the Narcissistic Personality Inventory," *Journal of Personality* 76, no. 4 (2008): 875–902, https://doi.org/10.1111/j.1467-6494.2008.00507.x.

222 Roy F. Baumeister, Jennifer D. Campbell, Joachim I. Krueger, and Kathleen D. Vohs, "Does High Self-Esteem Cause Better Performance, Interpersonal Success, Happiness, or Healthier Lifestyles?," *Psychological Science in the Public Interest* 4, no. 1 (2003): 1–44, https://doi.org/10.1111/1529-1006.01431.

223 Benedict Carey, "A Trauma Expert Puts the Meghan and Harry Interview in Context," *New York Times*, March 9, 2021, https://www.nytimes.com/2021/03/09/health/meghan-harry-mental-health-trauma.html.

224 Rodney L. Bassett and Jennifer Aubé, "'Please Care about Me!' or 'I Am Pleased to Care about You!' Considering Adaptive and Maladaptive Versions of Unmitigated Communion," *Journal of Psychology and Theology* 41, no. 2 (2013): 107–19, https://doi.org/10.1177/009164711304100201.

225 Omri Gillath et al., "Attachment, Caregiving, and Volunteering: Placing Volunteerism in an Attachment-Theoretical Framework," *Personal Relationships* 12, no. 4 (2005): 425-46, https://doi.org/10.1111/j.1475-6811.2005.00124.x.

226 Scott Barry Kaufman and Emanuel Jauk, "Healthy Selfishness and Pathological Altruism: Measuring Two Paradoxical Forms of Selfishness," *Frontiers in Psychology* 11 (2020): 1006, https://doi.org/10.3389/fpsyg.2020.01006.

227 Bill Laitner, "For Walking Man James Robertson, 3 Whirlwind Days," *Detroit Free Press,* February 3, 2015, https://www.freep.com/story/news/local/michigan/oakland/2015/02/03/robertson-meets-fundraiser/22785185.

228 Kyle Almond, "And the Top 10 CNN Heroes of 2013 Are…," CNN, October 10, 2013,

10481881409348793.

203 Rachel M. McLaren and Keli Ryan Steuber, "Emotions, Communicative Responses, and Relational Consequences of Boundary Turbulence," *Journal of Social and Personal Relationships* 30, no. 5 (2012): 606–26, https://doi.org/10.1177/0265407512463997.

204 Duane Buhrmester, Wyndol Furman, Mitchell T. Wittenberg, and Harry T. Reis, "Five Domains of Interpersonal Competence in Peer Relationships," *Journal of Personality and Social Psychology* 55, no. 6 (1988):991–1008, https://doi.org/10.1037/0022-3514.55.6.991.

205 Stephen M. Drigotas, Gregory A. Whitney, and Caryl E. Rusbult, "On the Peculiarities of Loyalty: A Diary Study of Responses to Dissatisfaction in Everyday Life," *Personality and Social Psychology Bulletin* 21, no. 6 (1995): 596–609, https://doi.org/10.1177/0146167295216006.

206 Nickola C. Overall, Garth J. O. Fletcher, Jeffry A.Simpson, and Chris G. Sibley, "Regulating Partners in Intimate Relationships: The Costs and Benefits of Different Communication Strategies," *Journal of Personality and Social Psychology* 96, no. 3 (2009): 620-39, https://doi.org/10.1037/a0012961.

207 Tori DeAngelis, "When Anger's a Plus," *APA Monitor* 34, no. 3 (2003): 44, https://www.apa.org/monitor/mar03/whenanger.

208 DeAngelis, "When Anger's a Plus."

209 Catherine A. Sanderson, Katie B. Rahm, and Sarah A. Beigbeder, "The Link between the Pursuit of Intimacy Goals and Satisfaction in Close Same-Sex Friendships: An Examination of the Underlying Processes," *Journal of Social and Personal Relationships* 22, no. 1 (2005): 75–98, https://doi.org/10.1177/0265407505049322.

210 Daniel J. Canary, Laura Stafford, Kimberley S. Hause, and Lisa A. Wallace, "An Inductive Analysis of Relational Maintenance Strategies: Comparisons among Lovers, Relatives, Friends, and Others," Communication Research Reports 10, no. 1 (1993): 3–14, https://doi.org/10.1080/08824099309359913; Cheryl Harasymchuk and Beverley Fehr, "Responses to Dissatisfaction in Friendships and Romantic Relationships: An Interpersonal Script Analysis," *Journal of Social and Personal Relationships* 36, no. 6 (2018): 1651–70, https://doi.org/10.1177/0265407518769451.

211 Laura K. Guerrero, Lisa Farinelli, and Bree McEwan, "Attachment and Relational Satisfaction: The Mediating Effect of Emotional Communication," *Communication Monographs* 76, no. 4 (2009): 487–514, https://doi.org/10.1080/03637750903300254; Christopher L.Heavey, Andrew Christensen, and Neil M.Malamuth, "The Longitudinal Impact of Demand and Withdrawal during Marital Conflict," *Journal of Consulting and Clinical Psychology* 63, no. 5 (1995): 797–801, https://doi.org/10.1037/0022-006x.63.5.797.

212 For a review of responsiveness studies, see Harry T.Reis and Margaret S. Clark, "Responsiveness," in *The Oxford Handbook of Close Relationships*, ed. Jeffrey Simpson and Lorne Campbell (Oxford: Oxford University Press, 2015), 400-23. https://doi.org/10.1093/oxfordhb/9780195398694.013.0018.

213 "Study: It Pays to Be Generous," The Ascent, updated November 7, 2019, accessed March 24, 2021, https://www.fool.com/the-ascent/research/study-it-pays-be-generous.

214 Kathryn R. Wentzel and Cynthia A. Erdley, "Strategies for Making Friends: Relations to

of Research in Personality 42, no. 1 (2008): 230–38, https://doi.org/10.1016/j.jrp.2007.05.002.

189 Frederick W. Stander, Leon T. de Beer, and Marius W. Stander, "Authentic Leadership as a Source of Optimism, Trust in the Organisation and Work Engagement in the Public Health Care Sector," *SA Journal of Human Resource Management* 13, no. 1 (2015), https://doi.org/10.4102/sajhrm.v13i1.675.

190 Amy G. Halberstadt et al., "Preservice Teachers'Racialized Emotion Recognition, Anger Bias, and Hostility Attributions," *Contemporary Educational Psychology* 54 (July 2018): 125–38, https://doi.org/10.1016/j.cedpsych.2018.06.004.

191 Nour Kteily, Emile Bruneau, Adam Waytz, and Sarah Cotterill, "The Ascent of Man: Theoretical and Empirical Evidence for Blatant Dehumanization," *Journal of Personality and Social Psychology* 109, no. 5 (2015): 901–31, https://doi.org/10.1037/pspp0000048.

192 Melissa J. Williams and Larissa Z. Tiedens, "The Subtle Suspension of Backlash: A Meta-Analysis of Penalties for Women's Implicit and Explicit Dominance Behavior," *Psychological Bulletin* 142, no. 2 (2016): 165–97, https://doi.org/10.1037/bul0000039.

193 Nicole R. Holliday and Lauren Squires, "Sociolinguistic Labor, Linguistic Climate, and Race(ism) on Campus: Black College Students' Experiences with Language at Predominantly White Institutions," *Journal of Sociolinguistics* 25, no. 3 (2020): 418–37, https://doi.org/10.1111/josl.12438.

194 Courtney L. McCluney, Kathrina Robotham, Serenity Lee, Richard Smith, and Myles Durkee, "The Costs of Code- Switching," *Harvard Business Review*, November 15, 2019, http://www.hbr.org/2019/11/the-costs-of-codeswitching.

195 Valerie Johnson and Regan A. R. Gurung, "Defusing the Objectification of Women by Other Women: The Role of Competence," *Sex Roles* 65, no. 3–4 (2011): 177–88, https://doi.org/10.1007/s11199-011-0006-5.

196 Regan A. R. Gurung, Rosalyn Stoa, Nicholas Livingston, and Hannah Mather, "Can Success Deflect Racism? Clothing and Perceptions of African American Men," *The Journal of Social Psychology* 226, no. 1 (2020): 119–28, https://doi.org/10.1080/00224545.2020.1787938.

197 Carina Bauman, "Social Evaluation of Asian Accented English," *University of Pennsylvania Working Papers in Linguistics* 19, no. 2, 17 (2013), repository.upenn.edu/pwpl/vol19/iss2/3.

198 Emile G. Bruneau and Rebecca Saxe, "The Power of Being Heard: The Benefits of 'Perspective-Giving' in the Context of Intergroup Conflict," *Journal of Experimental Social Psychology* 48, no. 4 (2012): 855–66, https://doi.org/10.1016/j.jesp.2012.02.017.

199 Bukre Kahramanol and Ihsan Dag, "Alexithymia, Anger and Anger Expression Styles as Predictors of Psychological Symptoms," *Düşünen Adam: The Journal of Psychiatry and Neurological Sciences* 31, no. 1 (2018): 30-39, https://doi.org/10.5350/dajpn2018310103.

200 Mark H. Butler, Kierea C. Meloy-Miller, Ryan B. Seedall, and J. Logan Dicus, "Anger Can Help: A Transactional Model and Three Pathways of the Experience and Expression of Anger," *Family Process* 57, no. 3 (2018): 817-35, https://doi.org/10.1111/famp.12311.

201 Butler, Meloy-Miller, Seedall, and Dicus,"Anger Can Help."

202 Virginia Goldner, "Review Essay: Attachment and Eros: Opposed or Synergistic?," *Psychoanalytic Dialogues* 14, no. 3 (2004): 381–96, https://doi.org/10.1080/

175 Alison P. Lenton, Martin Bruder, Letitia Slabu, and Constantine Sedikides, "How Does 'Being Real' Feel? The Experience of State Authenticity," *Journal of Personality* 81, no. 3 (2013): 276-89, https://doi.org/10.1111/j.1467-6494.2012.00805.x.

176 Lenton, Bruder, Slabu, and Sedikides, "How Does 'Being Real' Feel? The Experience of State Authenticity."

177 Lenton, Bruder, Slabu, and Sedikides, "How Does 'Being Real' Feel? The Experience of State Authenticity."

178 Shane W. Bench, Rebecca J. Schlegel, William E. Davis, and Matthew Vess, "Thinking about Change in the Self and Others: The Role of Self-Discovery Metaphors and the True Self," *Social Cognition* 33, no. 3 (2015): 169–85, https://doi.org/10.1521/soco.2015.33.3.2.

179 Mario Mikulincer, Phillip R.Shaver, Omri Gillath, and Rachel A. Nitzberg, "Attachment, Caregiving, and Altruism: Boosting Attachment Security Increases Compassion and Helping," *Journal of Personality and Social Psychology* 89, no. 5 (2005): 817-39, https://doi.org/10.1037/0022-3514.89.5.817.

180 Michael Knoll, Robert G.Lord, Lars-Eric Petersen, and Oliver Weigelt, "Examining the Moral Grey Zone:The Role of Moral Disengagement, Authenticity, and Situational Strength in Predicting Unethical Managerial Behavior," *Journal of Applied Social Psychology* 46, no. 1 (2015): 65–78, https://doi.org/10.1111/jasp.12353

181 Charles T. Taylor and Lynn E. Alden, "To See Ourselves as Others See Us: An Experimental Integration of the Intra and Interpersonal Consequences of Self-Protection in Social Anxiety Disorder," *Journal of Abnormal Psychology* 120, no. 1 (2011): 129–41, https://doi.org/10.1037/a0022127.

182 Kätlin Peets and Ernest V. E. Hodges, "Authenticity in Friendships and Well-Being in Adolescence," *Social Development* 27, no. 1 (2017): 140–53, https://doi.org/10.1111/sode.12254.

183 Amanda J. Wenzel and Rachel G.Lucas-Thompson, "Authenticity in College-Aged Males and Females, How Close Others Are Perceived, and Mental Health Outcomes," *Sex Roles* 67, no. 5–6 (2012): 334–50, https://doi.org/10.1007/s11199-012-0182-y.

184 Francesca Gino, Maryam Kouchaki, and Adam D. Galinsky, "The Moral Virtue of Authenticity: How Inauthenticity Produces Feelings of Immorality and Impurity," *Psychological Science* 26, no. 7 (2015): 983–96, https://doi.org/10.1177/0956797615575277.

185 Kathleen D. Vohs, Roy F. Baumeister, and Natalie J. Ciarocco, "Self-Regulation and Self-Presentation: Regulatory Resource Depletion Impairs Impression Management and Effortful Self-Presentation Depletes Regulatory Resources," *Journal of Personality and Social Psychology* 88, no 4 (2005): 632–57, https://doi.org/10.1037/0022-3514.88.4.632.

186 Reese Y. W. Tou, Zachary G. Baker, Benjamin W. Hadden, and Yi-Cheng Lin, "The Real Me: Authenticity, Interpersonal Goals, and Conflict Tactics," Personality and Individual Differences 86 (2015): 189–94, https://doi.org/10.1016/j.paid.2015.05.033.

187 Lenton, Bruder, Slabu, and Sedikides, "How Does 'Being Real' Feel? The Experience of State Authenticity."

188 Chad E. Lakey, Michael H. Kernis, Whitney L. Heppner, and Charles E. Lance, "Individual Differences in Authenticity and Mindfulness as Predictors of Verbal Defensiveness," *Journal*

161 Kathryn Dindia and Mike Allen, "Sex Differences in Self- Disclosure: A Meta- Analysis," *Psychological Bulletin* 112, no. 1 (1992): 106–24, https://doi.org/10.1037/0033-2909.112.1.106.

162 Daniel A. Cox, "The State of American Friendship: Change, Challenges, and Loss," *American Perspectives Survey*, June 8, 2021, https://www.americansurveycenter.org/research/the-state-of-american-friendship-change-challenges-and-loss.

163 Melissa Dittmann, "Anger Across the Gender Divide," *Monitor on Psychology* 34, no. 3 (2003): 52, https://www.apa.org/monitor/mar03/angeracross.

164 Victoria L. Brescoll and Eric Luis Uhlmann, "Can an Angry Woman Get Ahead?: Status Conferral, Gender, and Expression of Emotion in the Workplace," *Psychological Science* 19, no. 3 (2008): 268–75, https://doi.org/10.1111/j.1467-9280.2008.02079.x.

165 A. Celeste Gaia, "The Role of Gender Stereotypes in the Social Acceptability of the Expression of Intimacy," *The Social Science Journal* 50, no. 4 (2013): 591–602, https://doi.org/10.1016/j.soscij.2013.08.006.

166 Kristin D. Neff and Susan Harter, "Relationship Styles of Self-Focused Autonomy, Other-Focused Connectedness, and Mutuality across Multiple Relationship Contexts," *Journal of Social and Personal Relationships* 20, no. 1 (2003): 81–99, https://doi.org/10.1177/02654075030201004.

167 Benjy Hansen-Bundy, "My Time inside a Group Where Men Confront Their Feelings," *GQ*, October 29, 2019, https://www.gq.com/story/inside-a-group-where-men-confront-their-feelings.

168 Michael L. Slepian and Edythe Moulton-Tetlock, "Confiding Secrets and Well-Being," *Social Psychological and Personality Science* 10, no. 4 (2018): 472–84, https://doi.org/10.1177/1948550618765069.

169 James C. Coyne and David A. F. Smith, "Couples Coping with a Myocardial Infarction: Contextual Perspective on Patient Self-Efficacy," *Journal of Family Psychology* 8, no. 1 (1994): 43–54, https://doi.org/10.1037/0893-3200.8.1.43.

170 Pernille Darling Rasmussen et al., "Attachment as a Core Feature of Resilience: A Systematic Review and Meta-Analysis," *Psychological Reports* 122, no. 4 (2018): 1259–96, https://doi.org/10.1177/0033294118785577.

171 Omri Gillath et al., "Automatic Activation of Attachment-Related Goals," *Personality and Social Psychology Bulletin* 32, no. 10 (2006): 1375-88, https://doi.org/10.1177/0146167206290339.

172 Nick P. Winder and Isabelle C. Winder, "Complexity, Compassion and Self-Organisation: Human Evolution and the Vulnerable Ape Hypothesis," *Internet Archaeology* 40 (2015), https://doi.org/10.11141/ia.40.3.

173 Snyder Harter, "Authenticity," in *Oxford Handbook of Positive Psychology*, ed. C. R. Snyder and Shane J. Lopez (Oxford: Oxford University Press, 2002), 382–93.

174 Ralph H. Turner and Victoria Billings, "The Social Contexts of Self- Feeling," in *The Self-Society Dynamic: Cognition, Emotion, and Action*, ed. Judith A. Howard and Peter L. Callero (Cambridge: Cambridge University Press, 1991), 103–22, https://doi.org/10.1017/CBO9780511527722.007.

America: Changes in Core Discussion Networks over Two Decades," *American Sociological Review* 71, no. 3 (2006): 353–75, https://doi.org/10.1177/000312240607100301.

148 "Social Isolation: Americans Have Fewer Close Confidantes," *All Things Considered*, June 24, 2006, https://www.npr.org/templates/story/story.php?storyId=5509381.

149 Anna Bruk, Sabine G. Scholl, and Herbert Bless, " Beautiful Mess Effect: Self–Other Differences in Evaluation of Showing Vulnerability," *Journal of Personality and Social Psychology* 115, no. 2 (2018): 192–205, https://doi.org/10.1037/pspa0000120.

150 Dena M. Gromet and Emily Pronin, "What Were You Worried About? Actors' Concerns About Revealing Fears and Insecurities Relative to Observers' Reactions," *Self and Identity* 8, no. 4 (2009): 342–64 https://doi.org/10.1080/15298860802299392.

151 Nancy L. Collins and Lynn Carol Miller, "Self-Disclosure and Liking: A Meta-Analytic Review," *Psychological Bulletin* 116, no. 3 (1994): 457–75, https://doi.org/10.1037/0033-2909.116.3.457.

152 Arthur Aron et al., "The Experimental Generation of Interpersonal Closeness: A Procedure and Some Preliminary Findings," *Personality and Social Psychology Bulletin* 23, no. 4 (1997): 363–77, https://doi.org/10.1177/0146167297234003.

153 Roy F. Baumeister, Kathleen D. Vohs,Jennifer L. Aaker, and Emily N. Garbinsky, "Some Key Differences between a Happy Life and a Meaningful Life," *The Journal of Positive Psychology* 8,no.6(2013):505–16,https://doi.org/10.1080/17439760.2013.830764;Stephanie L.Brown, Randolph M.Nesse, Amiram D. Vinokur, and M. Smith, "ProvidingSocial Support May Be More Beneficial Than Receiving It: Results from a Prospective Study of Mortality," *Psychological 14*, no. 4 (2003): 320–27, https://doi.org/10.1111/1467-9280.14461; Sylvia Morelli, Ihno A. Lee, Molly E.Arnn, and Jamil Zaki, "Emotional and Instrumental Support Provision Interactto Predict Well-Being," *Emotion 15*, no. 484–93, https://doi.org/10.1037/emo0000084.

154 Michael L. Slepian and Katharine H. Greenaway, "The Benefits and Burdens of Keeping Others' Secrets," *Journal of Experimental Social Psychology* 78 (2018): 220–32, https://doi.org/10.1016/j.jesp.2018.02.005.

155 Graham, Huang, Clark, and Helgeson, "The Positives of Negative Emotions: Willingness to Express Negative Emotions Promotes Relationships."

156 Rachel Bloom, *I Want to Be Where the Normal People Are* (New York: Grand Central Publishing, 2020).

157 Paul C. Cozby, "Self-Disclosure, Reciprocity and Liking," *Sociometry* 35, no. 1 (1972): 151–60, https://doi.org/10.2307/2786555.

158 Mario Mikulincer and Orna Nachshon, "Attachment Styles and Patterns of Self-Disclosure," *Journal of Personality and Social Psychology* 61, no. 2 (1991): 321–31, https://doi.org/10.1037/0022-3514.61.2.321.

159 Anna Bruk, "Self-Other Differences in the Evaluation of Showing Vulnerability" (PhD diss., University of Mannheim, 2019).

160 Charles F. Bond Jr., and Bella M. DePaulo, "Accuracy of Deception Judgments," *Personality and Social Psychology Review* 10, no. 3 (2006): 214–34, https://doi.org/10.1207/s15327957pspr1003_2.

Development of Affinity among Students," *Journal of Experimental Social Psychology* 28, no. 3 (1992): 255–76, https://doi.org/10.1016/0022-1031(92)90055-o.

135 Leon Festinger, Stanley Schachter, and Kurt Back, *Social Pressures in Informal Groups: A Study of Human Factors in Housing* (New York: Harper and Brothers, 1950).

136 David Hoffeld, "Three Scientifically Proven Steps for Talking with Strangers," *Fast Company*, June 14, 2016, http://www.fastcompany.com/3060762/three-scientifically-proven-steps-for-talking-with-strange.

137 Nicholas Epley and Juliana Schroeder, "Mistakenly Seeking Solitude," *Journal of Experimental Psychology: General* 143, no. 5 (2014): 1980–99,https://doi.org/10.1037/a0037323.

138 Sanjay Srivastava et al., "The Social Costs of Emotional Suppression: A Prospective Study of the Transition to College," *Journal of Personality and Social Psychology* 96, no. 4 (2009): 883–97, https://doi.org/10.1037/a0014755.

139 Steven M. Graham, Julie Y. Huang, Margaret S. Clark, and Vicki S. Helgeson, "The Positives of Negative Emotions: Willingness to Express Negative Emotions Promotes Relationships," *Personality and Social Psychology Bulletin* 34, no. 3 (2008): 394–406, https://doi.org/10.1177/0146167207311281.

140 Lily Velez, "Why Letting Ourselves Be Weak Is Actually the Key to Becoming Strong," *tiny buddha*, accessed December 1, 2021, https://tinybuddha.com/blog/weak-actually-key-becoming-strong.

141 Mario Mikulincer, Tamar Dolev, and Phillip R. Shaver, "Attachment-Related Strategies During Thought Suppression: Ironic Rebounds and Vulnerable Self-Representations," *Journal of Personality and Social Psychology* 87, no. 6 (2004): 940–56, https://doi.org/10.1037/0022-3514.87.6.940.

142 Mario Mikulincer, Netta Horesh, Ilana Eilati, and Moshe Kotler, "The Association Between Adult Attachment Style and Mental Health in Extreme Life-Endangering Conditions," *Personality and Individual Differences* 27, no. 5 (1999): 831–42, https://doi.org/10.1016/S0191-8869(99)00032-X.

143 Michael L.Slepian, Jinseok S. Chun, and Malia F. Mason, "The Experience of Secrecy," *Journal of Personality and Social Psychology* 113, no. 1 (2017): 1–33, https://doi.org/10.1037/pspa0000085;Michael L. Slepian, James N. Kirby, and Elise K.Kalokerinos, "Shame, Guilt, and Secrets on the Mind," Emotion 20, no. 2 (2020):323–28, https://doi.org/10.1037/emo0000542.

144 Kathleen Y. Kawamura and Randy O. Frost, "Self-Concealment as a Mediator in the Relationship Between Perfectionism and Psychological Distress," *Cognitive Therapy and Research* 28, no. 2 (2004): 183–91, https://doi.org/10.1023/b:cotr.0000021539.48926.c1.

145 Michael L. Slepian, Nir Halevy, and Adam D. Galinsky, "The Solitude of Secrecy: Thinking About Secrets Evokes Goal Conflict and Feelings of Fatigue," *Personality and Social Psychology Bulletin* 45, no. 7 (2018): 1129–51, https://doi.org/10.1177/0146167218810770.

146 James W. Pennebaker and Joan R. Susman, "Disclosure of Traumas and Psychosomatic Processes," *Social Science & Medicine* 26, no. 3 (1988): 327–32, https://doi.org/10.1016/0277-9536(88)90397-8.

147 Miller McPherson, Lynn Smith-Lovin, and Matthew E. Brashears, "Social Isolation in

Friendship by Integrating Attachment Theory and Social Network Analysis," *Personality and Social Psychology Bulletin* 43, no. 11 (2017): 1546–65, https://doi.org/10.1177/0146167217719731.

121 Sandra L. Murray, John G. Holmes, and Dale W. Griffin, "Self-Esteem and the Quest for Felt Security: How Perceived Regard Regulates Attachment Processes," *Journal of Personality and Social Psychology* 78, no. 3 (2000): 478–98, https://doi.org/10.1037/0022-3514.78.3.478.

122 Shuling Gao, Mark Assink, Andrea Cipriani, and Kangguang Lin, "Associations between Rejection Sensitivity and Mental Health Outcomes: A Meta-Analytic Review," *Clinical Psychology Review* 57 (2017): 59–74, https://doi.org/10.1016/j.cpr.2017.08.007; Geraldine Downey and Scott I. Feldman, "Implications of Rejection Sensitivity for Intimate Relationships," *Journal of Personality and Social Psychology* 70, no. 6 (1996): 1327–43, https://doi.org/10.1037/0022-3514.70.6.1327.

123 Downey and Feldman, "Implications of Rejection Sensitivity for Intimate Relationships."

124 Kevin B. Meehan et al., "Rejection Sensitivity and Interpersonal Behavior in Daily Life," *Personality and Individual Differences* 126 (2018): 109–15, https://doi.org/10.1016/j.paid.2018.01.029.

125 Downey and Feldman, "Implications of Rejection Sensitivity for Intimate Relationships."

126 Danu Anthony Stinson et al., "Deconstructing the 'Reign of Error': Interpersonal Warmth Explains the Self-Fulfilling Prophecy of Anticipated Acceptance," *Personality and Social Psychology Bulletin* 35, no. 9 (2009): 1165–78, https://doi.org/10.1177/0146167209338629.

127 Rebecca C. Curtis and Kim Miller, "Believing Another Likes or Dislikes You: Behaviors Making the Beliefs Come True," *Journal of Personality and Social Psychology* 51, no. 2 (1986): 284–90, https://doi.org/10.1037/0022-3514.51.2.284.

128 Erica J. Boothby, Gus Cooney, Gillian M. Sandstrom, and Margaret S. Clark, "The Liking Gap in Conversations: Do People Like Us More Than We Think?," *Psychological Science* 29, no. 11 (2018): 1742–56, https://doi.org/10.1177/0956797618783714.

129 Sanna Eronen and Jari-Erik Nurmi, "Social Reaction Styles, Interpersonal Behaviours and Person Perception: A Multi-Informant Approach," *Journal of Social and Personal Relationships* 16, no. 3 (1999): 315–33, https://doi.org/10.1177/0265407599163003.

130 Michael Sunnafrank and Artemio Ramirez Jr., "At First Sight: Persistent Relational Effects of Get-Acquainted Conversations," *Journal of Social and Personal Relationships* 21, no. 3 (2004): 361–79, https://doi.org/10.1177/0265407504042837.

131 Mady W. Segal. "Alphabet and Attraction: An Unobtrusive Measure of the Effect of Propinquity in a Field Setting." *Journal of Personality and Social Psychology* 30, no. 5 (1974): 654–57, https://doi.org/10.1037/h0037446.

132 Robert B. Hays, "The Day-to-Day Functioning of Close versus Casual Friendships," *Journal of Social and Personal Relationships* 6, no. 1 (1989): 21–37, https://doi.org/10.1177/026540758900600102.

133 John M. Darley and Ellen Berscheid, "Increased Liking as a Result of the Anticipation of Personal Contact," *Human Relations* 20, no. 1 (1967): 29–40, https://doi.org/10.1177/001872676702000103.

134 Richard L. Moreland and Scott R. Beach, "Exposure Effects in the Classroom: The

University Press, 2019).『私たちはいつから「孤独」になったのか』(フェイ・バウンド・アルバーティ著、神崎朗子訳、みすず書房 2023 年刊)

107 Omri Gillath and Lucas A.Keefer, "Generalizing Disposability: Residential Mobility and the Willingness to Dissolve Social Ties," *Personal Relationships* 23, no. 2 (2016): 186-98, https://doi.org/10.1111/pere.12119.

108 Robert Karen, *Becoming Attached: Unfolding the Mystery of the Infant-Mother Bond and Its Impact on Later* Life (New York: Grand Central Publishing, 1994).

109 Jean M. Twenge, Brian H. Spitzberg, and W. Keith Campbell, "Less In-Person Social Interaction with Peers among U.S. Adolescents in the 21st Century and Links to Loneliness," *Journal of Social and Personal Relationships* 36, no 6. (2019): 1892-1913, https://doi.org/10.1177/0265407519836170.

110 "Loneliness and the Workplace: 2020 U.S. Report," Cigna, January 2020, https://www.cigna.com/static/www-cigna-com/docs/about-us/newsroom/studies-and-reports/combatting-loneliness/cigna-2020-loneliness-report.pdf.

111 Cornelia Wrzus, Martha Hänel, Jenny Wagner, and Franz J. Neyer, "Social Network Changes and Life Events across the Life Span: A Meta-Analysis," *Psychological Bulletin* 139, no. 1 (2013): 53–80, https://doi.org/10.1037/a0028601.

112 Daniel A. Cox, "The State of American Friendship:Change, Challenges, and Loss," Survey Center on American Life, June 8,2021, https://www.americansurveycenter.org/research/the-state-of-american-friendship-change-challenges-and-loss.

113 Daniel A. Cox, "Men's Social Circles Are Shrinking," Survey Center on American Life, June 29, 2021, https://www.americansurveycenter.org/why-mens-social-circles-are-shrinking.

114 Nancy E. Newall et al., "Causal Beliefs, Social Participation, and Loneliness among Older Adults: A Longitudinal Study," *Journal of Social and Personal Relationships* 26, no. 2–3 (2009): 273–90, https://doi.org/10.1177/0265407509106718.

115 Alex Williams, "Why Is It Hard to Make Friends Over 30?," *New York Times*, July 13, 2012, www.nytimes.com/2012/07/15/fashion/the-challenge-of-making-friends-as-an-adult.html.

116 Christine M. Proulx, Heather M. Helms,Robert M. Milardo, and C. Chris Payne, "Relational Support from Friends and Wives' Family Relationships: The Role of Husbands' Interference," *Journal of Social and Personal Relationships* 26, no. 2–3 (2009): 195–210, https://doi.org/10.1177/0265407509106709.

117 Elizabeth Keneski, Lisa A. Neff, and Timothy J. Loving, "The Importance of a Few Good Friends: Perceived Network Support Moderates the Association between Daily Marital Conflict and Diurnal Cortisol," *Social Psychological and Personality Science* 9, no. 8 (2017): 962–71. https://doi.org/10.1177/1948550617731499.

118 Kirsten Voss, Dorothy Markiewicz, and Anna Beth Doyle, "Friendship, Marriage and Self-Esteem," *Journal of Social and Personal Relationships* 16, no. 1 (1999): 103–22, https://doi.org/10.1177/0265407599161006.

119 Heather R. Walen Margie E. Lachman, "Social Support and Strain from Partner, Family, and Friends: Costs and Benefits for Men and Women in Adulthood," *Journal of Social and Personal Relationships* 17, no. 1 (2000): 5–30, https://doi.org/10.1177/0265407500171001.

120 Omri Gillath, Gery C. Karantzas, and Emre Selcuk, "A Net of Friends: Investigating

Antisocial Behavior with Attachment Styles, Autonomy-Connectedness, and Alexithymia," *Journal of Clinical Psychology* 63, no. 6 (2007): 507–27, https://doi.org/10.1002/jclp.20363.

096 Katherine Pascuzzo, Chantal Cyr, and Ellen Moss, "Longitudinal Association between Adolescent Attachment, Adult Romantic Attachment, and Emotion Regulation Strategies," *Attachment & Human Development* 15, no. 1 (2012): 83–103, https://doi.org/10.1080/14616734.2013.745713.

097 C. Nathan DeWall et al., "Do Neural Responses to Rejection Depend on Attachment Style? An fMRI Study," *Social Cognitive and Affective Neuroscience* 7, no. 2 (2011): 184–92, https://doi.org/10.1093/scan/nsq107.

098 Luke Norman et al.," Attachment-Security Priming Attenuates Amygdala Activation to Social and Linguistic Threat," *Social Cognitive and Affective Neuroscience* 10, no. 6 (2014):832–39, https://doi.org/10.1093/scan/nsu127.

099 Rohmann, Elke,Eva Neumann, Michael Jürgen Herner,and Hans-Werner Bierhoff. "Grandiose and Vulnerable Narcissism." *European Psychologist* 17, no. 4 (January 2012): 279–90. https://doi.org/10.1027/1016-9040/a000100.

100 Elke Rohmann, Eva Neumann, Michael Jürgen Herner, and Hans-Werner Bierhoff, Grandiose and Vulnerable Narcissism," *European Psychologist* 17, no. 4(2012): 279–90, https://doi.org/10.1027/1016-9040/a000100; Anna Z. Czarna, Marcin Zajenkowski, Oliwia Maciantowicz, and Kinga Szymaniak, "The Relationship of Narcissism with Tendency to React with Anger and Hostility: The Roles of Neuroticism and Emotion Regulation Ability," *Current Psychology* 40 (2019): 5499–5514, https://doi.org/10.1007/s12144-019-00504-6.

101 Mario Mikulincer and Phillip R. Shaver, "An Attachment Perspective on Psychopathology," *World Psychiatry* 11, no. 1 (2012): 11–15, https://doi.org/10.1016/j.wpsyc.2012.01.003.

102 Mark W. Baldwin and Aaron C. Kay, "Adult Attachment and the Inhibition of Rejection," *Journal of Social and Clinical Psychology* 22, no. 3 (2003): 275–93, https://doi.org/10.1521/jscp.22.3.275.22890.

103 Ashley N. Cooper, Casey J. Totenhagen, Brandon T. McDaniel, and Melissa A. Curran, "Volatility in Daily Relationship Quality: The Roles of Attachment and Gender," *Journal of Social and Personal Relationships* 35, no. 3 (2017): 348–71, https://doi.org/10.1177/0265407517690038; Mario Mikulincer and Michal Selinger, "The Interplay between Attachment and Affiliation Systems in Adolescents' Same- Sex Friendships: The Role of Attachment Style," *Journal of Social and Personal Relationships* 18, no. 1 (2001): 81–106, https://doi.org/10.1177/0265407501181004.

104 Kirsten M. Blount-Matthews, "Attachment and Forgiveness in Human Development: A Multi-Method Approach" (PhD diss., University of California, Berkeley, 2004), ProQuest (3167189); Marcia Webb et al., "Dispositional Forgiveness and Adult Attachment Styles," *The Journal of Social Psychology* 146, no. 4 (2006): 509–12, https://doi.org/10.3200/socp.146.4.509-512.

105 L. Alan Sroufe, "Considering Normal and Abnormal Together: The Essence of Developmental Psychopathology," *Development and Psychopathology* 2, no. 4 (1990): 335–47, https://doi.org/10.1017/s0954579400005769.

106 Fay Bound Alberti, *A Biography of Loneliness the History of an Emotion* (Oxford: Oxford

083 Lisa M. Diamond, Angela M. Hicks, and Kimberly Otter- Henderson, "Physiological Evidence for Repressive Coping among Avoidantly Attached Adults," *Journal of Social and Personal Relationships* 23, no. 2 (2006): 205–29, https://doi.org/10.1177/0265407506062470; Mario Mikulincer and Phillip R. Shaver, "The Attachment Behavioral System in Adulthood: Activation, Psychodynamics, and Interpersonal Processes," in *Advances in Experimental Social Psychology* (Cambridge: Elsevier, 2003), 53–152. https://doi.org/10.1016/s0065-2601(03)01002-5.

084 Sarah A. H. Atkins, "The Relationship between Shame and Attachment Styles" (PhD diss., University of North Texas, 2016).

085 Lachlan A. McWilliams and S. Jeffrey Bailey, "Associations between Adult Attachment Ratings and Health Conditions: Evidence from the National Comorbidity Survey Replication," *Health Psychology* 29, no. 4 (2010): 446–53, https://doi.org/10.1037/a0020061; Angelo Picardi et al., "Attachment Security and Immunity in Healthy Women," *Psychosomatic Medicine* 69, no. 1 (2007): 40–46, https://doi.org/10.1037/a0020061.

086 Michael Troy and L. Alan Sroufe, Victimization Among Preschoolers: Role of Attachment Relationship History," *Journal of the American Academy of Child & Adolescent Psychiatry* 26, no. 2 (1987): 166–72. https://doi.org/10.1097/00004583-198703000-00007.

087 Robert Karen, *Becoming Attached: Unfolding the Mystery of the Infant-Mother Bond and Its Impact on Later Life* (New York: Grand Central Publishing, 1994).

088 Wyndol Furman, "Working Models of Friendships," *Journal of Social and Personal Relationships* 18, no. 5 (2001): 583–602, https://doi.org/10.1177/0265407501185002; Gillath, Karantzas, and Selcuk, "A Net of Friends"; Emily L. Loeb, Jessica A. Stern, Meghan A. Costello and Joseph P. Allen, "With(out) a Little Help From My Friends: Insecure Attachment in Adolescence, Support- Seeking, and Adult Negativity and Hostility," *Attachment & Human Development* 23, no. 5 (2020): 624–42, https://doi.org/10.1080/14616734.2020.1821722.

089 Chong Man Chow and Cin Cin Tan, "Attachment and Commitment in Dyadic Friendships: Mediating Roles of Satisfaction, Quality of Alternatives, and Investment Size," *Journal of Relationships Research* 4, no. e4 (2013): 1–11, https://doi.org/10.1017/jrr.2013.4.

090 Gillath, Karantzas, and Selcuk, "A Net of Friends."

091 Marie-Cecile O. Tidwell, Harry T. Reis, and Phillip R. Shaver, "Attachment, Attractiveness, and Social Interaction: A Diary Study," *Journal of Personality and Social Psychology* 71, no. 4 (1996): 729–45, https://doi.org/10.1037/0022-3514.71.4.729.

092 Mario Mikulincer and Daphna Arad, "Attachment Working Models and Cognitive Openness in Close Relationships: A Test of Chronic and Temporary Accessibility Effects," *Journal of Personality and Social Psychology* 77, no. 4 (1999): 710–25, https://doi.org/10.1037/0022-3514.77.4.710.

093 Mikulincer and Nachson, "Attachment Styles and Patterns of Self-Disclosure."

094 Tara Kidd and David Sheffield, "Attachment Style and Symptom Reporting: Examining the Mediating Effects of Anger and Social Support," *British Journal of Health Psychology* 10, no. 4 (2005): 531–41, https://doi.org/10.1111/j.2044-8287.2005.tb00485.x.

095 Marrie H. J. Bekker, Nathan Bachrach, and Marcel A. Croon, "The Relationships of

069 Julie Petersen and Benjamin Le, "Psychological Distress, Attachment, and Conflict Resolution in Romantic Relationships." *Modern Psychological Studies* 23, no. 1 (2017): 1–26.

070 Chandra M. Grabill and Kathryn A. Kerns, "Attachment Style and Intimacy in Friendship," *Personal Relationships* 7, no. 4 (2000): 363–78, https://doi.org/10.1111/j.1475-6811.2000.tb00022.x.

071 Gillath, Karantzas, and Selcuk, "A Net of Friends."

072 Petersen and Le, "Psychological Distress, Attachment, and Conflict Resolution in Romantic Relationships."

073 Mario Mikulincer, Phillip R. Shaver, Omri Gillath, and Rachel A. Nitzberg, "Attachment, Caregiving, and Altruism: Boosting Attachment Security Increases Compassion and Helping." *Journal of Personality and Social Psychology* 89, no. 5 (2005): 817–39, https://doi.org/10.1037/0022-3514.89.5.817; Kathleen A. Lawler-Row, Jarred W. Younger, Rachel L. Piferi, and Warren H. Jones, "The Role of Adult Attachment Style in Forgiveness Following an Interpersonal Offense," *Journal of Counseling & Development* 84, no. 4 (2006): 493–502, https://doi.org/10.1002/j.1556-6678.2006.tb00434.x; Omri Gillath, Amanda K. Sesko, Phillip R. Shaver, and David S. Chun, "Attachment, Authenticity, and Honesty: Dispositional and Experimentally Induced Security Can Reduce Self-and Other-Deception," *Journal of Personality and Social Psychology* 98, no. 5 (2010): 841–55, https://doi.org/10.1037/a0019206.

074 Nancy L. Collins and Brooke C. Feeney, "A Safe Haven: An Attachment Theory Perspective on Support Seeking and Caregiving in Intimate Relationships," *Journal of Personality and Social Psychology* 78, no. 6 (2000): 1053–73, https://doi.org/10.1037/0022-3514.78.6.1053; Roseanne De-Fronzo, Catherine Panzarella, and Andrew C. Butler, "Attachment, Support Seeking, and Adaptive Inferential Feedback: Implications for Psychological Health," *Cognitive and Behavioral Practice* 8, no. 1 (2001): 48–52, https://doi.org/10.1016/s1077-7229(01)80043-2; Mario Mikulincer and Orna Nachson, "Attachment Styles and Patterns of Self- Disclosure," *Journal of Personality and Social Psychology* 61, no. 2 (1991): 321–31, https://doi.org/10.1037/0022-3514.61.2.321.

075 Fang Zhang and Gisela Labouvie- Vief, "Stability and Fluctuation in Adult Attachment Style over a 6-Year Period," *Attachment & Human Development* 6, no. 4 (2004): 419–37, https://doi.org/10.1080/1461673042000303127.

076 Grabill and Kerns, "Attachment Style and Intimacy in Friendship."

077 Susan Cain, *Quiet: The Power of Introverts in a World That Can't Stop Talking* (New York: Penguin Books, 2013).

078 Hazan and Shaver, "Love and Work."

079 Mary E. Connors, "The Renunciation of Love: Dismissive Attachment and Its Treatment," *Psychoanalytic Psychology* 14, no. 4 (1997): 475–93, https://doi.org/10.1037/h0079736.

080 Gillath, Karantzas, and Selcuk, "A Net of Friends."

081 Gillath, Karantzas, and Selcuk, "A Net of Friends."

082 Tara J. Collins and Omri Gillath, "Attachment, Breakup Strategies, and Associated Outcomes: The Effects of Security Enhancement on the Selection of Breakup Strategies," *Journal of Research in Personality* 46, no. 2 (2012): 210–22, https://doi.org/10.1016/j.jrp.2012.01.008.

0265407512443612.

056 Lisa M. Diamond, Angela M. Hicks, and Kimberly Otter-Henderson, "Physiological Evidence for Repressive Coping Among Avoidantly Attached Adults," *Journal of Social and Personal Relationships* 23, no .2 (2006): 205–29, https://doi.org/10.1177/0265407506062470

057 Jennifer Puig, Michelle M.Englund, Jeffry A. Simpson, and W. Andrew Collins, "Predicting Adult Physical Illness from Infant Attachment: A Prospective Longitudinal Study," *Health Psychology* 32, no. 4 (2013): 409-17, https://doi.org/10.1037/a0028889; Lisa M. Diamond, Angela M. Hicks, and Kimberly Otter-Henderson, "Physiological Evidence for Repressive Coping among Avoidantly Attached Adults," *Journal of Social and Personal Relationships* 23, no. 2 (2006): 205-29, https://doi.org/10.1177/0265407506062470.

058 Jude Cassidy, Steven J. Kirsh, Krista L. Scolton, and Ross D. Parke, "Attachment and Representations of Peer Relationships," *Developmental Psychology* 32, no. 5 (1996): 892–904, https://doi.org/10.1037/0012-1649.32.5.892; Kathleen M. Dwyer et al., "Attachment, Social Information Processing, and Friendship Quality of Early Adolescent Girls and Boys," *Journal of Social and Personal Relationships* 27, no. 1 (2010): 91–116, https://doi.org/10.1177/0265407509346420.

059 Omri Gillath, Phillip R. Shaver, Jong- Min Baek, and David S. Chun, "Genetic Correlates of Adult Attachment Style," *Personality and Social Psychology Bulletin* 34, no. 10 (2008): 1396-1405, https://doi.org/10.1177/0146167208321484.

060 Everett Waters et al., "Attachment Security in Infancy and Early Adulthood: A Twenty-Year Longitudinal Study." *Child Development* 71, no. 3 (2000): 684–89, https://doi.org/10.1111/1467-8624.00176.

061 Julie Wargo Aikins, Carollee Howes, and Claire Hamilton, "Attachment Stability and the Emergence of Unresolved Representations during Adolescence," *Attachment & Human Development* 11, no. 5 (2009): 491–512, https://doi.org/10.1080/14616730903017019.

062 Fred Goldner, "Pronoia," *Social Problems* 30, no.1 (1982): 82–91, https://doi.org/10.2307/800186.

063 Ernst Fehr and Bettina Rockenbach, "Detrimental Effects of Sanctions on Human Altruism." *Nature* 422, no. 6928 (2003): 137–40, https://doi.org/10.1038/nature01474.

064 Tom Clarke, "Students Prove Trust Begets Trust," *Nature* (2003), https://www.nature.com/news/2003/030310/full/news030310-8.html.

065 Pernille Darling Rasmussen et al., "Attachment as a Core Feature of Resilience: A Systematic Review and Meta Analysis," *Psychological Reports* 122, no. 4 (2018): 1259–96, https://doi.org/10.1177/0033294118785577.

066 Jeffry A. Simpson and W. Steven Rholes, "Adult Attachment, Stress, and Romantic Relationships," *Current Opinion in Psychology* 13 (2017): 19–24, https://doi.org/10.1016/j.copsyc.2016.04.006.

067 Simpson and Rholes, "Adult Attachment, Stress, and Romantic Relationships."

068 Omri Gillath, Gery C. Karantzas, and Emre Selcuk, "A Net of Friends: Investigating Friendship by Integrating Attachment Theory and Social Network Analysis," *Personality and Social Psychology Bulletin* 43, no. 11 (2017): 1546–65, https://doi.org/10.1177/0146167217719731.

j.psyneuen.2011.12.021.

043 C. Crockford et al., "Urinary Oxytocin and Social Bonding in Related and Unrelated Wild Chimpanzees," *Proceedings of the Royal Society B: Biological Sciences* 280, no. 1755 (2013): 20122765, https://doi.org/10.1098/rspb.2012.2765.

044 Tamara A. R. Weinstein et al., "Early Involvement in Friendships Predicts Later Plasma Concentrations of Oxytocin and Vasopressin in Juvenile Rhesus Macaques (*Macaca Mulatta*)," *Frontiers in Behavioral Neuroscience* 8 (2014), https://doi.org/10.3389/fnbeh.2014.00295.

045 Ruth Feldman et al., "Parental Oxytocin and Early Caregiving Jointly Shape Children's Oxytocin Response and Social Reciprocity," *Neuropsychopharmacology* 38, no. 7 (2013): 1154–62, https://doi.org/10.1038/npp.2013.22.

046 Susan E. Erdman, "Microbes and Healthful Longevity," *Aging* 8, no.5 (2016): 839–40, https://doi.org/10.18632/aging.100969.

047 J. Gutkowska and M. Jankowski, "Oxytocin Revisited: Its Role in Cardiovascular Regulation," *Journal of Neuroendocrinology* 24, no .4 (2012): 599–608, https://doi.org/10.1111/j.1365-2826.2011.02235.x.

048 Kerstin Uvnäs-Moberg, "Oxytocin May Mediate the Benefits of Positive Social Interaction and Emotions," *Psychoneuroendocrinology* 23, no. 8 (1998): 819–35, https://doi.org/10.1016/s0306-4530(98)00056-0.

049 Omri Gillath, Gery C. Karantzas, and Emre Selcuk, "A Net of Friends: Investigating Friendship by Integrating Attachment Theory and Social Network Analysis," *Personality and Social Psychology Bulletin* 43, no. 11 (2017): 1546–65, https://doi.org/10.1177/0146167217719731.

050 Juwon Lee and Omri Gillath, "Perceived Closeness to Multiple Social Connections and Attachment Style: A Longitudinal Examination," *Social Psychological and Personality Science* 7, no. 7 (2016): 680–89, https://doi.org/10.1177/1948550616644963.

051 Trisha Raque- Bogdan et al., "Attachment and Mental and Physical Health:Self-Compassion and Mattering as Mediators," *Journal of Counseling Psychology* 58, no. 2 (2011): 272–78, https://doi.org/10.1037/a0023041.

052 Matthew J. Jarvinen and Thomas B. Paulus, "Attachment and Cognitive Openness: Emotional Underpinnings of Intellectual Humility," *The Journal of Positive Psychology* 12, no. 1 (2016): 74–86, https://doi.org/10.1080/17439760.2016.1167944.

053 Mario Mikulincer and Phillip R. Shaver, "Attachment Theory and Intergroup Bias: Evidence That Priming the Secure Base Schema Attenuates Negative Reactions to Out-Groups," *Journal of Personality and Social Psychology* 81, no. 1 (2001): 97–115, https://doi.org/10.1037/0022-3514.81.1.97.

054 Cindy Hazan and Phillip R. Shaver, "Love and Work: Attachment-Theoretical Perspective," *Journal of Personality and Social Psychology* 59, no. 2 (1990): 270–80, https://doi.org/10.1037/0022-3514.59.2.270.

055 Alexander M. Schoemann, Omri Gillath, and Amanda K.Sesko, "Regrets, I've Had a Few: Effects of Dispositional and Manipulated Attachment on Regret," *Journal of Social and Personal Relationships* 29, no. 6(2012): 795–819, https://doi.org/10.1177/

029 Savannah Boele et al., "Linking Parent–Child and Peer Relationship Quality to Empathy in Adolescence: A Multilevel Meta-Analysis," *Journal of Youth and Adolescence* 48, no. 6 (2019): 1033–55, https://doi.org/10.1007/s10964-019-00993-5.

030 Neeltje P. van den Bedem et al., "Interrelation between Empathy and Friendship Development during (Pre)Adolescence and the Moderating Effect of Developmental Language Disorder: A Longitudinal Study," *Social Development* 28, no. 3 (2019): 599–619, https://doi.org/10.1111/sode.12353.

031 Meghan L. Meyer et al., "Empathy for the Social Suffering of Friends and Strangers Recruits Distinct Patterns of Brain Activation," *Social Cognitive and Affective Neuroscience* 8, no. 4 (2013): 446–54, https://doi.org/10.1093/scan/nss019.

032 Catherine L. Bagwell, Andrew F. Newcomb, and William M. Bukowski, "Preadolescent Friendship and Peer Rejection as Predictors of Adult Adjustment," *Child Development* 69, no. 1 (1998): 140–53, https://doi.org/10.2307/1132076.

033 Albert Bandura, Dorothea Ross, and Sheila A. Ross, "Transmission of Aggression Through Imitation of Aggressive Models," *Journal of Abnormal and Social Psychology* 63, no. 3 (1961): 575–82, https://doi.org/10.1037/h0045925.

034 Brent A. Mattingly and Gary W. Lewandowski Jr., "Broadening Horizons: Self- Expansion in Relational and Non- Relational Contexts," *Social and Personality Psychology Compass* 8, no. 1 (2014): 30–40, https://doi.org/10.1111/spc3.12080.

035 Arthur Aron, Elaine N. Aron, Michael Tudor, and Greg Nelson, "Close Relationships as Including Other in the Self," *Journal of Personality and Social Psychology* 60, no. 2 (1991): 241–53, https://doi.org/10.1037/0022-3514.60.2.241.

036 Debra J. Mashek, Arthur Aron, and Maria Boncimino, "Confusions of Self with Close Others." *Personality and Social Psychology Bulletin* 29, no. 3 (2003): 382–92, https://doi.org/10.1177/0146167202250220.

037 Sarah Ketay et al., "Seeing You in Me: Preliminary Evidence for Perceptual Overlap between Self and Close Others," *Journal of Social and Personal Relationships* 36, no. 8 (2019): 2474–86, https://doi.org/10.1177/0265407518788702.

038 Arthur Aron et al., "Including Others in the Self," *European Review of Social Psychology* 15, no. 1 (2004):101–32, https://doi.org/10.1080/10463280440000008.

039 Arthur Aron,Christina C. Norman, and Elaine N. Aron, "The Self- Expansion Model and Motivation," *Representative Research in Social Psychology* 22 (1998): 1–13.

040 Paul J.Zak, Angela A. Stanton, and Sheila Ahmadi, "Oxytocin Increases Generosity in Humans," *PLoS ONE* 2, no. 11 (2007): e1128, https://doi.org/10.1371/journal.pone.0001128; Michael Kosfeld et al., "Oxytocin In creases Trust in Humans," *Nature* 435, no. 7042 (2005): 673–76, https://doi.org/10.1038/nature03701.

041 Sarina M. Rodrigues et al., "Oxytocin Receptor Genetic Variation Relates to Empathy and Stress Reactivity in Humans," *Proceedings of the National Academy of Sciences of the United States of America* 106, no. 50 (2009): 21437–41, https://doi.org/10.1073/pnas.0909579106.

042 Inna Schneiderman, Orna Zagoory-Sharon, James F. Leckman, and Ruth Feldman, "Oxytocin during the Initial Stages of Romantic Attachment: Relations to Couples' Interactive Reciprocity," *Psychoneuroendocrinology* 37, no. 8 (2012): 1277–85, https://doi.org/10.1016/

014 Thomas F. Pettigrew, "Generalized Intergroup Contact Effects on Prejudice," *Personality and Social Psychology Bulletin* 23, no .2 (1997): 173–85, https://doi.org/10.1177/0146167297232006.

015 Stephen C. Wright, Arthur Aron, Tracy McLaughlin-Volpe, and Stacy A. Ropp, "The Extended Contact Effect: Knowledge of Cross-Group Friendships and Prejudice," *Journal of Personality and Social Psychology* 73, no. 1 (1997): 73–90, https://doi.org/10.1037/0022-3514.73.1.73.

016 Cornelia Wrzus, Martha Hänel, Jenny Wagner, and Franz J. Neyer, "Social Network Changes and Life Events across the Life Span: A Meta-Analysis," *Psychological Bulletin* 139, no. 1 (2013): 53–80, https://doi.org/10.1037/a0028601.

017 Mariska van der Horst and Hilde Coffé, "How Friendship Network Characteristics Influence Subjective Well-Being," *Social Indicators Research* 107, no. 3 (2012): 509–29, https://doi.org/10.1007/s11205-011-9861-2.

018 Jan Hofer et al., "The Higher Your Implicit Affiliation-Intimacy Motive, the More Loneliness Can Turn You Into a Social Cynic: A Cross-Cultural Study," *Journal of Personality* 85, no. 2 (2017): 179–91, https://doi.org/10.1111/jopy.12232.

019 Kwok Leung et al., "Social Axioms: The Search for Universal Dimensions of General Beliefs about How the World Functions." *Journal of Cross-Cultural Psychology* 33, no. 3 (2002): 286–302, https://doi.org/10.1177/0022022102033003005.

020 Laura E. VanderDrift, Juan E. Wilson, and Christopher R. Agnew, "On the Benefits of Valuing Being Friends for Nonmarital Romantic Partners," *Journal of Social and Personal Relationships* 30, no. 1 (2013): 115–31, https://doi.org/10.1177/0265407512453009.

021 Charles B. Strozier with Wayne Soini, *Your Friend Forever, A. Lincoln: The Enduring Friendship of Abraham Lincoln and Joshua Speed* (New York: Columbia University Press, 2018).

022 Strozier with Soini, *Your Friend Forever*, A. Lincoln.

023 William J. Chopik, "Associations among Relational Values, Support, Health, and Well- Being across the Adult Lifespan," *Personal Relationships* 24, no .2 (2017): 408–22, https://doi.org/10.1111/pere.12187.

024 David Elkind, "'Good Me' or 'Bad Me'— The Sullivan Approach to Personality," *New York Times*, September 24, 1972, https://www.nytimes.com/1972/09/24/archives/-good-me-or-bad-me-the-sullivan-approach-to-personality-starting.html.

025 Elkind, "'Good Me' or 'Bad Me'—The Sullivan Approach to Personality,"

026 Ulrich Orth, Richard W.Robins, and Christopher J. Soto, "Tracking the Trajectory of Shame, Guilt, and Pride across the Life Span," *Journal of Personality and Social Psychology* 99, no. 6 (2010): 1061–71, https://doi.org/10.1037/a0021342.

027 Nandita Vijayakumar and Jennifer H. Pfeifer, "Self-Disclosure during Adolescence: Exploring the Means, Targets, and Types of Personal Exchanges," *Current Opinion in Psychology* 31 (2020): 135–40, https://doi.org/10.1016/j.copsyc.2019.08.005.

028 Laura M. Padilla-Walker et al., "Adolescents' Prosocial Behavior Toward Family, Friends, and Strangers: A Person-Centered Approach," *Journal of Research on Adolescence* 25, no. 1 (2015): 135–50, https://doi.org/10.1111/jora.12102.